丛 书 主 编：陈志敏　徐明棋
丛书副主编：曹子衡　丁　纯　潘忠岐　张　骥
丛 书 顾 问：戴炳然　冯仲平　宋新宁　伍贻康　夏立平
　　　　　　　叶　江　［比利时］古斯塔夫·盖拉茨

复旦大学国际关系与公共事务学院
上海欧洲学会
对本丛书的出版给予了大力支持

欧盟与世界丛书

丛书主编：陈志敏　徐明棋

同盟的复式化演进

冷战后欧日关系研究

宋黎磊　蔡亮　著

上海人民出版社

丛 书 总 序

　　20世纪是欧洲大变身的百年。在这之前,欧洲因为率先实现了技术突破,发展了资本主义的生产方式和民族国家的政治形式而一跃成为世界的主宰。然而,欧洲列强之间的争斗也在20世纪上半叶引发了人类历史上最为惨烈的两次世界大战。其结果,一方面欧洲退出了世界超级强权的行列;另一方面,也为人类历史上全新的地区一体化实践开启了大门。意识到欧洲国家地位的衰落,也为了永久结束欧洲各国内部之间的战争,六个西欧国家在20世纪50年代初启动了欧洲一体化进程。经过半个多世纪的发展,欧洲联盟的成员国不断增加,具有了单一的货币,高度一体化的内部政策,统一的对外经济和商业政策,以及不断发展起来的共同外交和安全政策。欧盟的经济总量与美国相当,在对外贸易、投资和援助领域领先世界各国,其核心成员国占据了联合国安全理事会的两个常任理事国席位,在全球核大国俱乐部中也拥有两个席位。欧洲一体化让数个世纪的宿敌实现了和解,并让欧洲继续跻身世界主要力量的行列。

　　进入21世纪后,欧洲联盟经历大规模的扩大,目前成员国已经增加到28个,拥有5亿人口。此外,还有土耳其、马其顿、冰岛、黑山共和国和塞尔维亚等国被赋予入盟候选国地位,正在就加入欧盟进行谈判。2009年12月,欧盟的《里斯本条约》最终生效,给欧盟一体化注入了新的动力。为了进一步提升欧盟在世界上的影响,条约对欧盟的原有对外政策体制进行了重大改革:赋予欧盟独立的国际法人地位;设立了常设的欧洲理事会主席一职；设立了常设的欧盟外交与安全政策高级代表一职，统一负责欧盟政府间主义的外交与安全政策和超国家主义的原欧共体对外关系事务；建立了高级代表领导的欧洲对外行动署；原欧共体驻外使团全面转化为欧盟驻外使团，并受欧盟对外行动署的领导。

当然，在一体化继续向前推进的同时，欧盟也面临三大严峻的挑战。首先，欧洲联盟的深化或扩大进程正在进入瓶颈阶段，继续向前推动欧洲一体化的能力遭遇严重的信任危机。在扩大方面，土耳其的入盟问题迟迟不能解决，暴露出欧洲在扩大方面的困境；在深化方面，法国和荷兰民众2005年对《欧盟宪法条约》的否决显示欧洲民众对欧盟联邦化进程的努力缺乏支持，这将制约欧盟今后任何大幅度深化欧盟一体化的努力。其次，欧盟经济在2008年开始爆发的全球经济和金融危机中受创严重，不仅经济实力受到削弱，作为欧洲一体化最为重要的成就之一的欧元也因此陷入危机。作为一个主要依靠经济力量和制度吸引力来发挥国际影响的国际行为体，欧盟目前遭遇的经济困难将明显制约欧盟在国际上发挥影响的抱负。最后，可能也是影响最为深远的是，面对非西方世界的崛起，欧盟在全球政治经济中的长期地位陷入相对衰落。欧盟内部加强一体化的努力也许会放缓这一相对衰落的进程，但长期趋势似乎难以根本改变。

鉴于欧盟面临的上述挑战，国内外学者已经展开了对欧盟重要性的辩论，一些学者认为欧盟已经处在衰落的下降通道，一些学者坚持欧盟仍然是世界的第二超级强权。在本丛书的主编们看来，就长期趋势而言，欧盟在国际体系中地位相对下降也许是不可避免的；但在当下和未来30年中，欧盟以其联盟和成员国的实力与影响仍将是世界主要力量之一，今后也仍会在国际事务中发挥重要作用，因此也将是中国双边关系中的关键伙伴，以及中国全球战略中不可或缺的重要一环。对欧盟与世界关系进行系统和深入的研究，其意义不言自明。具体而言，对欧盟与世界关系的研究至少有以下四方面的重要意义：

第一，从国际关系研究而言，欧盟与世界各国、各地区和各个国际组织的相互关系是当前国际关系研究的重要组成部分,对国际关系的全局有其影响,也是地区和全球问题解决过程中不能回避的方面。

第二,从对外政策的机制研究而言,欧盟的对外政策机制具有高度的特殊性,包含了超国家主义的对外经济政策和政府间主义的外交、安全和防务政策,形成了联盟和成员国共同参与欧盟对外关系的多层对外政策体系。在一定意义上,这是一个罗伯特·库珀(Robert Cooper)所谓的"后现代体系",而不是一个放大的民族国家。对它的研究不仅可以丰富我们的国际关系和对外政策的理论研究,也是我们构想在其他地区或在全球层面发展区域或全球治理机制的经验源泉。

第三,就外交政策的模式研究而言,欧盟在国际舞台上发挥影响主要是以"民事力量"的面貌出现的,即主要依靠非军事手段来发挥影响。在欧盟周边地区,欧盟主要通过周边政策对周边国家的国内制度和内外政策实行"欧洲化"改造,在其他地区则依靠经济、规范和制度的影响力来扩大影响。对于实行和平发展外交战略和旨在推动建设和谐世界的中国而言,欧盟发挥影响力的方式显然有众多可资借鉴的地方,值得我们加以认真研究。

第四,就中欧关系研究而言,欧盟与中国的关系正在进入一个复杂化的新阶段。对于双方而言,双边关系既有着巨大的合作机会,也蕴含着各方面的挑战,需要双方站在更高的角度重新审视这一关系的各个方面和各个层次。同时,中欧关系已经全面超出双边关系的范畴,而具有日益重要的全球层面影响,既关系到中国和其他国家双边关系的发展,也关系到中国在地区和全球事务中影响力的发挥。

基于上述理由,本丛书的主编们提出了出版"欧盟与世界丛书"的设想,并得到了复旦大学国际关系与公共事务学院、上海市欧洲学会和欧盟委员会让·莫内教授项目的共同支持。复旦大学是国内最早设立欧洲研究的高校,在欧洲研究方面具有 40 多年的历史,聚集了一批在欧盟经济、外交、法律方面的研究人员。上海市欧洲学会作为联系上海欧洲研究学界的桥梁机构,近年来在推动上海欧洲研究方面作出了大量的努力。从 1998 年欧盟委员会启动第一轮中欧高等教育合作计划以来,欧盟委员会对包括复旦大学在内的中国高校的欧洲研究提供了大力的支持,并通过陈志敏和戴炳然两位教授获得的让·莫内教授项目对本丛书的出版给予了直接的支持。我们相信,在三方机构的支持下,本丛书的出版将会是一个长期的和可持续的计划,必将有力推动中国学者对欧盟,特别是欧盟对外关系的研究。

最后,我们也要特别感谢上海人民出版社对本丛书计划的大力支持。上海人民出版社在国际问题研究领域有着高品质出版社的良好声誉。我们也希望在出版社各位同仁的努力下,本丛书的学术质量可以得到全面保证。

编者

目 录

绪　　论

第一节　论题选择

欧日关系趋近过程中是否涉及对中国议题的考虑,这一问题笔者在 2017 年发表的论文中给予了初步的回答。[1]笔者当时的主要结论是,冷战结束后,欧日合作逐渐形成基于价值观合作为主体,安全及经济合作为两翼的"一体两翼"模式。从所谓"普适价值"的视角而言,欧日认为双方应携手应对与它们有别的"异质性"国家的挑战。在经贸合作领域,欧日希望强化双边经济合作,一方面共同巩固和提升双方在世界经济体系中的位次,另一方面为在新的全球贸易规则制定的博弈中共同掌握主导权奠定基础。在安全合作领域,欧日基于相同的价值理念和意识形态,希冀从规范的角度出发对东亚安全形势形成一种制约的合力,且专注点也逐渐集中到了双方建立危机管理合作机制上来。因地缘政治等因素影响,双方安全合作领域很难达成立场和行动的一致。

出于对欧盟与日本双边关系的研究兴趣,笔者持续在两个维度上继续观察思考。一方面是经验维度,即对于欧日双方在政治安全、经济贸易、全球治理等层面开展的多层次、多领域对话的观察。笔者发现近年来欧日双方加强和拓展了在俄乌冲突、"印太战略"、朝鲜问题、能源合作、互联互通等议题上的协同与合作。另一方面是理论维度,主要源于学界对欧盟和日本在双方认可的共同的价值观基础上加强合作的争论和思考。2019年以来欧盟和日本基于《欧盟—日本经济伙伴关系协定》和《欧盟—日本战略伙伴关系协定》的战略伙伴框架,以互联互通为依托拓展合作"新边疆",继续推进建立全面的伙伴关系。基于对欧日关系新变化的观察,在本书中,笔者试图回答的研究问题是:冷战后欧日关系如何从隶属于冷战时期西方阵营的价值观同盟扩展至政治、经济、安全等多领域的复合式同盟?

一、经验维度

当前欧日关系[2]的基本框架,渊源于二战结束初期,成型于冷战后。二战结束后,欧日双方均为美国的战略盟友,在国际政治中的立场基本与美国保持一致,但因彼此相隔万里,加之二战中均遭受巨大创伤,故双方均致力于经济复苏,在双边关系上热衷于经贸往来,而在安全保障领域缺乏交集。1957年,日本外务省首次以蓝皮书的形式发布该国的对外方针和外交政策。其中,日本明确指出其外交遵循"以联合国为中心""与自由主义各国协调"和"坚持作为亚洲一员的立场"这三大原则。[3]在日本语境中,所谓"自由主义各国"当然是以美欧各国为主,但作为协调的对象却主要指美国。这是因为日本所谓对外交往均必须在以"美主日从"为特征的日美非对称型同盟框架内进行。[4]欧洲虽然也被日本列入外交的三大原则范畴内,但日本对其的关注度无法同对美和对周边关系等量齐观。[5]甚至可以说,冷战时期的欧日关系基本上可以与经贸往来画上等号。

当时的欧共体对日政策的基本架构与总体方向也遵循着美国对日的安全与经济战略。1974 年，当时的欧洲共同体在东京开设了首个代表团，后根据 2009 年生效的《里斯本条约》，升级为欧盟代表团。在 20 世纪 70 年代和 80 年代，欧日关系总体呈现"政冷经热"态势，虽然在战略与安全层面双方一直认可和支持，但是整个 80 年代，欧盟与日本之间的关系"处于历史最低点，贸易争端众多，缺乏结构性对话"。正是在这种情势下，双方成立了欧盟—日本工业合作中心，但主要着力点是纠正贸易不平衡，扩大工业合作和投资。

冷战结束后，欧日的交流迅速从经济领域扩大到包括政治对话、文化交流在内的全方位合作。世界格局向多极化的转移促使日本追求对其安全和外交政策的多元化，希冀由美欧日共同主导冷战后的国际秩序。[6] 如时任日本外务省事务次官的栗山尚一就明言，美欧日在自由、民主主义和市场经济这三大基本价值观上立场一致，因此三方应依据强大的政治能量和共同价值观实现冷战后三级共管的世界。[7] 与此同时，欧洲也希望在美国之外寻求更多的合作伙伴，以巩固其作为国际主要行为体的角色。[8] 基于价值观合作的共识，欧日不但大幅提升了双边关系，东亚地区的和平与稳定也越来越成为双方对话的主题之一，欧盟强调自身更多的参与有利于实现该地区的稳定，而日本也对此表示欢迎。[9] 2013 年 3 月 25 日，在欧日建立"战略伙伴关系"10 周年之际，双方开启了加深战略合作的双轨谈判的架构，即《欧盟—日本战略伙伴关系协定》(Strategic Partnership Agreement，以下简称SPA)谈判和《欧盟—日本经济伙伴关系协定》(Economic Partnership Agreement，以下简称 EPA)谈判。这表明欧日一方面正积极应对世界经济体系的总体形势的变化，特别是应对以中国为代表的新兴国家崛起;另一方面,欧日正在通过重新构造彼此之间的战略合作框架,协调双方在国际战略格局和东亚地区的政策走向。

短短几年内,欧日关系极速趋近。2019 年 2 月 1 日生效的 EPA 和 SPA(部分生效),加之当年 9 月双方签署的可持续互联互通和高质量基础设施伙伴关系(The Partnership on Sustainable Connectivity and Quality Infrastructure between the European Union and Japan,以下简称"可持续互联互通伙伴关系协议"),已经构成了欧日关系的三大支柱。时任日本外相的茂木敏充公开宣称日欧已经处于蜜月期,这进一步引发笔者的观察兴趣。[10]笔者从 2019 年以来围绕该研究议题先后访问了欧盟和日本,通过与欧日双方学者交流,调研了解欧盟与日本关系发展的内外因素。

笔者认为,当前欧盟与日本关系发展呈现以下趋势:

第一,合作目标的变化。欧日伙伴关系已经从应对国际秩序"挑战者"到应对中美全面博弈带来的整个国际秩序的变化。

第二,合作性质的变化。欧日从复式化同盟伙伴关系逐步走向"多边主义者联盟"(Allianz der Multilateralisten)的示范。

第三,合作重心的变化,欧盟与日本基于"印太"地区的合作会依托欧日 EPA、SPA 和互联互通的合作基础继续拓展。

第四,合作议题的拓展。欧日基于对外援助的经验拓展为互联互通领域包括基础设施、数字、绿色等多议题合作。

第五,合作态度的变化。欧日双方已经从美西方价值规范的执行者成为规范的建构者。

二、理论维度

同盟关系是笔者探讨欧盟与日本伙伴关系的理论起点。虽然欧日双方没有缔结正式同盟条约,但双方是美国同盟体系下的东西两大战略支点。在俄乌冲突加剧,中美战略博弈长期化、深度化和激烈化的背景下,美国也在不遗余力地推动北约东进。欧日价值观伙伴已经扩展为安全、政治、经济等多领域的战略性协作。对欧日战略性协作的理论研讨可以对既有的同盟关系理论进行修正和补充。

在国际关系史上,同盟作为一个国家获得安全感的重要手段,一直是国家行为体的重要互动行为。在国际关系学界,同盟理论发展历史悠久。基于中外学者有关同盟理论的观点进行一系列探讨。笔者将欧日双边关系的实践经验放在包括同盟的定义、同盟的类型、同盟的形成、同盟的管理和存续的相关理论中进行检验后,从以下几个维度进行了概括:

第一,在同盟的定义问题上,笔者强调冷战后欧日关系已经从单纯的价值观同盟,扩展为安全、政治、经济等多领域的战略性协作。欧日双方都认为目前进入欧盟与日本双边关系的黄金时代。[11]当前,日本首相菅义伟继承安倍政府的既定政策,以安倍内阁时期得到深化的日美关系为核心,通过全面与进步跨太平洋伙伴关系协定、日欧经济合作协定和"自由开放的印度—太平洋"构想,一方面开展国际协调和加强与志同道合的国家合作,另一方面保持现实性立场对中国开展合作,特别是在传染病和气候变化等在内的公共议题上加强合作,欧盟对与日本开展更密切合作的兴趣日益浓厚。欧盟认为,欧日是天然的伙伴,有着共同的价值理念和利益诉求。在2023年第29届欧日首脑峰会上,欧盟和日本再次强调在共同的价值观基础上日益紧密的战略伙伴关系。[12]

第二,在同盟的类型问题上,笔者将目前的欧日同盟归类为复合式同盟。虽然欧日在 2003 年就确定了战略伙伴关系,但是国际秩序剧烈变动的当下,双方合作才凸显出真正的战略意涵。EPA、SPA 和欧日可持续互联互通伙伴关系协议相继签署,已经构成了当下欧日战略合作的"三大支柱"。欧日双方以 EPA 为先导打造全面经济伙伴关系,以 SPA 为框架深化战略伙伴关系,以互联互通为依托拓展合作"新边疆"。[13]互联互通协议与EPA 和 SPA 遥相呼应,产生联动效应。与此同时,印太区域成为欧日合作的战略舞台和欧日"维护国际秩序"的战略要地。

第三,在同盟的形成问题上,欧日经济伙伴关系与政治伙伴关系相互联系体现了同盟的复式演进。首先回顾下在 2017 年 7 月举行的 G20 汉堡峰会上,欧日草签 EPA 的国际背景。随着美国总统特朗普宣布退出跨太平洋伙伴关系协定(以下简称 TPP),美欧TTIP 谈判暂停,这导致奥巴马时代设想的通过 TPP\跨大西洋贸易与投资伙伴协定(以下简称 TTIP)\EPA 三个自由贸易协定来主导未来世界经贸规则制定的战略意图破产了。但欧日对于推动 EPA 谈判的热情依旧高涨。对欧盟而言,第一,在贸易保护主义潮流抬头的现阶段,欧日 EPA 可以在很大程度上遏制这一潮流,向世界展现欧盟维护自由贸易秩序的积极形象。第二,欧日决定在正式启动英国脱欧前的 2017 年 7 月就 EPA 达成基本协议,欧盟认为这有利于欧盟在未来的英国脱欧谈判中取得有利地位。[14]第三,欧日 EPA 一旦谈成,将是世界上规模仅次于北美自由贸易区(NAFTA)的自由贸易协定,GDP 占世界的 27.8%,贸易总额占世界的 35.8%,对推动欧盟经济的发展大有裨益。

在签署 SPA 的考虑方面,欧盟认为,欧日自由贸易区的建立有利于欧日关系的稳定发展,而这有助于巩固欧盟在亚太尤其是东亚地区的战略定位,既赢得经济利益,又能提升欧盟在国际舞台上的地位与声望。[15]欧盟希望与日本一起解决包括朝核、南海等东亚地区热点问题。日本从价值观理念的认同、"日本大国梦"的实现及地缘政治等角度出发,对开启战略性双轨谈判的意愿比欧盟更为强烈。

第四,同盟的管理和存续方面,欧日同盟的复式演进中凸显了经济合作的功能性外溢。双方合作早已突破经济领域向全方位合作发展。欧盟—日本对话与合作涵盖政治、外交和安全政策以及其他部门活动:民主、法治、人权和基本自由、促进和平与安全、危机管理、大规模杀伤性武器、常规武器,包括小武器和轻武器、国际关注的严重犯罪和国际刑事法院、反恐、化学、生物、放射性和核风险缓解、国际和区域合作及联合国改革、发展政策、灾害管理和人道主义行动、经济和金融政策、科学、技术和创新、交通、外层空间、产业合作、海关、税务、旅游、信息社会、消费者政策、环境、气候变化、城市政策、能源、农业、渔业、海事、就业和社会事务、卫生、司法合作、打击腐败和有组织犯罪、打击洗钱和资助恐怖主义、打击非法毒品、网络问题合作、乘客姓名记录、移民、个人数据保护、教育、青年和体育、文化,等等。

第二节　研究意义

在中美全面博弈、中欧之间的合作和竞争常态化、疫情导致的国际格局面临的系统性危机情势下,需要解读冷战后欧日关系发展脉络及后疫情时代欧日关于安全、利益与认同的再调整对中国的影响。中国须密切关注欧日关系复式化这一战略动向。围绕这一背景,笔者认为本书的研究意义分为两个方面。

一、理论意义

一方面是对既有的同盟关系理论进行修正和补充,研讨欧日双边伙伴关系复合式延展的内外因素。

第一,在经贸和投资领域,欧日关系的复式演进中凸显了经济合作的功能性外溢。双方认为 EPA 是一项高水平、平衡的协议,一旦投资保护规则最终确定,它可以成为公平和自由贸易的全球典范,当特朗普做出"美国优先"的决定时,日本和欧盟都正在与美国谈判自由贸易协定。通过转向对方并缔结欧盟与日本协议,欧日双方发出了非常强烈的信号,表明两国不会转向保护主义,而是支持和保护全球自由贸易体系。

第二,在政治和安全领域,"软"或非传统安全领域协同是对同盟关系理论的补充。近年来,欧盟和日本加强了国际政治和安全各个领域的临时合作。其中包括在非洲和亚洲的各种联合任务、冲突调解和建设和平倡议。SPA 将为扩大基于规范性的合作提供制度框架,这更可能在"软"或非传统安全领域实现。但是值得注意的是日本的"北约化"取向,日本与欧盟以及欧盟成员国不断增强的安全关系,是日本冷战后长期安全战略转变的一个组成部分,尽管这仍然是渐进的,但也是不可或缺的。日本的安全战略不再将美国作为其唯一的安全伙伴。当然在硬安全方面,与美国的安全合作对日本至关重要。日本更致力于维持甚至加强与美国政府的安全合作,而不是加强与欧洲的软安全合作。

第三,在价值观领域,理解价值观因素为何奠定了欧日合作的最重要基础。冷战结束后,欧日关系的基本定位是双方认可彼此是坚持所谓"普适价值"的战略性伙伴,欧日认为双方在自由、民主、法制社会等方面拥有相同的价值观,尽管在地理上相隔万里,却是"天然"的战略性伙伴。在日本的国家安全保障战略(NSS)中,欧盟被确定为日本"确保国际社会和平与安全"的"伙伴"。欧日合作逐渐形成基于价值观合作为主体,安全及经济合作为两翼的"一体两翼"复合式合作模式。

另一方面是理解中等力量的国际行为体的对外行为选择偏好。通过对欧日伙伴关系向复合式同盟演进过程中涉及的体系结构、国际规范、战略文化、实践经验等变量进行分析,可以帮助我们解释国际行为体"合理满意"选择,也能对其对外行为进行预测。

第一,欧盟亚洲外交的案例检视。欧盟与中国保持经贸合作的同时,通过与其他亚洲合作伙伴战略性合作来减轻对中国的倚重。欧盟早在 2003 年通过的"欧洲安全战略"(ESS)中,将中国与日本、印度同时列为欧盟理事会的"全方位战略伙伴关系"。欧洲对亚洲的影响力在于欧盟的大市场所赋予的市场监管力,这是欧盟所拥有的重要的经济性实力。欧盟拥有约 4.5 亿人口和高度发达的市场,通过将大市场准入与自身标准和法规联系起来,欧盟仍然在全球议程和标准制定方面发挥巨大影响力。在环境和人权等领域尤其如此。欧盟的规范性权力通过双方的经贸合作延伸到了日本。在日本,许多工业部门也感受到欧盟对化学品、食品安全和气候变化法规的影响。欧日 EPA 伙伴的签订使得日本更加受欧盟标准的左右。

第二,日本对欧外交的梳理与回顾。通过回顾日本对欧外交,研讨日本外交的重点在权力、利益、价值三个体系上的变化。冷战后日本外交的重点是在"价值"体系上,但在 2010 年左右,由于朝鲜核问题及中国崛起等原因,日本外交的重点似乎已经从"价值"体系转移到围绕"权力"体系的问题上。而到目前为止,中国的崛起对"利益"体系的影响比对"权力"体系的影响更大。因此日本外交面临着如何平衡权力、利益和价值这三个系统的问题,并且比以往任何时候都更需要明确阐述它应该争取的国际秩序,并继续稳步努力和主动。[16]

二、现实意义

西方国际关系理论目前发展的一个新方向是从表象性知识走向背景性知识、从理性主导走向实践本体。[17]实践具有将物质主义理论、理念主义理论、结构主义理论和个体主义理论相联系的特质,具有很强的解释力,因而将实践作为变量纳入对外政策行为解释范畴十分必要。实践不同于一般行动,实践是"适当绩效行动的实施,是具有社会意义的有规律的行动"[18]。可以说,实践经验是一国在历史实践中总结出来的某种行为规律。实践经验是国家进行对外行为选取时的重要参考之一,可以作为分析国家对外行为偏好的依据,也能够为预测国家的对外行为提供支撑。作为有限的理性行为体,国际行为体在进行对外政策行为选取时会综合考虑多种因素。

(一)理解冷战后欧日关系发展脉络对中国的影响

欧日战略双轨协议达成后是否能保证双方战略合作实质性推进,笔者在这一点上是存疑的。首先,双方在双轨谈判进程中就存在不同侧重,在双方长达十几轮的艰难谈判进程中,欧盟的关注点着重于欧日经济伙伴关系协定。日本则更关注战略安全层面的双边合作,更多聚焦于战略伙伴关系协定的达成。其次,欧日双边经济伙伴关系的重要性相比冷战时期大幅下降,由于以中国为代表的新兴经济体崛起,欧日双方在对方经贸合作中的位次是呈现下降趋势的。继而,欧日双方在安全领域合作动力不足,基于地缘政治等因素影响,相比日本是中国的近邻,远在亚欧大陆另一侧的欧盟显然对该议题的反应剧烈度不如日本。

欧日这种针对中国的合作势必给中欧关系带来一定负面影响,但是欧盟和日本的战略威胁认知和利益相差甚远。安倍的"积极和平主义"(或"积极促进和平")学说和欧盟相关价值观外交与双方对共同自由价值观的承诺并不相匹配。欧盟与日本的合作更多建立在现实主义战略的基础上。由于中国综合国力的日益增强和欧日彼此关系(尤其是经济关系)的日益紧密,现阶段欧日联手制约中国的合作更多地停留在"说"的层面,而在"做"的层面仍面临诸多限制。欧盟和日本对中国所谓"民主和人权问题"的担忧——事实上可能更多的是权力竞争和对抗中国。虽然欧日战略合作会日益紧密,但是双方以价值观合作为基础来制衡中国的战略目的还难以实现。

(二) 对欧日关系研究的补充

长期以来,国内外学者极为重视美欧、美日双边关系研究,相对忽视欧日双边关系的探讨。欧日关系研究一直是三边关系研究中极为薄弱的一边。学术界对欧洲一体化进程中的欧日关系史的线性梳理和思考方面的研究成果较少。[19]近 20 年,日欧关系研究虽然得到很大发展,但是研究成果主要体现在一系列论文及综合论著的个别章节中,还未能形成综合、系统和完整的体系。日本和欧洲学术界相对偏重于从欧洲煤钢共同体(ECSC)、欧洲经济共同体(EEC)、欧洲共同体(EC)的建立到欧盟(EU)成立以来,对欧日双边经济关系进行阶段性研究。中国学界关于欧盟与日本关系的现有文献大部分局限于了解欧盟和日本目前在政治领域的具体合作,包括贸易和投资以及安全。

笔者认为现有关于欧盟与日本关系的文献往往过于关注欧

盟与日本的双边关系,而忽视了该关系所嵌入的更广泛的国际环境。2019年以来,欧日在短短几年内签署了三项重要协议:经济伙伴关系协议、欧盟—日本战略伙伴关系协议以及可持续互联互通伙伴关系协议。围绕以下三个问题学界讨论不足:(1)欧日如何看待中美全面博弈的国际格局面临的系统性危机?(2)中欧之间的合作和竞争常态化、日本追随美国将中国定位为"迄今为止最大的战略挑战"情势下,欧日如何对安全、利益与认同进行再调整? (3)欧日在加强双边合作的同时,力图在七国集团、二十国集团、世界贸易组织等国际和区域机构中不断加强合作力推"多边主义者联盟",双方寻求更多"志同道合"伙伴的意图能否实现?

第三节 研究方法与研究架构

谈到国际关系研究方法,首先需要解决的是怎样认识"世界"的问题。无论是进行国别研究、地区研究还是进行理论研究,研究者都会面对大量事实,面对事实与观察、理论与解释、途径与范式等根本性的哲学问题。对这些问题怎样看,决定着研究者选择方法的理念。国际关系专业学习中所涉及的各种"大理论"(grand theory),诸如现实主义、自由主义与建构主义,其争论就涉及方法论的问题,特别是如何认识世界的哲学问题。例如,实证主义者的研究主要是基于对事实的观察,而后实证主义者(包括建构主义者)的研究则主要是基于对文本的诠释。这两者所具有的不同"世界观",决定他们对事实属性有不同认识,对研究者与对象关系有不同的观念,并且对解释事实的理论有不同的建构。而笔者所进行的仍然是传统意义上的实证研究。

在哲学层次之下,研究者面对的是学科层次的方法。在这个层次,研究者往往有不同的偏好,可能倾向于案例研究法、定量分析法和形式模型法,也可能倾向于诠释法。这些方法虽然并非国际关系研究的专用方法,但构成了当前国际关系学科的主要方法。此外,国际关系研究者还可以采用各种不同的工具性方法,诸如分析综合法、历史研究法、文献分析法、系统研究法等。笔者在本书中主要采取三种研究工具性方法:

(1) 文献分析法。文献分析法主要是以各种文献作为研究对象,包括内容分析、历史分析和文献统计等。进行内容分析,就是用"诠释"的方法正确地理解和解释文献中的话语;进行历史分析,就是用历史眼光解读不同时期的文献;进行文献统计,就是对文献本身或是文献中的特定用语进行统计学分析。就笔者研究来说,欧日无论是最新的开会决议、机构工作报告、领导人的谈话,乃至之前的决议报告文件、双方的宣传品,都以数种模式展现在网络上,常见的是 PDF 或 WORD 格式,所以在本书中,针对欧日方面的信息,大量采用网络资源,以弥补时间与空间的距离。笔者对欧盟与日本就经济、安全、全球治理等方面签订的多边以及双边外交政策文件资料所进行的内容分析多取自官方网站、著名研究机构学者的文章、国内外期刊文章和相关书籍、官方的记录、图表等第一手资料(primary source),这些文献是本研究的主轴,参考国外相关的欧盟和日本研究机构就双边关系进行研讨的系列文章,从不同的面向分析其的立意与缺失,以此作为进一步思考的基础。

(2) 历史研究法。对冷战后欧盟与日本关系发展历程的梳理,特别是双方开始进行 EPA 和 SPA 谈判,包括 2019 年双方签署的可持续互联互通伙伴关系协议,已经构成了欧日关系的三大支柱。在此期间欧盟与日本关系进行了较大的修改调整,虽然时间跨度短暂,但却发生了许多双方关系的重大事件,皆让笔者从历史的脉络中一窥其中演变沿革。除了分析欧盟和日本官方的历史性地制度资料外,从收集到的多位学者撰写的相关资料入手,对欧盟和日本历年以来的立场、做法转变逐一归纳,运用历史方法总结双方关系发展的经验和教训,从发展情形对政策的未来做出评估和展望,是本书取得重要线索和论证观点的方法。

(3)案例分析法。案例分析法是本研究重要的研究方法,其关键因素在于案例选择的典型性、资料收集的可靠性以及与具有现实性的分析角度。外交研究是一个十分强调实践的研究领域,本研究计划选取欧日经济伙伴关系协定(EPA)、战略伙伴关系协定(SPA)和可持续互联互通伙伴关系协议三个案例作为样本分析,从而剖析欧日关系如何从隶属于冷战时期的西方阵营的价值观同盟扩展至政治、经济、安全等多领域的复合式同盟。在资料收集过程中,笔者尽量尝试从多角度获取资料,力图使论述过程中使用的论据能够达到可相印证与逻辑自洽。在进行案例分析时,尝试将欧日互动嵌入更加广泛的国际环境,从而得出更加准确的结论,对既有的研究成果进行补充及修正。

本书研究范围,以时间划分,开始时间严格上是冷战结束后1991年首次欧盟—日本海牙双边峰会通过"海牙宣言"。结束时间则是到2023年6月欧盟与日本第29次峰会召开。研究对象方面,日本方面是日本政府,欧盟方面则是欧盟27个成员国上缴部分国家权限所组成的欧盟,包括成员国层面和欧盟机构层面。

在研究架构方面,本书通过流程图的方式把各种重要观点梳理出来,标示出它们之间的关系。这样做既有利于说清楚各种观点,也有利于明确自己的研究问题的位置与重要性。[20]

复合式同盟伙伴关系

↓

从价值观同盟扩展至安全、政治、经济等多领域的复合式同盟

↓

欧日关系在 EPA、SPA 和可持续互联互通伙伴关系协议上的建构

↓

欧日复合式同盟的发展趋势和影响

图 0.1　研究流程图

第一章回顾了国际关系学界对于同盟的研究。重点是围绕中外学者有关同盟理论的观点进行一系列探讨,包括同盟的定义、同盟的类型、同盟的形成、同盟的管理和存续。笔者认为传统的西方同盟理论为中国同盟理论的发展奠定了基础,也为中国学者观察国际关系变化提供了有效的视角。但是任何国际关系理论都是基于实践而产生的,西方的同盟理论生长于西方国家互动的土壤,其解释力有着一定的局限性。在当前不断变化的世界中,任何理论的解释力和生命力都是有限的,随着全球化的深入以及各国之间相互依存度的提高,同盟政治理论已经难以适应当前国际形势变化的新趋势。在当今世界,如果硬要推行同盟政治,则有可能导致世界格局的分裂与零和博弈的普遍化。中国学者所关注的基于包容、平等和共赢等理念的"伙伴关系""人类命运共同体""全球安全倡议"以及"全球发展倡议"则超越了西方国际关系理论中的强权至上和零和博弈的思维弊端,为国际行为体提供了一种良好的互动模式。

第二章剖析了共同价值观这一欧日伙伴关系的基础。欧日关系的基本定位是双方认可彼此是坚持所谓"普适价值"的战略性伙伴。日本和欧盟基于共同的价值观展开合作。从所谓"普

适价值"的视角而言,欧盟与日本认为双方应携手应对与它们有别的"异质性"国家的挑战。笔者认为,虽然欧日口口声声地强调双方绝不能因为彼此对华存在巨大的商业利益而不坚持自己的价值理念。但它们所谓"普适价值"实际上与客观世界并不吻合,因为人类社会始终处于不同族群的多样性和不同文明的多元性共生共存的状态,世界上并不存在适合于一切国家、一切民族的社会制度、发展模式与价值理念,而罔顾这一事实,执意用"普适价值"划线的做法多半是想竭力掩盖背后基于安全或经济等种种考量。其虚伪性不言而喻。

第三章分析了促使欧盟和日本围绕 EPA 进行谈判并最终完成谈判的内外动因。笔者指出经济原则上的共同价值观促使欧日通过 EPA 等协议深化经济联系,促进两个地区之间的贸易和投资。在中美大博弈长期化、深度化和激烈化的背景下,欧日经贸合作也越来越涉足共同针对中国的议题,且都呈现出在安全保障的侵蚀下,经济议题越来越趋于"泛安全化"势头的特征。总体上欧日对华的认知在大方向上较为一致,但在落实上尚存在细微的差距。

第四章展望了欧日双方安全合作领域为何长期难以达成立场和行动的一致。随着 2019 年 SPA 的生效,加之俄乌冲突的影响,欧盟与日本基于价值观同盟基础上的安全合作会更加紧密,双方借由"印太战略"合作加强了在安全和防务方面的密切磋商,包括航线自由议题。欧日基于相同的价值理念和意识形态,希冀从规范的角度出发对东亚安全形势形成一种制约的合力,且专注点也逐渐集中到了双方建立危机管理合作机制上来,欧盟和日本目前还就安全和防卫相关问题定期举行磋商和对话,包括网络安全、虚假信息和空间问题,同时还在防扩散、裁军和危机管理方面开展合作。笔者认为欧日这种针对中国的合作势必给中欧关系带来一定负面影响,但是双方以价值观合作为基础来制衡中国的战略目的还难以实现。

第五章研讨了欧盟与日本签署可持续互联互通伙伴关系协议后,双方如何力图推动欧亚互联互通的"规范性"原则。欧日双方打算在国际和区域机构中进行合作,包括七国集团、二十国集团、经合组织、世界银行、国际货币基金组织、欧洲银行等国际论坛,并重建与发展亚洲开发银行。它们还将促进监管合作,实现 EPA。欧盟把欧日合作视为欧亚互联互通的成功典范。首先欧日双方认为自身致力于建立基于可持续性作为共享价值、高质量基础设施、公平竞争为信念的连通性合作伙伴关系;其次,互联互通合作会在 SPA 和 EPA 框架内进行;继而,欧日会在国际和区域性组织中共同促进基于规则的连通性;最后,合作领域着重西巴尔干地区、东欧、中亚、印度太平洋和非洲地区。基于上述制度性安排,未来欧日加强互联互通合作空间进一步加大。

结语部分归纳了冷战后欧日关系复式化演进的五个阶段和四个特点,展望了这一议题未来的研究方向。笔者认为,欧盟与日本关系发展呈现以下趋势:(1)合作目标的变化。欧日伙伴关系已经从应对国际秩序"挑战者"到应对中美全面博弈带来的整个国际秩序的变化;(2)合作性质的变化。欧日从复式化同盟伙伴关系逐步走向"多边主义者联盟"的示范;(3)合作重心的变化。欧盟与日本基于"印太"地区的合作会依托 EPA、SPA 和互联互通的合作基础继续拓展;(4)合作议题的拓展。欧日基于对外援助的经验拓展为互联互通领域包括基础设施、数字、绿色等多议题合作;(5)合作态度的变化。欧日双方已经从全球规范的执行者成为规范的建构者。

注　释

1. 宋黎磊、蔡亮:《冷战后欧日合作模式特征刍议》,《欧洲研究》2017 年第 6 期,第 48—64 页。人大报刊复印资料《国际政治》2018 年第 5 期全文转引。

2. 本书所指的"欧日关系",在欧共体成立前主要指日本与西欧国家间的关系,欧共体成立后主要指日本与欧共体的关系,欧盟成立后主要指日本与欧盟的关系。

3. 外務省『外交青書』、昭和三十二年版(第 1 号)、http://www.mofa.go.jp/mofaj/gaiko/bluebook/1957/s32-1-2.htm, last accessed on 15 June 2017。

4. 董礼胜、董彦:《战后日本与欧盟关系发展演变的概述及分析》,《欧洲研究》2007 年第 4 期,第 110—124 页。

5. 渡邊啓貴「多国間枠組みの中の日欧関係」、国分良成編『日本の外交・第 4 巻・地域編』、岩波書店 2013 年、201 頁。

6. James D. Morrow, "Alliance and Asymmetry: An Alternative to the Capability Aggression Model of Alliance," *American Journal of Political Science*, Vol.35, November 1991, pp.904—933.

7. 栗山尚一「激動の 90 年代と日本外交の新展開」、『外交フォーラム』1990 年 5 月号、16 頁。

8. L. Odgaard & S. Biscop, "The EU and China: Partners in Effective Multilateralism?" in D. Kerr & L. Fei eds., *The International Politics of EU-China Relations*, New York: Oxford University Press, 2007, p.61.

9. M. Reiterer, "Interregionalism as a New Diplomatic Tool: The EU and East Asia," *European Foreign Affairs Review*, Vol.11, No.2, April 2006, pp.223—243; European External Action Service, " *Speech by High Representative/Vice-President Federica Mogherini at the IISS Shangri-La Dialogue 2015*," http://eeas.europa.eu/statements-eeas/2015/150531_02_en.htm. p.1, last accessed on 15 June 2017.

10. 关于"蜜月期"的说法,日本政学两界已有共识,例如:2020 年 2 月,日本外相茂木敏充在出席纪念日欧 EPA 生效一周年讲话时称"日欧关系进入蜜月期"。参见茂木外務大臣の「日 EU・EPA 発効 1 周年記念レセプション」への出席、https://www.mofa.go.jp/mofaj/ecm/ie/page1_001013.html, last accessed on 20 December 2020;日本学界论述,参见小久保康之「蜜月時代に入った日 EU 関係」、『国際問題』、2020 年 5 月 No.691。

11. https://www.politico.eu/article/european-union-indo-pacific-the-golden-era-of-eu-japan-relations-dawns/.

12. EU-Japan summit, 13 July 2023, https://www.eeas.europa.eu/delegations/japan/eu-japan-summit-13-july-2023_en.

13. 陈静静、张勇:《国际秩序变革与日欧战略接近》,载杨伯江主编:《中国日本研究年鉴 2022》,中国社会科学出版社 2022 年版,第 227 页。

14. 「欧日 EPA、来月大枠合意へ詰め　保護主義に対抗」、『日本経済新聞』、2017 年 6 月 9 日。

15. 张晓通、刘振宁、卢迅、张平:《欧日自由贸易区谈判及其对中国的影响》,《欧洲研究》2013 年第 4 期,第 26—27 页。

16. 白鳥潤一郎.「価値」をめぐる模索―冷戦後日本外交の新局面―.国際安全保障.2018.45(4):68—85.

17. 秦亚青:《行动的逻辑:西方国际关系理论"知识转向"的意义》,《中国社会科学》

2013 年第 12 期,第 181—198 页。

18. [加拿大]伊曼纽尔·阿德勒、文森特·波略特:《国际实践》,秦亚青、孙吉胜、魏玲等译,上海世纪出版集团 2015 年版,第 6 页。

19. 关于欧日关系的代表性研究成果参见陈静静、张勇:《国际秩序变革与日欧战略接近》,《欧洲研究》2021 年第 2 期,第 52—81 页;董礼胜、董彦:《战后日本与欧盟关系发展演变的概述及分析》,《欧洲研究》2007 年第 4 期,第 110—124 页。潘德昌:《论日欧首脑外交》,《日本学论坛》2002 年第 1 期,第 24—29 页;宋黎磊、蔡亮:《冷战后欧日合作模式特征刍议》,《欧洲研究》2017 年第 6 期,第 48—64 页;忻华:《欧盟对日战略性双轨谈判的机理分析》,《现代国际关系》2015 年第 9 期,第 53—61 页。Nuttal S., "Japan and the European Union: Reluctant Partners," *Survival*, Vol.382, 1996, pp.104—120; Hook, G.D., Gilson, J., et al., *Japan's International Relations* (2nd ed.), London: Routledge, 2005; P. J. Cardwell, "The EU-Japan Relationship: From Mutual Ignorance to Meaningful Partnership?" *Journal of European Affairs*, Vol.2, No.2, 2004, p.12; Tanaka T., "EU-Japan Relations," in Christiansen T., Kirchner E., Murray P. eds., *The Palgrave Handbook of EU-Asia Relations*, Palgrave, Basingstoke, 2013, pp.509—520; Tsuruoka M., "Japan-Europe relations: Toward a Full Political and Security Partnership," in Tatsumi Y. ed., *Japan's Global Diplomacy*, Stimson Center, Washington DC, 2015.

20. [美]约翰·W.克雷斯维尔:《研究设计与写作指导》,崔延强等译,重庆大学出版社 2007 年版,第 30—32 页。

第一章

同盟的理论与实践研究

在国际关系史上,同盟作为一个国家获得安全感的重要手段,一直是国家行为体的重要互动行为。在国际关系学界,同盟理论发展历史悠久。虽然同盟理论往往建立在西方国家的经验基础之上,随着国际形势的不断变化,中国国际关系学界也在丰富和创新自己的同盟理论。本章回顾了中外学者有关同盟理论的观点进行一系列探讨,包括同盟的定义、同盟的类型、同盟的形成、同盟的管理和存续。笔者将欧日双边关系演进的实践经验放在同盟理论中进行检验,从权力、利益和价值观分析冷战后欧日关系如何从隶属于冷战时期西方阵营的价值观同盟扩展至政治、经济、安全等多领域的复合式同盟。

第一节　西方学者关于同盟理论的研究

一、同盟的界定

同盟在国际政治中一直发挥着核心的作用,在现实层面,国家间的结盟行为贯穿了整个国际关系的历史。在理论层面,这些结盟行为被赋予了不同的概念。想要深刻理解同盟的含义,须从分析同盟(alliance)与结盟(alignment)、联合(coalition)以及集体安全系统（collective security system）的区别开始。[1]

结盟是指两个或多个国家之间的一系列相互期望（expectations）[2]，即在与其他特定国家发生争端或战争时，处在结盟关系中的国家会得到其他盟友的支持。这种期望可能是强烈的，也可能是微弱的，它主要来自感知到的共同利益。结盟行为会受到实力对比、国家间存在的冲突和利益以及国家间互动三个因素的影响，上述因素都会改变盟友之间关于谁在什么情况下支持谁以及这种支持有多大可能性的预期。[3]结盟是国家间合作和协商的普遍承诺，范围较广且目标模糊。为了军事、经济、政治或文化目标，不同的国家都可以结盟，成员资格可以重叠和交叉。结盟关系只是反映了国家间相似的利益，但没有正式的相互承诺。

联合则是为达到某个目的，两个或者两个以上国家协调其行动和政策，但关注的是军事或者非军事的单一问题。联合缺乏同盟拥有的政治功能，如威慑攻击、阻止（preclusion）和约束（restraint）盟友等。[4]埃德温·费德（Edwin H. Fedder）将联合国、欧洲经济共同体等国际组织视作联合，这些联合不强调自身的军事功能。[5]不过，战时临时组成的联盟（如拿破仑战争期间的反法同盟），也被认为是联合的一种。[6]联合相对于同盟而言，成员国之间凝聚力更弱，合作时间更短，也不具备像同盟那样的机制化合作。理查德·哈斯将 coalition 一词也称作非正式同盟（informal coalition），他认为"几个国家为了实现共同的狭隘目的而携手联合起来——在有的情况下，一旦特定的目标得以实现，它们就会分道扬镳。只要其他国家具备一定的能力并愿意加入这个联合体，它们就可以成为会员国。因此，这种方式有时被称为'志愿同盟'（coalition of the willing）"。[7]

此外,集体安全安排(collective security system)与同盟在概念上也并不完全相同。同盟需要针对特定的其他国家进行军事合作[8],而在集体安全组织中,各国则不能针对特定国家或集团。集体安全组织需要遵守七个先决条件:第一,各国不能仅仅关注本国利益,而要接受对国际社会利益的全面承诺;第二,接受和平不可分割原则,也就是说,参与集体安全安排的国家必须认为,世界上任何地方发生的任何冲突,无论参与者是谁,都是对世界和平的直接威胁;第三,所有国家必须反对任何时候的一切侵略,无论由谁实施,针对谁实施;第四,所有参与集体安全组织的国家没有预先的朋友或者敌人,不得提前针对任何特定国家或国家集团进行军事准备;第五,集体安全要求在发生侵略时,所有国家必须采取集体行动;第六,各国必须放弃采取单边行动捍卫其利益的权利;第七,国家必须放弃增加相对实力的渴望。[9]

同盟是结盟的子集,是一种更加正式的用来对抗对手的安全手段[10],主要针对特定的国家或国家集团。[11]摩根索将同盟视作权力平衡的手段,[12]乔治·利斯卡也从权力平衡出发,将同盟作为一种减少敌对势力影响的手段,这种势力会威胁到一个国家的独立。[13]西方学界通常将同盟视作一种"承诺",阿诺德·沃尔弗斯将同盟定义为"两个或多个主权国家之间相互提供军事援助的承诺"[14]。这种承诺是对未来意图的明确的相互声明,同盟涉及针对特定的其他国家的军事合作,主权国家是同盟的主要行为体,因此,同盟不仅包括进攻性和防御性的同盟,还包括确保互不侵犯的协议。[15]斯蒂芬·沃尔特认为同盟是两个或更多国家之间正式的安全合作承诺,旨在增强每个成员的权力、安全以及影响力。一个有意义的同盟的基本要素是承诺相互支持,以对抗外部对手。[16]埃默森·尼乌和彼得·奥德舒克则将同盟明确定义为一种国家间的集体安全安排,在这种安排中,同盟中的成员国保证不互相威胁,在可能的情况下惩罚背叛这一协议的盟友,并在符合其个体利益的时候威胁同盟以外的国家。[17]格伦·斯奈德认为,同盟是集中力量对付外来威胁,而不是为了确保不会被彼此伤害。[18]因此,斯奈德也将同盟看作一种"承诺",主要涉及军事合作,这也将同盟与所有非军事组织(如石油输出国组织)区分开来。[19]

通过对同盟的定义的分析,可以发现上述解释的共同之处:首先,构成同盟的主体是主权国家[20];其次,同盟是一种维护自身的安全的手段,因此要聚焦于安全领域;再次,同盟之间要达成正式签署的条约、协议和协定,承诺在面对未来可能的军事冲突时协调彼此的行动和政策以及相互提供军事支援;最后,同盟主要用来对抗潜在的对手,针对特定的国家或国家集团。

二、同盟的类型

同盟与同盟之间也存在着差异性,摩根索根据利益和政策是否一致的原则,将同盟分为利益一致型、利益互补性、意识形态一致型和政策一致型同盟。[21]在他看来,北约内部的英美同盟是利益一致型同盟;美国和巴基斯坦同盟是利益互补型同盟;1815 年俄国、奥地利和普鲁士所缔结的神圣同盟则是意识形态一致型同盟[22];第四类同盟则是拥有不同利益的成员国在同盟内部进行政策协调,从而达到政策的一致。依据进攻或防守意图,有学者将同盟分为进攻性同盟和防御性同盟。[23]也有学者依据内部实力对比的不同,将同盟分为对称性同盟和非对称性同盟。值得一提的是,有学者将不对称性同盟视作行为体不对称的同盟,例如,国家行为体和非国家行为体组成的同盟。[24]不过,狭义来看,国家才是同盟的行为体。因此,学界往往将不对称性同盟看作强国和弱国组成的同盟。[25]詹姆斯·D.莫罗提出了同盟的自主性—安全性交易模式(autonomy-security trade-off model)来解释非对称同盟与对称性同盟获益方式的不同。他认为在非对称性同盟中,较强的一方获得了自主权,并为较弱的一方提供了安全保障,同盟双方不可兼得自主和安全;而在对称性同盟中,同盟双方都会获得安全或者自主权方面的利益。[26]

冷战结束后,安全与经济、技术等领域的互动关系也更加显著,国家安全已经不仅仅指代军事安全。随着国际关系的变化,西方同盟理论不断发展,不再局限于军事领域。以军事为基础的同盟合作的替代方案也在不断演化,"类同盟"成为了西方同盟理论的研究对象。"类同盟"作为同盟的可能替代方案,具有同盟的部分功能,但并不是真正意义上的同盟。讨论比较多的有准联盟(quasi-allies)和战略伙伴关系(strategic partnerships)两类。

准联盟被定义为拥有共同第三方盟友的非同盟的两个国家之间的关系。[27]日本与韩国的关系被定义为准联盟关系。有学者认为日韩两国对其共同盟友(美国)的安全承诺的看法将直接影响两国之间的政治和军事合作水平。与外部威胁相比,作为安全赞助国的美国对日韩两国承诺的程度将对两国结盟行为产生更大的影响,由此,在高度不对称依赖的安全关系中,安全赞助国的承诺比外部威胁更为重要,因为承诺可以减轻威胁,此外,在极端情况下,无论外部威胁的客观水平如何变化,承诺都可能影响准联盟的行为。[28]泽诺纳斯·齐亚拉斯将以色列、塞浦路斯和希腊视作准联盟,他认为,三国迄今未能建立更正式和以军事为导向的同盟,因此三国关系缺乏进攻性或强大的军事防御性特征,也就是说,三国只是准同盟关系,而不是同盟关系。但是在某种程度上,这种准同盟具有传统同盟的一些基本要素,例如对权力和威胁的考虑以及在军事领域的合作,同时三国的准同盟关系也是为了制衡土耳其的力量与威胁。[29]

西方同盟理论下的"战略伙伴关系"(strategic partnerships)用来描述享有特权的双边关系,"战略伙伴关系"第一次出现是美俄用来描述他们在冷战后的和睦关系。此后,战略伙伴关系常常被用于描述日本和澳大利亚、美国和印度、以色列和土耳其等关系中。[30]安德鲁·库钦斯认为,俄罗斯和其他大国(包括美国)的战略伙伴关系的扩散反映了国际体系的转型。[31]肖恩·凯认为美国为了维持霸权地位,而对战略伙伴关系一词存在着滥用的倾向,但这可能会使盟友质疑美国的同盟承诺,实际上可能破坏美国维持和扩大国际霸权的努力。[32]托马斯·威尔金斯将战略伙伴关系定义为国家(或其他行为体)之间的结构化合作,以共同利用经济机会,或更有效地应对安全挑战。它将围绕一个被称为"系统原则"(system principle)的一般(安全)目的建立。战略伙伴关系主要是基于共同的利益,而不是像传统军事联盟那样,围绕一项特定任务,例如威慑或打击敌对国家。其次,与同盟不同,战略伙伴关系主要是"目标驱动"而不是"威胁驱动"的。[33]因此,虽然战略伙伴关系可能关注共同的安全议题领域,如恐怖主义、分裂主义或宗教原教旨主义,但没有任何国家被战略伙伴关系认定为"威胁"。[34]

三、同盟的形成

国际关系学界对同盟的形成与管理进行了持久的分析与研究,主要视角有现实主义、自由制度主义与建构主义,其中影响最为深远的是现实主义学者对同盟形成的解释。

　　传统现实主义的国际关系理论认为国际体系是一个自助体系,在这样的体系中,各国通过正式的和非正式的安排进行合作,以增进安全,谋求生存和发展。因此,传统的现实主义理论解释同盟的形成时主要是从"权力"的视角出发,也就是权力平衡理论(balance of power)。摩根索认为同盟主要是为了体系中的权力平衡,防止潜在的强大的对手影响其成员国的独立。[35]国家为了维持和改善自身的相对权力地位,有时候会奉行结盟政策。不过,如果一个国家认为自己足够强大,可以独立维持自己的力量,或者认为同盟所带来的承诺的负担可能超过预期的好处,那么它就会回避结盟。历史上的美国奉行独立主义就是出于上述原因。[36]斯奈德认为在攻击发生时,国家往往会遵循"推卸责任"或者"搭便车"的逻辑,但是当攻击者不断获得更多的权力时,国家试图采取制衡的倾向就会变得更强,并且在逻辑上,当攻击者即将获得能够支配整个体系的权力时,其他国家往往会采取制衡,这时同盟就会形成。[37]

　　不过,沃尔特则认为同盟的形成并不仅仅是出于制衡权力,也有可能是为了制衡威胁。他提出了著名的"威胁平衡理论"(balance of threat),他认为威胁并不一定是来自权力最大的国家[38],尽管权力是国家在确定潜在盟友时要考虑的重要因素,但并不是唯一因素,同盟也不仅仅是为了别国的权力增长。同盟是对威胁的一种回应,在面对威胁时,国家面临着制衡(balance)或联合(bandwagon)两种选择。[39]除权力(综合实力)之外,地理距离、进攻能力以及进攻意图都会影响一个国家对其他国家构成的威胁程度。[40]沃尔特的威胁平衡理论对传统现实主义的权力理论进行了突破,将同盟的形成原因从物质层面扩展到了观念层面。奥利·霍尔斯蒂、特伦斯·霍普曼和约翰·沙利文也认为同盟通常是为了应对外部威胁而形成的，其凝聚力主要取决于该威胁的强度和持续时间。[41]史蒂文·戴维则提出了全面制衡理论(omnibalancing)，他认为国家制衡的不但有外部威胁，还有内部威胁。这一理论的假设是：领导人软弱且不合法，国内政治风险非常高，因此第三世界领导人确保其政治和物质生存的动机则是其决定结盟的关键因素。[42]无论是"权力平衡论"还是"威胁平衡论"都是从成本—利益的视角出发的，现实主义认为在同盟形成之前，国家会衡量自身政策自由的损失、政治和经济机会成本以及同盟承诺的物质成本与结盟后产生的利益。只有当成员认为结盟行为的收益大于成本时，同盟才会形成。

施韦勒则对沃尔特的威胁平衡理论提出了批评，他认为，沃尔特错误地将追随定义为被迫的行为，而排除了国家的自愿追随行为。[43]施韦勒认为，追随比制衡更加普遍，这是因为，制衡的代价远远大于追随，除非国家是为了生存和安全，不然国家并不愿意参与制衡。[44]他认为，结盟是为了获得利益，决定国家结盟行为的是其政治目标的契合程度。[45]作为新古典现实主义者，施韦勒引入国内政治因素，来解释同盟的形成。他认为，国家无论是采取制衡还是追随的行为，与权力和威胁的关系并不大，国家类型才应该是决定国家制衡还是追随的原因。施韦勒认为国际体系中存在着维持现状国家和修正主义国家，维持现状的国家倾向于保护当前拥有的，因此持有一种安全偏好；修正主义国家则希望增加自身的权力，因此持有一种获益偏好。由此，他提出利益平衡理论(balance of interest)，国家倾向于为利益而不是为安全而结盟。利益平衡的概念有双重含义：在单位层面上，它指的是一个国家为捍卫其价值而愿意付出的代价与为扩展其价值而愿意付出的代价;而在体系层面上,这种利益平衡指的是现状国家和修正主义国家的相对实力,当维持现状的国家远比修正主义国家强大时,这个体系就会很稳定。当修正主义国家或同盟比维护现状的国家或同盟更强大时,体系最终会发生变化。[46]

自由制度主义的同盟理论强调作为一种制度(institution)的同盟建立后本身所具有的生命力,同盟包括了成员国所必须遵守的规则和规范,因此是一种机制化的组织。[47]在制度主义看来,现实主义仅仅讨论同盟与权力、威胁以及系统结构等因素之间的关系,而缺少对制度的研究。自由制度主义往往将制度理论应用于解释同盟内部关系的互动,从而分析同盟存续的原因。在《霸权之后》一书中,基欧汉认为国家是理性的、自利的,但即便如此,国家之间也能产生合作,不过,合作必须依赖于国际制度。[48]基欧汉认为,作为理性行为体的国家在试图合作时,面临着两个问题:一是担心合作者的欺骗;二是担心收益分配不均。然而制度可以提供有效信息,降低交易成本,使承诺更加可信,从而减轻对欺骗的恐惧,使合作出现。此外,制度也可以减轻对合作中不平等收益的恐惧。[49]

与现实主义和自由主义不同的是,建构主义强调规范、认同和文化等非物质因素在同盟形成过程中所起的作用。以迈克尔·巴尼特为代表的建构主义者认为同盟理论只重视权力、系统这类物质因素是不够的,要确定威胁和选择盟友这样一些结盟的关键问题,还必须从规范和国家认同的角度加以考察。[50]建构主义特别强调观念因素在同盟形成中发挥的作用,观念因素不仅影响了不同类型的国家的行为动机,还影响了国家认同。因此,在同盟形成的最初,国家选择盟友时,会受到观念因素的影响。以加拿大和古巴为例,两国在物质实力上相对于美国的地位大致相当,然而加拿大是美国的盟友,古巴却是美国的敌人。[51]

现实主义、自由主义与建构主义分别从权力、制度与观念三个方面对同盟的形成进行了分析,三种理论互为补充,极大地丰富了国际关系同盟理论。

四、同盟的管理与存续

在同盟的管理上,斯奈德提出了著名的"同盟困境",即任何结盟的国家都面临着牵连(entanglement)和抛弃(abandonment)的困境,这两种困境有可能出现两种消极的后果:一是为了防止牵连的发生,国家开始推卸责任,从而被盟国抛弃;二是为了防止抛弃的发生,国家无条件跟随盟国,从而被牵连。[52]现实主义认为同盟试图将成员国总利益的一小部分转化为共同的政策和措施,然而有些成员会支持这些利益,而有些则会背离这些利益,甚至有些成员与这些利益不相容,因此,同盟是否有效以及能运作多久,取决于其基础利益的强弱与相关国家其他利益的强弱之比。[53]换句话说,利益的一致性是同盟管理中的重要因素,现实主义者认为需要制衡的威胁或力量越大,同盟的凝聚力就越强。同盟的凝聚力取决于外部危险,并随着威胁的减少而下降。[54]当同盟成员面临的威胁程度发生重大变化,例如威胁消失时,同盟就会随之瓦解。[55]乔治·利斯卡认为,当同盟的同一目标消失时,同盟就会解体。[56]如果成员获得了其他可以保护自己的手段,或者开始质疑其伙伴履行义务的能力或意愿,同盟也会趋于削弱。[57]

在自由制度主义的逻辑中,国家确信在制度下的合作能使自己受益,国际制度由此形成。同盟作为一种制度,可以通过帮助解决成员国的分配冲突和向各成员国保证收益是平均分配的来促进合作,例如,通过披露同盟成员的军事开支和能力等信息来保证同盟内部成员的相互合作,从而保持同盟的存续。[58]如果原有的同盟能够根据新的形势制定出新的规则,继续为成员国提供利益,那么该同盟就可以继续维持。以北约为例,根据现实主义者的预测,北约的凝聚力本应松动,同盟成员之间的政策协调程度会缩小,美国在北约的地位也会减弱,但是实际上,美国指挥下的北约结构并没有受到严重挑战。[59]自由制度主义认为冷战结束后,北约存续的基础已经不再是为了对抗苏联的威胁,而是其形成的一系列制度提供的利益。[60]自由制度主义的假设是,发展新的机构或协商框架需要启动成本,为了节约成本,成员在面对新问题时,会首先求助于北约现有的机制和程序,而不是创建新的非北约机构。[61]根据自由制度主义的逻辑,同盟的制度化水平是影响同盟维持或解体的关键因素,制度主义者认为一个实现了制度化的同盟比未实现制度化的同盟更易管理和存续。[62]沃兰德在此基础上,对制度主义的同盟理论进行了补充。她认为,制度的持久性取决于它提供的利益是否与其成员的利益相匹配,当一个制度不再为其成员的利益服务时,该制度就会消亡。因此,当威胁消失时,仅以威胁为前提的同盟必定会消亡,但是一个能够应对多种安全问题的同盟则能够适应没有威胁的环境。[63]

在建构主义的逻辑中,规范定义了身份,并规定了在这种身份下行为体将如何行动。[64]从安全研究的视角出发,建构主义认为,规范、文化等非物质因素塑造了国家的安全利益和国家安全政策[65],也塑造了国家的威胁感知。因此,国际体系中伙伴的身份并非由客观的国际权力结构塑造,而是由价值观和规范塑造的。以美苏冷战为例,法国和英国并不认为二战结束时美国的强大力量具有威胁性,因为他们认为美国是"我们"的一部分;然而,苏联则被英法两国视为"他者",所以苏联的力量才变得具有威胁性。[66]观念性因素一旦被内化之后,就会影响同盟未来的制度走向和内部的政策制定。[67]在建构主义的视角下,观念一致的同盟更容易进行政策协调,同盟凝聚力会更强,存续的时间也更长。反之,意识形态的不同则有可能导致同盟的解体。有些建构主义者认为民主国家组成的同盟更加不容易解体。卡彭指出,民主国家同盟可以将他们的国内规范外化,从而创建多元安全共同体(pluralistic security community)。[68]他认为民主国家不仅不会相互争斗,而且有可能发展出一种集体认同,促进为特定目的而出现的合作机制,例如同盟。这些机制的特点是民主规范,民主国家在相互交往时倾向于将其外化。而这些规则和规范,又会反过来加强行为者的集体认同,因此在卡彭看来,民主国家同盟很难解体。[69]

第二节　中国学者关于同盟理论的研究

传统的同盟理论解释国际关系中的结盟现象时具有一定的合理性和有效性,但是其主要是建立在西方的历史经验基础之上,同时过度聚焦于西方的互动经验,因此,具有一定的局限性。这促使中国国际关系学者在学习传统同盟理论的同时也在同盟问题研究中不断地进行理论创新,本节选取了同盟理论研究中富有中国特色的三个方面进行文献回顾。

一、同盟的衍生概念

如前文所述,传统的同盟理论中有许多与同盟相关的概念,如联合、集体安全系统等。另外,西方同盟理论也对同盟的类型按照不同的标准进行了划分。冷战后国际关系的变化,也使西方同盟理论提出了新的概念,例如准联盟、战略伙伴关系等。中国学者在西方同盟理论的基础上也发展了相关的衍生概念,这些概念与结盟行为相关,但不是狭义上的"同盟",而是新的安全合作形式。在中国学者的同盟研究领域中,衍生概念主要有议题联盟(issue-specific coalitions)、准联盟以及伙伴关系(partnerships)。

随着国际局势的变迁,同盟关系也发生了一系列的新变化,同盟行为不再局限于军事领域,也试图在经济、全球治理等更广义的领域内界定共同利益和政策协调。任琳将这种现象称为联盟异化,她认为联盟异化并不是联盟瓦解,而是同盟成员国在计算了维持和抛弃同盟的"成本—收益"之后,对既有的同盟关系所做出的调整,这种调整"在形式上表现为选择性追随、选择性背离"等行为。[70]在联盟异化的背景下,议题联盟随之产生。中国学者对传统同盟理论中的"联合"概念进行了整合,提出了符合当前国际形势的"议题联盟"概念,也就是说,"议题联盟"其实就是联合概念的再发展。[71]李典典和孙德刚认为,议题联盟作为一种结盟的新形态,是"安全议题与发展议题、政权安全与资源安全的复合体"[72]。史田一则将议题联盟定义为"国际行为体在特定时机、针对特定议题、基于共同的利益关切,联合志同道合者形成的联合关系网络"[73]。任琳分析了全球治理中的次级力量在议题联盟中的行为逻辑,她指出,全球治理中的权威是影响次级力量做出不同议题联盟选择的关键。[74]

"准联盟"也是中国学者重点研究的概念之一,准联盟由西方学者车维德(Victor Cha)提出,但是西方同盟理论并未对其进行深入的研究。中国学者在车维德的基础上对"准联盟"进行了创新性的分析。孙德刚是国内研究准联盟的重要学者之一,他对准联盟进行了大量且深入的研究。[75]孙德刚将准联盟定义为"两个或两个以上的国际实体在次级安全合作方针之上形成的安全管理模式"[76]。准联盟和同盟都是安全合作模式,均涉及军事援助、情报合作、军售等。但与同盟不同的是,其一,准联盟的主体不仅包含主权国家,还包含其他政治实体;其二,准联盟以次级安全合作方针为基础,并不一定要签订正式的盟约;其三,同盟的运作依据法律等制度,而准联盟的运作则依靠伦理;其四,准联盟之间的安全合作是非零和的;其五,准联盟维护了国家主权;其六,准联盟的载体是非正式协定,具有动态性。[77]另外,同盟的合作载体是为了维护军事安全的共同防御条约,成员国之间相互依赖的程度较为紧密,而准联盟的合作载体则是为了维护综合安全的次级安全合作协定,成员国之间的相互依赖程度较为松散。[78]中国学者往往使用准联盟关系来解释一些国家越来越密切的双边关系,例如澳大利亚和日本[79]、菲律宾和越南[80]、日本和英国[81]、日本和菲律宾[82]等。

中国战略界往往使用"伙伴关系"来界定与其他国家的关系,为此,中国的"伙伴关系战略"成为中国学者所着重研究的领域,关注点集中在概念、形成原因以及中国与其他国际行为体的双边关系等三个方面。从概念来看,在中文语境下,"伙伴"来源于古代军队,大家在队伍当中相依为命,彼此间的联系十分紧密。[83]西方学者往往将伙伴关系作为一种维持霸权国地位的手段[84],而中国学者则倾向于从平等、合作、互利和共赢的视角出发来分析伙伴关系。凌胜利认为伙伴关系应该被认为是一种国家间基于共同利益形成的友好合作关系,很多伙伴关系并不涉及安全合作。[85]金正昆认为:"伙伴关系是指一国在外交上与别国以共同利益为基础,以两厢情愿为前提,普遍地、全方位地、多层次地发展良性互动的双边友好合作关系。"[86] 也有学者将伙伴关系视为一种"基于共同利益,通过共同行动,为实现共同目标而建立的一种独立自主的国际合作关系"[87]。从"伙伴关系战略"的形成原因来看,董一兵认为中国奉行"伙伴关系战略"是出于中国的国家利益考量。[88] 陈志敏强调"伙伴关系战略"有助于营造一个适合中国发展的和平的国际安全环境,此外,"伙伴关系战略"有助于推进中国的国家统一进程。为此,他强调中国要重视与世界大国、周边国家以及发展中国家的双边关系。[89] 金正昆也认为伙伴关系战略是中国务实外交的最优化选择。此外,他将中国同他国的伙伴关系从低级到高级分成四个层次:一是中国与别国争取建立的伙伴关系;二是中国与别国拟议之中的伙伴关系;三是中国与别国逐渐发展的伙伴关系;四是中国与别国较为稳固的伙伴关系。金正昆认为对"伙伴关系"层次的划分有助于提醒中国在不同的"伙伴关系"发展层次上采取不同的对策。[90]

二、同盟的管理与存续

中国学者对于同盟的纯理论研究较少,其研究目的主要是为了更好地服务于中国的外交政策。随着中国的崛起,美国积极运用同盟手段同中国开展竞争,因此,中国的国际关系学界对同盟管控研究的关注度也随之提高。

从狭义上看,同盟管理是指同盟内部成员国之间对各自承担义务、应对威胁等的分配,主要依据的是所签署联盟条约的具体条款和规定;而在广义上,联盟管理包括联盟成员为协调各自行为而做出的正式或非正式安排。[91] 刘丰认为,大国为了让盟友采取一致行动,在处理与盟友的关系时,通常会采取说服、诱导和强迫这三种手段,在此过程中,大国在多数情况下会给盟友许诺或提供实质性的回报,主要是给予更多经济和军事援助等,以正面诱导和激励保证它们对大国的拥护和支持。[92]不过,随着国际权力结构的不断变化,美国领导下的同盟体系受到了成员国利益诉求差异、成本分摊矛盾和战略承诺模糊等因素制约,增大了美国同盟管理的难度。[93]苏若林和唐世平认为联盟管理的机制是相互制约(mutual binding constraining)。相互制约是指在联盟内部一方约束另一方行为的同时,自己的行为也受盟友约束的过程。盟友在面对问题时可以相互协调和妥协,如果盟友间能够相互制约,则盟友们就能够相互妥协,那么联盟关系就能继续;但如果相互制约失败,那么联盟就会破裂。此外,"相互制约的过程能够很好地将影响联盟管理的因素(如对'被抛弃'和'被牵连'的恐惧)等串联起来"。[94]王帆认为,由于成员国均谋求其自身利益的最大化,因此收益与成本不符、责任与义务失衡成为同盟管理的困难所在,成员国对这些问题的承受程度成为同盟能否持续的关键。[95]张景全则提出了新的同盟困境,他认为,同盟困境包括传统同盟困境与新同盟困境,前者指的是传统的牵连与抛弃困境,后者指的是同盟针对对象与同盟经济伙伴的同一性困境,以及在同一同盟体系内各个同盟之间存在猜疑与纷争的同盟间困境。传统同盟困境与新同盟困境相互作用、相互影响、相互制约,加大了同盟陷入危机的风险。[96]

从同盟视野(the view of alliance)这一概念可以考察同盟能否得以持续。同盟视野就是指同盟缔约国通过同盟所要追求的军事与安全的关切范围。同盟视野的重合度越高,同盟关系就越能长久持续,运行也会更加有效;反之,同盟的运行效率降低,同盟就会趋向破裂。[97]也有学者从弱国自助能力与战略分歧方面解释了不对称性同盟为何解体。"同盟内部的战略分歧大小决定了同盟成本的高低,而弱国的自助能力强弱则决定了其同盟收益的大小。在弱国自助能力强的情况下,战略分歧越大,同盟越可能解体;在战略分歧重大的情况下,弱国自助能力越强,同盟越容易解体。"[98] 有学者结合制度化与自主—安全视角,认为制度化对同盟存续的影响取决于其在约束性、灵活性和开放性三个层面对成员国自主性的保护和塑造。以华约为例,其在制度化的约束性、灵活性、开放性层面都难以维护和促进成员国的自主性,因此,加剧了联盟内部自主性与安全的矛盾,不利于联盟存续。[99]

另外,非对称性同盟内部的互动研究也受到中国学者的关注。有学者认为"具有近似的综合国力的国家之间的同盟是双边的、对称的,而且存在着平等的义务与期待",非对称性同盟则是力量对比上差距较大的强国与弱国组成的同盟,它们之间存在着不平等的义务与期待。[100] 杨原考察了美苏两国在各自阵营的内部,是如何利用自身实力来塑造自身影响力的,他认为,在大国无战争时代,大国提高国际影响力的核心路径是利益交换,其最主要的形式是大国为小国提供安全保障,以此换取小国在政治上对大国的支持。[101] 黄宇兴解释了不对称性同盟是如何形成的,他指出,大国和小国的"功能分异"是解释双边不对称联盟形成的必要条件。大国运用武力为小国提供安全保障,小国提供给大国战略资源来影响大国之间的权力投射。[102] 有学者提出了不对称性同盟管理中弱国议价机制的分析框架,"弱国发射的议价信号可以分为直接对抗和间接对抗两种类型,前者是弱国坚决维护自身利益的行为,后者是弱国维护自身利益的意志薄弱行为",这两种行为受到同盟地位和利益分歧影响。[103] 李奇前借鉴了中国学者秦亚青的关系理论思想,从关系复杂性的角度分析了在复杂的同盟互动中,为何处于弱势地位的联盟成员国对外行为表现不一。[104] 此外，公元 986—993 年和 1071—1116年，高丽先后两次与当时体系中的头号强国辽和二号强国北宋同时结盟。曹玮和杨原讨论了这种"两面结盟"的形成原因，两位学者认为，这种"两面结盟"的现象是因为小国与两个大国同时结盟的收益能够与成本相匹配，此外，两个大国之间形成了一种互有顾忌、彼此均无必胜对方把握的僵持状态。虽然"两面结盟"的现象很难形成，但是也为讨论非对称性同盟中大国与小国的互动关系提供了有益的启发。[105]

三、同盟政治的局限性及其替代路径

在对西方同盟理论进行了研究和创新之后，同盟政治的局限性也被中国学者所关注。宋伟认为，依靠同盟的力量推行一种威慑或者进攻性的政策，会使国家间的利益关系僵化，在国际政治环境中，发展自己才是最好的战略。通过国内的发展，改变现存的不利于自己的力量对比，才是最重要的，而不一定耗费心力地计算同盟的成本—收益。[106] 有学者认为，尽管同盟能够起到一定的制衡作用，但是从国家安全的角度而言，即使同他国缔结了同盟条约也不代表着国家安全就能得到根本保证。此外，同盟政治已经不再适应当前的国际政治环境。[107] 祝宏俊通过分析伯罗奔尼撒战争发生的原因后，指出同盟政治对国际关系具有一定的副作用。他认为，伯罗奔尼撒战争爆发的真正原因其实是雅典、科林斯、斯巴达三方的矛盾经过同盟政治发酵、放大的结果。斯巴达之所以卷入雅典与科林斯的矛盾，"同盟政治"是关键，也就是说，国际同盟常常是战争规模扩大的助推器。[108] 杨鲁慧认为，冷战结束后，美国不断推行以军事联盟为核心的全球同盟政治体系，把盟国的安全利益凌驾于其他国家安全利益之上,将"价值观"视为共同的政治基础,造成了国际社会的对立与分裂。[109]

在对同盟政治进行了一定的批评之后,中国学者也在致力于寻找同盟政治的替代路径。一直以来,中国都在倡导包容、和谐和共生的外交理念,想要将这些理念运用到国际关系的实践当中就需要跳出以往西方国际关系理论的窠臼。[110]赵洋认为,西方国际关系理论倾向于从静态的视角来理解国际关系,然而随着全球化的发展以及全球性问题的涌现,西方国际关系理论对国际体系中出现新现象和新趋势的解释性减弱。中国提出的人类命运共同体理念则"克服了西方理论从理性主义和个体主义角度看待国家间关系,认为各国利益在本质上具有冲突性的局限,为构建安全、和平、稳定、互惠、共赢的国际秩序创造了可能性。"[111]戴正和郑先武认为,中国所奉行的"结伴不结盟"也可以作为替代结盟的新路径,中国的"伙伴关系战略"通过建立全球的伙伴网络关系来形成共同体制,促进国际秩序的平等、民主和公正,实现合作共赢。[112]此外,一些学者也在关注中国提出的"全球安全倡议"对国际安全理论的贡献。[113]有学者认为全球安全倡议不仅有助于消解西方传统的旧安全观,也有助于破解全球安全困境,更有助于构建人类命运共同体。[114]熊李力认为,中国提出的"全球发展倡议""全球安全倡议",将有效填平全球发展鸿沟、破解国际安全困境。[115]

第三节　战后美国主导下的同盟体系与
美日同盟实践

众所周知,日美的不对称同盟关系构成了战后日本一个不可分割的部分,其意涵早已超越双边外交范畴,而渗入日本内政的方方面面,甚至到了抛开日美同盟则无法研究战后日本的程度。需要指出的是,美国国际关系学界惯于将范式(paradigms)作为该领域的研究传统(research traditions),视不同思想流派的相互竞争——"范式间辩论"为理论创新和知识进步的关键指标。[116]而日本的特征是实用主义风格主导着它们的政策研究工作,且战略研究要重于理论研究,即相对范式导向,它更注重问题的实践导向。这一研究特征力图将学术研究与实践中面临的实践问题结合起来,反对为了维护基于某种范式的预设前提而确定的研究界限和学术惯例,而将某些社会事实排除在研究框架之外的做法。[117]从这一意义而言,要一窥日本学界对同盟理论的研讨,必须要对战后日本的同盟实践稍加梳理。

一、战后日美同盟的历史演进与结构特性

二战结束后,日本面对东西两大阵营对峙的国际情势,和国内社会基于反省战前军国主义的暴冲而弥漫着浓郁的和平主义思潮,在时任首相吉田茂的主导下,将"和平宪法"和"日美同盟"这两个诞生于不同历史时期,隶属于不同性质理念的制度框架糅合一处,设定了一条被称为"吉田主义"(或"吉田路线")的国家角色定位。其特色在于一方面把自身的国家安全纳入美国的"核保护伞"下,另一方面走上了一条"轻军事、重经济",对国际事务秉持最大限度的不介入、不干涉的中立立场,尽可能地在经贸、文化等非军事领域发挥国际影响力。吉田的上述选择尽管从一开始便备受国内各种力量的诟病,但却是洞悉战后国际政治构造及符合战败国日本国家利益的最佳现实性选择。[118]

1945—1952 年是盟军总司令部(General headquarters,GHQ)

占领日本阶段,其目标是在日本推行民主化和非军事化,特征是实行间接统治而不实行军政。《日本投降后美国初期对日方针》规定:"日本国政府在最高司令官的指示下,有行使国内日常行政事务的政治机能。但是,如果不能满足最高司令官的要求时,最高司令官则有权更换政府机构或人事,或者依据直接行动的权力和义务加以限制。"具体做法是,GHQ不断向日本政府发布"备忘录"和"政令",日本政府在外务省设立"终战联络中央事务局",作为接受GHQ指令和指导的窗口,然后将指令传达给日本政府及其有关部门。[119]

1951年9月8日,日本与48个参加旧金山媾和会议的国家签署了"对日媾和条约",并与美国签署了《日美安全保障条约》。翌年4月28日,上述两个条约正式生效,意味着占领时期正式结束,日本在法律上获得独立,进入旧金山体制时代。所谓旧金山体制包括"日美安保、轻军备、经济主义"三个方面:第一,以日美同盟为基轴,由此保障日本的国家安全;第二,将日本自身的国防力量控制在较低的水平上;第三,因低国防而盈余的力量全面投入经济活动,将日本打造成通商国家,并由此在自由贸易体制中开启战后日本的经济复兴之路。[120] 从1946年5月22日至1954年12月7日,其间除了片山哲(1947.5.24—1948.2.10在任)和芦田均(1948.3.10—1948.10.5在任)二人短暂组阁外,吉田茂五度出任首相,从战败到媾和,可以说关于日本国家的发展,基本上都与吉田茂息息相关,因而旧金山体制又被称为"吉田主义"或"吉田路线"。

"吉田主义"的基础是"在对美协调的框架内实现经济发展"[121],这意味着日本是现行国际体系的维护者,其自身是没有能力抛离现行国际体系而另起炉灶。[122] 用当时通产省的一位事务次官的话说就是，"日本一般把国际经济秩序看成是一种已定的局面，关心的是怎样将它加以利用"[123]。京都大学已故教授高坂正尧也指出日本对国际准则的态度往往是被动的，"日本人的任务是对国际局势作明智的调整以谋求本国利益，不必改变现状，不必创造什么神秘的新体系"[124]。他进一步指出，"成为世界第二经济大国已到了日本国力发展的极致"[125]，为此"日本首先要认识到以日美安保条约为基轴符合日本的国家利益。其次，日本对国际的贡献主要应以经济为主体，必须在维护本国利益的同时最大可能地为国际社会的繁荣有所贡献"[126]。

冷战结束后，随着国际格局步入新旧交替的过渡期，日本也开始强调要在国际政治舞台上施展抱负，认为经济上的日美欧三极应适时转化为政治三极。如时任首相的海部俊树就明确表示，"必须以日美欧三极为主导形成世界新秩序"，首度表达了要与美欧共同主导冷战后国际秩序的强烈愿望。与此同时，时任外务省事务次官的栗山尚一也在《外交论坛》上撰文提出了"五五三理论"，认为日美欧是国际格局中的三极，不但各自拥有强大的经济实力，且在自由、民主主义和市场经济这三大基本价值观上也是一致的，因此三方应依据强大的政治能量和共同价值观实现冷战后三极共管的世界，而日本则"必须尽快地从中小国家的外交转变为大国外交"[127]。1993年版的《外交蓝皮书》又进一步提出，为了维持、促进世界整体的和平与繁荣，日美欧的责任与作用尤为重大。[128]

虽然自泡沫经济崩溃后，日本经济持续低迷，经历了所谓"迷失的三十年"，但一方面日本的经济规模依旧排名世界前列，另一方面这种长期的低迷也推动日本政界主流认为，如若不乘国家尚有一搏之力努力拼搏一番，未来日本只能接受"中等国家"的宿命。这种政治思潮具备鲜明的"新国家主义"色彩,他们打着"摆脱战后体制"的旗帜,意图对"吉田主义"进行路线修正,使日本实现"正常国家化"。其代表性人物便是已故的安倍晋三,而需要提及的是,在安倍遇刺身亡后,继任的岸田文雄虽然在口号上有所变更,但大政方针还是遵循"安倍路线"。

　　他们首先反复强调现阶段随着世界力量对比的变化和技术的革新,新的传统与非传统安全导致国际安全形势尤其是日本周边的安全形势已今非昔比,更使得国际社会中任何一个国家都无法仅凭自身的力量来维护本国的和平与稳定。接着,他们认为日本要确保自身的和平,前提条件是要在地区及世界的安全环境建构中主动发挥作用,且维持和平不能仅停留于口头宣誓,而应付诸实际行动。这就要求,一旦国际社会出现破坏和平的力量时,国际社会应该结成安全保障联盟,共同发挥"锁"(锁住破坏和平)的功能,以确保地区的和平与稳定,及航海自由,等等。不言而喻的是,"锁"的中心就是日美同盟,日本决不能成为这一锁链中的薄弱环节[129],而应基于国际协调的立场,以日美同盟为基轴,积极地为地区乃至世界的和平与稳定积极贡献,"这就是新时代的日本应该高举的旗帜——'积极和平主义'"[130]。最后,他们还指出宪法的和平理念宣扬的是在联合国的集体安全保障体制下如何维护自身及国际的和平与安全。[131]

　　进一步地,他们不但强调日本要以"日美＋N"的方式在国际社会组建安全保障同盟,为了让日本在同盟框架内发挥更大的作用,还不惜通过修改宪法解释乃至修宪的方式来解禁集体自卫权,以突破自卫队使用武力保卫盟友的法律障碍。他们要实现的是"重振日本"的大国化目标,其国家身份的定位是大国(great power)。它奉行现实主义的势力均衡逻辑,强调要通过增强自身军事威慑力来维护本国的和平与安宁,其所宣扬的使日本转变成积极为世界的和平与稳定有所贡献的"缔造和平"力量,成为国际上"负责任大国"的路径依赖也就更为倚重军事手段。这也就不难理解,为何在经济如此困难的情况下,岸田内阁还计划在5年内将国防预算从占国内生产总值的 1% 跃升至 2%,达到北约成员国的水平。

需要说明的是,从逻辑上看,日本要摆脱"半独立"地位最先受到的牵制力量是美国。但实际上,受国力所限日本根本无力向美国"叫板",中国崛起更使其无意如此。于是,在日美同盟框架下最大限度地实现自我发展,成为日本的基本思路之一。这就要求日本应尽量在同盟框架体系内大幅增强自身的"战略自主性",以强化日美同盟。然而,日本国内一直有声音批判日本外交追随美国,而缺乏自主性。如果这一点不改善的话,日美同盟关系越强化,其国内的反美声音将越强。换言之,日本谋求实现"正常国家化"的目标面临理论上要摆脱日美同盟,现实中要强化日美同盟的逻辑悖论。作为应对,日本的化解之道是通过两重置换实现的。

第一,通过对日美同盟的结构意涵进行重构的方式,将日美地位的非对称性置换成角色的主次性。在日本的要求下,日美对"日美安保条约"和"日美防卫合作指针"进行了多次修订,力求将原本是双边层面的安保框架建构成美国领导的战后国际安保秩序的重要一环。此举从结构上将原来双边层面中的"美主日从"关系置换为世界范围内的"盟主"与"盟友"的"美主日辅"关系。虽然日美间主次角色依旧,但从"美主日从"到"美主日辅"的转化凸显的却是日美关系从"依附型"到"合谋型"的转换。这样,日本用角色的主次性模糊了地位的非对称性,从而大大淡化了其在日美同盟框架中的不平等性。

第二,将"摆脱战后体制"的对象从摆脱日美同盟置换成修宪。日本通过对日美同盟的结构意涵重构,使得其在日美同盟框架中的不平等性被大大淡化的同时,刻意凸显了日美责任的非均衡性问题。即日本在日美同盟框架中仍旧主要扮演"搭便车"角色,不能进一步发挥在同盟框架中的战略作用,积极履行作为"盟友"对同盟的应尽义务,以强化日美同盟。

此外,美国的对日政策在一定范围内逐步满足日本提出的日美对等的政治要求的同时,也越来越倾向于要求日本在同盟框架内分担更多的责任。尤其是拜登上台后,由日本首倡、美国主导的"印太战略"越来越呈现出"亚太北约化"的特征。美认为加强与盟友的关系既是该战略的支柱之一,又是维持亚太地区安全的基础,而鉴于日本强大的综合国力,格外需要其发挥"次轴心"的战略支点作用,积极承担维护地区安全的责任。对此,日本也是积极回应美国要求,努力扮演好"次轴心"的战略支点的角色,并期盼在安全领域与美国共同发挥领导作用。

概言之,日本在战后通过美国与国际秩序相关联,并成为美国主导的"自由国际秩序"的积极追随者。日本认为,这一秩序建立在国际法和自由价值基础之上,本质是基于各大国力量对比构建起来的政治、经济、安全等方面的国际机制和规范。[132]因此,冷战结束既让日本认为这是西方价值观的胜利,同时也加深了"自由国际秩序"是"普适价值"的定向认知,日本因而更自诩是亚洲的先驱和翘楚。[133]基于此,日本不但自认是"自由国际秩序"的得益者和拥护者[134],还强调唯有以日美同盟为核心的有关地区秩序安排的相关架构,才是维护地区和平与稳定的国际安全公共产品。[135]

而论及日本的对华政策,有两个方面值得关注,其一是日本各界均认可中日关系是最重要的双边关系之一,其二是对华政策从来不能自外于日美同盟的框架结构,而进行独立思考。换言之,日本外交的整体布局实质上以日美和日中这两组双边关系的相关性为基础,伴随着日本的国家利益不断向全球延伸形成一个联立多次方程。因此,日本外交的长期理想设定是"日美同盟＋日中协商"[136]。显而易见,虽说对美和对华关系构成了日本外交的两大支柱,但是对华关系较之于对美关系始终是一种亚位存在,日本的自主空间只是在美国战略容忍的范围内保持一个有限灵活的对华回旋余地而已。基于此,理性务实的对华关系有三个值得关注的方面,第一,不应刻板地按照价值观划线,而是综合务实地正视中国的崛起[137];第二,构筑一个包含中国在内的区域经贸新架构(architecture),与中国实现制度内制衡[138];第三,坚持奉行对华接触(management)政策,保持畅通的沟通渠道,全力管控两国之间的矛盾与分歧。[139]但当前日本在处理对华关系时,尤其对横亘在两国之间的各种矛盾则趋于从"零和博弈"的视角来审视,毫无顾忌地将中国定位为"日本前所未有的最大战略挑战"[140]。其主要原因如下:

第一,日本认为,一方面中国崛起和美国国力相对下降所导致的权力转移正趋于快速化和复杂化,另一方面,日本处于中美战略性竞斗的最前沿,加之综合国力是仅次于中美的关键"第三极",美国要想强化对华的威慑力,势必会更加仰赖日本的战略杠杆(leverage)角色。[141]因此,日本面临能对地区乃至国际秩序的走向产生关键性影响的历史机遇。[142]第二,从追求政治大国地位和强化军事力量建设这一战略目标来看,美国减少战略承诺和向盟友卸责,等于是对日本积极发展军事力量进行了政治松绑。[143]

美国认为中国是一个"在经济、外交、军事、技术等全方位领域都可以对美国主导的国际秩序进行持续挑战的唯一竞争对手",正在"试图根据自身利益改变现行国际秩序",以"塑造一个与美国价值观与利益相对立的世界"。[144] 而日本也认为,中国崛起使得以西方民主为核心的"普适价值"和以西方为主导的现行国际秩序正遭受严峻挑战。[145]

岸田内阁公开表示要摸索对华的新时代现实主义外交,以构筑建设性、稳定性的双边关系为目标,但前提是日本应主张的一定会主张,且强烈要求中国遵守国际社会准则,采取负责任的行为。[146] 那么,上述应主张之处涵盖哪些领域?所谓"国际社会准则""负责任行为"的标准是什么?而这些领域和标准又以谁的规定为准呢?答案显而易见,由美日欧等西方国家说了算。换言之,安全上,日本会持续配合美国全面对华遏压,在积极构建"美日主导对华遏压"的非对称竞争模式中发挥"战略支点"作用,围绕中国形塑一个有利于美日的战略环境和价值观同盟,构筑一个对华多层次安全包围网;经济上,稳固以美国为主导的中心—外围体系,一方面确保相关的供应链稳定,保证日本的技术优势,另一方面将中国牢牢锁定在被支配的外围状态,无法实现产业链的有效升级;价值上,以"普适价值"为修饰,进一步为"借台遏华"寻找正当性,意图迫使中国做出原则性让步。

二、实践导向下的同盟理论探究

西方传统的三大主义对同盟的认知视角虽有所不同,如现实主义强调国际政治力学。[147] 自由主义则主张实现同盟的制度化,第一,扩大对抗敌对国的同盟对抗能力;第二,有关同盟参加国的行动,要降低其不确定性,抑制同盟的安全困境。[148] 建构主义则基于民主和平论的相关假设,视不同政治体制的国家为潜在威胁的"他者"。[149]但无论如何它们探究的核心是如何在国际间塑造"均势",这一点一直未发生本质的变化,以至于日本有学者揶揄说,"同盟理论"是国际关系理论中最缺乏创新的领域。[150]话虽如此,但毕竟国际局势处于变动不居的状态,因此实际上同盟也始终处于一个"动态的均衡"(dynamic equilibrium)状态。[151]这意味着尽管追求"均势"是任何同盟最核心的目标诉求,达到某一个"均势"的状态本身是静态切面,但如何确保时刻保持"均势"却是个不折不扣的动态过程。[152]

结合日美同盟的实践维度,日美同盟是"美主日从"的非对称性同盟,主导国和追随国在框架内,如何应对威胁,按照主导国要求追随国如何配合行动,同盟如何存续等,是被关注的主要领域。现阶段,很显然为更好地对抗中国,就是要强化与美国的相互防卫,辅助主导国,发挥补充性合作的作用。因此,日本在2022年12月底通过的"安保三文件"(《国家安全保障战略》《国家防卫战略》及《防卫力量整备计划》)中,明确提出为了更好地强化日美同盟,日本首先要加强自身的国防力量建设,此外就是作为重要的辅助手段,进一步深化与包括欧盟在内的"志同道合的伙伴"的安全合作。[153]

追随国同盟政策会有一个变动性,其主要与世界权力分布和威胁程度的相互作用息息相关。总体上,追随国会发挥放射性对抗、负担转移、多维度接触、补充性合作等四种作用,而对照的角色扮演则是"遏制"(containment)、"追随"(bandwagoning)及"对冲"(hedging)。但实际上,如果大国对抗关系越激烈,则中小国的对冲空间也变得越狭窄。[154]这也是近年来日本对华政策为何越来越倾向对抗的最重要的结构性层次因素。[155]

表 1.1　权力和平衡威胁及日本的同盟政策[156]

		威胁的程度	
		高 中美对抗、钓鱼岛争端等	**低** 和平共存、美国单边主义等
世界权力的分布	**分散** 美苏两极格局	**反应性对抗** 吉田、大平、中曾根等	**负担转移** 鸠山一郎、岸、池田、佐藤、田中等
	集中 美国单极格局、后冷战时代	**补充性合作** 野田、安倍(第二次)、岸田	**多维度接触** 桥本、小渊、小泉、福田、鸠山由纪夫

　　需要补充说明的是,从安倍第二次执政的后半段开始,中日关系出现了一系列冬去春来的转圜迹象。在中日双方共同努力下,两国关系正步入正常轨道,面临改善发展的重要机遇。但安倍对华政策的调整只是策略性的动作,诚如“假朋友”理论所指出的那样,崛起国与守成国之间的关系具有性质和策略的二重性那样,中日关系也具有“假朋友”特征。“假朋友”的性质由双边关系的安全困境决定,这一性质使双边关系总体上趋于负面,但“假朋友”的策略又具有暂时缓解双方间紧张状态甚至改善双边关系的功能。[157]因此,随着中美大博弈出现长期化与激烈化,加上新冠肺炎疫情和俄乌冲突等外部影响,中日关系也再度从“小阳春”陷入“凛冬”,且是漫长的严冬,即使在邦交正常化50周年和《和平友好条约》缔结45周年的历史节点也未能出现实质性改善的势头。

　　综上所述,在实践导向下,日本学界侧重对同盟理论的实用性分析,而非理论的概念创新。对日本而言,以自身实践传递一个这样的思考恐怕更具实际意义。即怎样的结构性因素导致日本面对中国崛起,并不畏惧被美国再次"越顶",而越来越倾向于一边倒地追随美国的对华政策？而要回答这个问题,则要对与同盟理论如影随形的是"权力转移"(power transition)理论加以分析。

"权力转移"意指由于国家实力发展存在不平衡,导致国际权力结构中主导性大国(dominant power)地位下降,而崛起中大国(rising power)地位上升,最终实现权力变化的过程。这一过程极有可能在世界体系中诱发影响深远的经济和政治利益冲突和持续性的战略竞争。[158]它除了关注美国这样的主导性大国采取怎样的行动应对挑战国外,还讨论了体系内其他大国的行为方式。它强调其他大国作为既得利益方,通常会与主导性大国步调一致。因为主导性大国会运用其所拥有的权力来制定一套全球政治经济结构与行为规范来约束自身行为的同时,也控制体系内其他国家的行为,以此来维护体系稳固。[159]其结果导致除主导性大国外,其他大国乃至数量众多的中等国家和小国也会从其中获益,因此都被定义为满意现状的国家。反过来,它们也支持主导国,并协助巩固现行国际体系。[160]显而易见,这在解释日本对中国崛起的主观认知和应对方式上颇具说服力。

对于中日之间问题的根源,中国外交部部长王毅曾精辟地总结说,"中国的发展已给日本带来了重要利益",但"日本在心态上还不能真心接受和欢迎最大的邻国中国重新发展和崛起"。[161]中日比邻而居,历史瓜葛与地缘矛盾纠结缠绕,表象面的现实利益纠葛与深层次的战略结构疑虑交织叠加,一方面使得两国关系较其他双边关系更为复杂敏感,另一方面导致日本对中国崛起带来的各种冲击也远较美欧等国来得更直观和强烈。造成这一局面的原因除了历史认识、领土争端及台湾问题等外,还与日本在自身国家定位基础上形塑的对华认知息息相关。

如前所述,战后日本在吉田茂的引领下将自身融入美国的同盟框架体系中。尽管这种"美主日从"的非对称性同盟体制因导致日本牺牲了国家自主性而在日本国内备受诟病[162],但日本对于美国主导的自由主义国际秩序是深表认同的,即认可自由、民主、人权与法治是支撑世界稳定与繁荣的基本价值。从价值观角度来看,日本自觉地将自身定位为以美国主导的自由的势力均衡(a balance of power that favors freedom)体系中的一分子,属于体系内的满意现状国家,愿意协助主导国巩固这一体系。[163]换言之,日本认为亚太地区的和平与繁荣得益于美国主导的国际秩序,日本作为美国的主要同盟国和这一秩序的主要受益者,应在强化日美同盟的基础上,与共享该价值的国家携手并进,共同巩固建立在规则基础上的地区秩序。

进一步而言,日本认为维系这种同盟体系的理念基础是所谓"相同价值观"[164]。体系内的成员一方面对此有同质性的认同[165],另一方面,当面临一个它们认为"价值观"不同的"异质性"国家崛起时,会倾向于将之定性为意欲颠覆既有国际秩序的新兴霸权国家,因此体系内的各成员有义务和道德团结一致,以维持国际秩序为"微言大义",共同对抗"异质性"的新兴国家。[166]中国是当下国际舞台上最具潜力的崛起中国家,自然也成为它们最为关注的"异质性"国家。尽管中国一再强调和平发展,并不断重申"始终做世界和平的建设者、全球发展的贡献者、国际秩序的维护者"[167],但仍不可避免地被美日欧等西方国家视为价值观上的"异质性"国家。它们倾向于认为中国正在挑战由美国主导的自由主义国际秩序[168],中国在亚太地区的各种言行就是试图排斥美日在区域内的各项制度安排和影响。[169]

　　而日本做如上思考还基于这样一个假设。作为美国在亚太地区的最重要盟国,日本无论意愿与否都已经站在制衡中国的第一线上。假设日本脱离日美同盟框架,一方面势必造成日美关系的颠覆,其后果是日本难以承受的,另一方面失去了美国的威慑力,中国在东海、南海的活动将使得日本更加忧心于自己的国家安全与利益。因此,日本唯有强化日美同盟,才能借此在一定程度上发挥更积极的作用。日本预判中国的综合国力无论如何发展,也无法超越日美两国的总和。[170]换言之,日美中三国综合国力基本可设定为恒定的 1+1>1。恰因为如此,日本一直是"中国见顶论"(peak China)的最热烈拥护者和鼓噪者。

　　如前所述,在范式导向的研究中,现实主义重视权力和影响力,而自由主义侧重利益,建构主义则重视观念体系的非物质性要素。具体而言,现实主义认为世界政治中最关键的结果——国家间的战争与和平——主要是受无政府状态中的国家基于自助原则而形成的势力均衡的驱动。自由主义者接受现实主义关于国际体系无政府特性的观点,却指出在更大范围的条件下——尤其是在相互依赖的世界中,即使没有霸权国,绝对收益也可驱动行为体采取合作行为。相比之下,建构主义的特色是其本体论。它坚持认为,那些并不能直接观察到的社会构成——最普遍的就是集体规范和身份,会对行为体在特定环境中如何感知、理解、协商和再造置身于其中的社会结构产生重大影响。实际上,建构主义者可以接受现实主义关于国际无政府状态的假定,也可以接受自由主义对协商合作可能性的重视,但他们强调不可观察的身份和规范的本体优先性。

　　而权力、利益和价值固然可以根据各自理论范式的论证逻辑将国际体系用不同的图谱加以勾勒。但诚如爱德华·卡尔所指出的那样,这样分类虽然在理论上是可行的,但无论在什么历史时期,三者之间其实是彼此关联、相互作用的,构成一个不可分割的整体。[171]高坂正尧也指出,国际体系是权力体系、利益体系和价值体系组成的复合型三元结合体。[172]而细谷雄一进一步强调说,国际秩序形成的原理实质上也是由与权力、利益和价值相对应的"均衡的体系""协调的体系"和"共同体的体系"所构成。[173]因此说,国际政治的实践行为体现的是权力关系、利益关系和价值关系构成的复杂互动的联立三次方程。这也是探究日本的同盟政策所必须牢记的研究方法。

表 1.2　权力、利益、价值的相互关系

		被解释因素（explanandum）		
		权力	利益	价值
解释因素 （explanans）	权力	权力的世界	权力影响利益	权力影响观念
	利益	利益影响权力	利益的世界	利益影响观念
	价值	价值影响权力	价值影响利益	价值的世界

第四节　美国同盟体系下欧日的战略协作

基于地缘政治和历史渊源等因素的考量,中国、朝鲜半岛、苏联(俄罗斯)和东南亚一直是日本外交中除美国以外的聚焦所在。相比之下,相距万里之遥的欧洲虽然也被日本列入外交的三大原则范畴内,但日本对其的关注度无法同对美和对周边关系等量齐观。[174]然而,恰因为地理距离遥远,使得日欧之间也不会如日中、日韩那样因历史问题和领土争议等敏感议题而导致双边关系频现僵局,加之双方认为彼此拥有相同的价值理念,因此总体上战后日欧关系可以用"对话"和"合作"[175]这两个关键词进行概括。当然，随着时代的变迁，双方"对话"和"合作"的对象及范围也逐步向宽度和深度拓展。

从时间推移的纵向维度回顾战后日欧关系的发展，大致可分为四个发展阶段：

第一阶段属于战后日欧关系起步阶段，时间跨度从二战结束到20世纪60年代初。因惨遭兵燹之祸，如何尽早实现经济复苏是日欧双方所共同面对的当务之急。因此这一阶段的日欧关系仅限于少数的文化交流，政治、经济层面的交往几乎是一片空白。[176]在政治层面，唯一值得一提的是1959年日本任命驻比利时大使兼任日本驻欧洲煤钢联营（ECSC）、欧洲经济共同体（EEC）及欧洲原子能共同体（EURATOM）的政府代表。这标志着日本与欧共体（EC）关系的正式开始。在经济层面，EEC不过是初试啼声，而日本也刚刚加入关贸总协定（GATT），因此日本与EEC之间根本没有什么实质性的经贸往来。[177]从1960年的日欧贸易量来看，日对EEC六个成员国的总出口额仅为1.8亿美元，进口额为2.1亿美元。对后者而言，当时日本只是其排名第27的一个无足轻重的贸易伙伴。[178]

第二阶段属于日欧经贸往来开始发展阶段，时间跨度从20世纪60年代初到70年代末。这一阶段可谓日欧经济双双从复苏走向腾飞的时期，特别是日本的表现尤为亮眼。其间，日本经济总量连续超过欧洲经济实力最强的英法德三国，到1968年时已成为西方阵营中的第二大经济体。日本经济的腾飞与其实施出口导向型的经济战略息息相关。显而易见，除美国外，欧洲自然也成了日本积极出口的对象。尽管该阶段EEC尚未获得授权，可与域外国家进行经贸往来的谈判，因此日本与EEC的经贸关系主要体现在与六个成员国之间的六对双边关系上。但值得注意的是,在日本的努力下,EC 六国均与日本签署了新的贸易条款,这意味着原有的对日贸易歧视政策被取消。在此基础上,日与 ECSC 又于 1965 年开展了关于钢铁贸易的定期协议。

进入 20 世纪 70 年代后,随着 EC 获得对外经贸谈判的授权,日本和 EC 双方的经贸关系旋即进入高速增长时期。1972年,日本正式实施对欧"秩序性出口"政策,翌年双方又开启日本和 EC 高级磋商机制。伴随着 EC 的不断扩大和整合的深入,日本和 EC 间的经贸往来也日益紧密,规模不断扩大。如到 1976年时,日本已升至 EC 的第六大贸易伙伴。[179]以此为背景,EC 于1974 年在日本设立了代表处。1979 年,日本正式设立独立于驻比利时大使馆的驻布鲁塞尔 EC 代表处。[180]

第三阶段属于日欧贸易摩擦加大到投资扩大的阶段,时间跨度从 20 世纪 70 年代末到冷战结束。随着日欧贸易量的扩大,EC 对日的贸易逆差也日益加剧,这导致双方的贸易摩擦实际上随着贸易量的扩大而加剧。[181]欧洲对日本的愤怒甚至到了迁怒普通日本工人的程度,将工作勤奋但住在传统的狭小日式房屋的他们挪揄为"住在兔子窝里的工蜂"[182]。作为应对,日本一方面主动减少对 EC 出口,另一方面双方于 1984 年举行了第一届日本 EC 部长级会议,日本宣布将加大对 EC 新老成员国的投资。[183]以此为背景,日对 EC 直接投资在短短几年内迅速上升,虽然 EC 对日直接投资的增长幅度也很可观,但总体数量上尚不到前者的十分之一。此外,上述举动一定程度上缓解了双方的紧张,但实际上,这一阶段日对 EC 贸易总量快速增加的同时,仍一直维持出超的地位。到 1988 年,日本一跃成为 EC 第二大贸易伙伴,且这一位置长期保持不变。[184]

第四阶段属于从经济交流扩大到包括政治对话、文化交流在内的全方位合作阶段，时间跨度从冷战结束至今。这一阶段的最大特点是中国因素逐渐凸显，日益成为日欧交往中的一个重要领域。

冷战结束对西方阵营而言意味着民主主义的价值理念大获全胜，以此为背景，随着国际格局步入新旧交替的过渡期，日本也开始强调要在国际政治舞台上施展抱负，认为经济上的日美欧三极应适时转化为政治三极。

1991年7月举行的首次欧日首脑会谈对冷战后的欧日关系具有划时代意义，时任日本首相的海部俊树（Toshiki Kaifu）与EC委员长德洛尔（Jacques Lucien Jean Delors）举行了第一次日欧首脑会谈，并签署了《日欧联合宣言》（又称《海牙宣言》），双方相互确认了彼此作为经济大国的国际地位，强调在经济、政治及安保领域构建合作关系，并决定对主要国际问题相互通报情况、进行协商等，努力协调彼此立场。[185]

值得关注的是，宣言特别指出共同价值观是欧日加深合作和发展全面伙伴关系的动机。可以说，它标志着欧日关系完成了由冷战时期同属西方阵营的同盟关系向全球伙伴关系的转变和升级。宣言指出，日欧在重视自由、民主主义、法制社会和人权、市场经济、通过自由贸易推动世界经济发展等方面意见一致，进一步地，双方确认对于世界的安全保障、和平及稳定是彼此共同关心的话题。此外，确保世界和平、按照联合国宪章的原则和目的构筑公正且稳定的国际秩序及国际社会正视的世界性课题，强调双方应对此共同作出贡献。

作为"对话及合作的一般性原则"，欧日确认双方在政治、经济、科学、文化及其他主要国际问题领域应强化合作。如共同支持自由、民主主义、人权、市场经济等；遵循核武器、生化武器、导弹技术的不扩散原则；在世界经济及贸易的健康发展方面，强调应在投资、产业合作、尖端科技、能源、雇佣、社会问题、竞争规则等方面强化对话与合作；积极主张要尊重人权、预防和取缔各种恐怖主义、毒品犯罪等行为；推动包括学术、文化、青年交流等方面的活动。

《海牙宣言》为欧日双方关系做出了为期 10 年的远景规划，强调除了要努力深化在经济领域的合作，还要积极拓展双方在政治领域的交流。以此为契机，双方同意将欧日峰会年度化和制度化，一方面是构造多层次欧日对话的制度性框架，包括欧日外长协议和欧日局长级别磋商（一年两次），高级实务者会谈、欧日高级别磋商、欧日规制改革对话、欧日环境高级事务级别会谈、欧日知识产权会谈等。[186] 另一方面是拓展双方对话的领域，范围涵盖关于中亚的战略性对话，和关于东亚的安保环境的战略对话。

进一步地，时任日本首相的桥本龙太郎于 1996 年 11 月提出将欧日关系定位为"全球性伙伴"。与此同时，日本还与英法德等欧洲主要国家在冷战后关系的发展奠定基础，各方同意在政治、经济、文化等广泛领域内开拓友好关系。如此就形成了日欧关系和日本与欧洲多个国家双边关系共同发展的复合结构。到了 2000 年 1 月，时任日本外相的河野洋平访问了意大利、比利时、英国、法国，在法国发表了题为"欧日合作的新立场——追求千禧年伙伴关系"的对欧政策演讲，指出了"欧日协调的三根支柱"，一是在国际秩序的建构方面，双方强调对多极化世界的支持；二是双方在文化上要"实现多样性基础上的相同价值观"；三是在外交、安全保障层面，即预防纷争、裁军、核不扩散及推动联合国改革方面,"为世界的和平与稳定,应强化与经济联系相适应的政治合作"。[187]

以三根支柱为行动纲要,2001年12月举行的第十次欧日峰会通过了一个名为"塑造我们共同的未来"的行动计划,计划设想了"欧日关系的新十年",分四个主题列出双方潜在的新行动和合作领域:促进和平与安全;加强贸易和经济伙伴关系;应对新的全球和社会挑战;价值观与文化交流。[188]此外,计划还包括双方确定的进一步合作议程:首先,在对区域问题的承诺方面,欧日重申应鼓励和支持跨区域的合作联系,如通过亚欧会议(ASEM)加强合作;其次,双方同意尽快将彼此关系升格为战略伙伴关系;最后,为了回应欧日长期以来提出的发展经济伙伴关系协定的要求,双方最终同意进行关于制定涵盖欧日之间广泛合作的战略伙伴关系协定的谈判。[189]

1991年的《海牙宣言》和2001年出台的行动计划可以说是考察冷战后欧日关系发展的两份指标性政策文件。在此基础上,双方于2003年宣布将彼此关系升格为战略伙伴关系。[190]进一步地,为深化欧日合作,促进共同繁荣,提升战略潜力,双方于2013年3月25日开启了战略性双轨谈判的架构,一是启动了涵盖政治对话、区域和全球挑战应对合作,及部门间合作等一揽子合作框架的"战略伙伴关系协定"谈判,二是为提升双方贸易和投资流,开发新的增长和就业机会,并在未来世界经济贸易的建章立制过程中掌握主导权,欧日启动了自由贸易化的"经济伙伴关系协定"谈判。欧日战略与经贸双轨谈判在同一天开启,这对欧盟而言是其希望作为"规范性"和"非军事"力量对东亚局势发挥更大影响力的重要抓手。[191]欧盟认为,这有助于巩固欧盟在亚太尤其是东亚地区的战略定位,既赢得经济利益,又能提升欧盟在国际舞台上的地位与声望。欧盟希望与日本一起解决包括朝核、南海等东亚地区热点问题。而日本从价值观理念的认同，"日本大国梦"的实现及地缘政治等角度出发，对开启战略性双轨谈判的意愿比欧盟更为强烈。[192] 2017 年 12 月 8 日，欧日正式签署《欧盟—日本经济伙伴关系协定》(EPA)，并于 2019 年生效。2019 年 2 月 1 日生效的 EPA 和《欧盟—日本战略伙伴关系协定》(SPA)，加之当年 9 月双方签署的可持续互联互通伙伴关系协议，已经构成了欧日关系的三大支柱。

2021 年是欧盟—日本合作关系的"逢十"纪念节点。1991 年欧日双方举行第一次首脑会议，共同签署了《欧日关系宣言》，确立了全面发展双边关系的指导原则、共同目标和定期磋商战略，2001 年的首脑会议上双方确立了"日欧合作 10 年"。2021 年 5 月 27 日欧日以视频方式举行了第 27 届欧盟—日本首脑会议。双方的讨论围绕欧日关系的三个支柱展开：全球性议题、双边关系、外交和安全政策。时任日本首相菅义伟与欧洲理事会主席米歇尔、欧盟委员会主席冯德莱恩首度实现了三方会晤。

2022 年，欧盟和日本继续在双方认可的共同的价值观和规则的基础上密切合作。欧盟与日本 2022 年在政治安全、经济贸易、全球治理等领域开展了诸多对话与合作。其中，俄乌冲突、"印太战略"、朝鲜问题、能源合作、互联互通是双方高度关切的议题。5 月 12 日，第 28 届欧盟—日本首脑会议在日本东京举行，欧洲理事会主席查尔斯·米歇尔和欧盟委员会主席乌苏拉·冯德莱恩同日本首相岸田文雄在岸田官邸举行了会晤。双方的讨论围绕三个方面展开：双边关系、国际和地区局势、全球性议题。这是米歇尔和冯德莱恩自上任后首次访问日本，对发展欧日关系意义重大。

2023 年 7 月 13 日在布鲁塞尔举行了欧盟与日本第 29 届首脑会议。欧洲理事会主席米歇尔、欧盟委员会主席冯德莱恩和日本首相岸田文雄对欧盟和日本双边关系取得的进展表示满意,并承诺共同努力促进和平、安全、法治和民主价值观;确保繁荣和经济安全;促进以人为本的数字化;应对气候变化;实现可持续发展;加强卫生安全;加强印度洋—太平洋地区战略合作。[193]

回顾冷战结束后欧日关系的发展可以发现三方面特征,一是随着欧日关系由冷战时期同属西方阵营的同盟关系向全球伙伴关系的转变,共同价值观和共同原则的提法已在双方官方话语中牢固确立。二是欧日战略伙伴关系持续趋近并建立了稳定和成熟的国际双边合作,双方关系未受到国际局势和地区局势影响产生大幅波动。三是双方对话中涉及对印太区域和平与安全问题的关注度也在持续增加。印太地区潜在的冲突因素日益成为欧日关于印太安全保障环境等战略性对话时的焦点问题。在这些特征基础上,欧日合作逐渐形成以价值观合作为主体、安全及经济合作为两翼的“一体两翼”模式。冷战后欧日关系已经从单纯的价值观同盟,扩展为安全、政治、经济等多领域的复合式同盟的战略性协作。

本章小结

同盟作为国际关系历史上长期影响国家间关系的重要现象,其概念自诞生以来就被赋予了权力和安全特征,国际关系学界对于同盟的研究也一直在持续。甚至存在“没有同盟政治就没有国际关系”之说。[194]传统的西方同盟理论为中国同盟理论的发展奠定了基础,也为中国学者观察国际关系变化提供了有效的视角。

回顾战后美国同盟体系下的欧盟与日本的战略协作,日本从被动地因应国际政治格局变动和美国战略布局,在其中寻觅最符合国家利益的发展方向可谓其一以贯之的特征。[195] 因此,引导日本国家利益变化的一个重要自变量就是日本在不同国际体系中摸索出的不同国家角色定位。而欧盟的亚洲外交的趋势是日益重视其他亚洲安全合作伙伴,与中国保持经贸合作的同时,通过与其他亚洲合作伙伴特别是所谓"价值观伙伴"开展战略性协作来减轻对中国的倚重。

现阶段,随着中国崛起,在俄罗斯与美欧之间的对立日益加剧的背景下,那些曾被视为过时的同盟组织和多边架构也在美国的主导下纷纷"复活",以至于有世界在 21 世纪之初进入了一个"地缘政治复活",或曰"重建同盟"的时代之说。[196] 因此,同盟不但是现实政治中谁都无法忽视的存在,且会继续作为重要的学术问题而被广泛讨论。

中国认为美国为维护以本国为主导的霸权体系,在亚太地区排出了"五四三二"阵势,从强化"五眼联盟"(FVEY),到兜售"四边机制",拼凑三边安全伙伴关系(AUKUS),收紧双边军事同盟。美国搞的是封闭排他的"俱乐部",尤其是"印太战略"正在成为集团政治的代名词,真正目的是企图搞印太版的"北约"。[197] 但美国却掩饰地指出,对华是"竞争",而非"对抗",目的是纠合盟友以安全威慑的方式实现对华的有效"遏制",说到底还是要营造"均势"的局面。[198] 2023 年第 29 次欧日首脑峰会上,欧盟强调日本是欧盟在印度洋—太平洋地区最亲密的战略伙伴。双方"将进一步发展我们的安全伙伴关系,这将促进在海事安全、网络安全、包括外国信息操纵和干扰在内的混合威胁(FI-

MI)、反恐、裁军、不扩散和国际和平合作等方面加强合作"[199]。或许恰因为如此,在2023年8月召开的首次美日韩峰会上,尽管声明实质上剑指中国,但全篇却未出现中国之名。[200]

任何国际关系理论都是基于实践而产生的,西方的同盟理论生长于西方国家互动的土壤,其解释力有着一定的局限性。随着全球化的深入以及各国之间相互依存度的提高,同盟政治理论已经难以适应当前国际形势变化的新趋势。在当今世界,如果硬要推行同盟政治,则有可能导致世界格局的分裂与零和博弈的普遍化。中国学者所关注的基于包容、平等和共赢等理念的"伙伴关系""人类命运共同体""全球安全倡议"以及"全球发展倡议"则超越了西方国际关系理论中的强权至上与零和博弈的思维弊端,为国际行为体提供了一种良好的互动模式。

注 释

1. Amitav Acharya, and Evelyn Goh, *Reassessing Security Cooperation in the Asia-Pacific: Competition, Congruence, and Transformation*, Cambridge: MIT Press, 2007, pp.41—53.

2. G.H. Snyder, "Alliance Theory: A Neorealist First Cut," *Journal of International Affairs*, Vol.44, No.1, 1990, p.105; G.H. Snyder, "Alliances, Balance, and Stability," *International Organization*, Vol.45, No.1, 1991, p.123.

3. G.H. Snyder, "Alliances, Balance, and Stability," *International Organization*, Vol.45, No.1, 1991, p.124.

4. G.H. Snyder, "Alliance Theory: A Neorealist First Cut," *Journal of International Affairs*, Vol.44, No.1, 1990, p.105.

5. E. H. Fedder, "The Concept of Alliance," *International Studies Quarterly*, Vol.12, No.1, 1968, p.69.

6. G.H. Snyder, "Alliance Theory: A Neorealist First Cut," *Journal of International Affairs*, Vol.44, No.1, 1990, p.105.

7. [美]理查德·哈斯:《"规制主义":冷战后的美国全球新战略》,陈遥遥、荣凌译,新华出版社1999年版,第97页。

8. E. H. Fedder, "The Concept of Alliance," *International Studies Quarterly*, Vol.12, No.1, 1968, p.69.

9. J. Slater, "A Revaluation of Collective Security: the OAS in Action," Ohio State Uni-

versity Press，1965. 转引自 E.H. Fedder，"*The Concept of Alliance*，" *International Studies Quarterly*，Vol.12，No.1，1968，p.69。

10. G.H. Snyder，"Alliance Theory: A Neorealist First Cut，" *Journal of International Affairs*，Vol.44，No.1，1990，p.105.

11. H. J. Morgenthau，*Politics Among Nations: The Struggle for Power and Peace*，New York: Knofp，1985，p.202.

12. Ibid.，p.201.

13. G. Liska，*Nations in Alliance*，Baltimore: Johns Hopkins Press，1962，pp. 26—27.

14. A. Wolfers，"Alliances，" in David L. Sills，ed.，*International Encyclopedia of the Social Sciences*，New York: Macmillan，1968，p.268.

15. G.H. Snyder，"Alliances，Balance，and Stability，" *International Organization*，Vol.45，No.1，1991，p.123.

16. S.M. Walt，"Alliances in a Unipolar World，" *World Politics*，Vol.61，No.1，2009，p.86.

17. E.M. Niou & P.C. Ordeshook，"Alliances in Anarchic International Systems，" *International Studies Quarterly*，Vol.38，No.2，1994，p.170.

18. G. H. Snyder，*Alliance Politics*，New York: Cornell University Press，1997，p.4.

19. G.H. Snyder，"Alliances，Balance，and Stability，" *International Organization*，Vol.45，No.1，1991，p.123.

20. 于铁军:《国际政治中的同盟理论:进展与争论》,《欧洲研究》1999 年第 5 期,第 14—25 页。

21. H.J. Morgenthau，"Alliance in Theory and Practice，" in Arnold Wolfers ed.，*Alliance Policy in the Cold War*，Baltimore: Johns Hopkins Press，1959，p.188.

22. Ibid.，pp.188—191.

23. G.H. Snyder，"Alliances，Balance，and Stability，" *International Organization*，Vol.45，No.1，1991，p.123.

24. T.V. Paul，James J. Wirtz and Michel Fortmann eds.，*Balance of Power: Theory and Practice in the 21st Century*，Stanford: Stanford University Press，2004，p.3.

25. Robert L. Rothestein，*Alliances and Small Powers*，New York: Columbia University Press，1968，p.11.

26. J.D. Morrow，"Alliances and Asymmetry: An Alternative to the Capability Aggregation Model of Alliances，" *American Journal of Political Science*，1991，p.930.

27. D. Victor Cha，*Alignment Despite Antagonism: Japan and Korea as Quasi-allies*，Columbia University，1994，p.261.

28. D. Victor Cha，"Abandonment，Entrapment，and Neoclassical Realism in Asia: the United States，Japan，and Korea，" *International Studies Quarterly*，Vol.44，No.2，2000，pp.261—291.

29. Z. Tziarras，"Israel-Cyprus-Greece: A 'Comfortable' Quasi-alliance，" *Mediterranean Politics*，Vol.21，No.3，2016，pp.407—427.

30. T.S. Wilkins，"'Alignment'，not 'Alliance'—the Shifting Paradigm of International Security Cooperation: Toward a Conceptual Taxonomy of Alignment，" *Review of*

International Studies, Vol.38, No.1, 2012, pp.53—76.

31. A.C. Kuchins, "Russia's Relations with China and India: Strategic Partnerships, Yes; Strategic Alliances, No," *Demokratizatsiya*, Vol.9, No.2, 2001, pp.259—275.

32. S. Kay, "What Is a Strategic Partnership?" *Problems of Post-Communism*, Vol.47, No.3, 2000, pp.15—24.

33. T.S. Wilkins, "Japan's Alliance Diversification: A Comparative Analysis of the Indian and Australian Strategic Partnerships," *International Relations of the Asia-Pacific*, Vol.11, No.1, 2011, pp.115—155.

34. Ibid., p.68.

35. H. J. Morgenthau, *Politics Among Nations: The Struggle for Power and Peace*, New York: Knofp, 1985, p.209.

36. Ibid., p.201.

37. G.H. Snyder, "Alliance Theory: A Neorealist First Cut," *Journal of International Affairs*, 1990, p.107.

38. S.M. Walt, *The Origins of Alliances*, New York: Cornell University Press, 1990, pp.21—28.

39. S. M. Walt, "Alliance Formation and the Balance of World Power," *International Security*, 1985, p.4.

40. Ibid., p.9.

41. O.R. Holsti, P.T. Hopmann and J.D. Sullivan, *Unity and Disintegration in International Alliances: Comparative Studies*, New York: Wiley, 1973, p.88.

42. S.R. David, "Explaining Third World Alignment," *World Politics*, Vol.43, No.2, 1991, pp.233—256.

43. R.L. Schweller, "Bandwagoning For Profit: Bringing the Revisionist State Back In," *International Security*, Vol.19, No.1, 1994, p.79.

44. Ibid., p.93.

45. Ibid., p.79.

46. Ibid., pp.99, 104.

47. R.O. Keohane, "Alliances, Threats, and the Uses of Neorealism," *International Security*, Vol.13, No.1, 1988, pp.169—176.

48. R.O. Keohane, *After Hegemony: Cooperation and Discord in the World Political Economy*, Princeton: Princeton University Press, 2005.

49. R.O. Keohane and L.L. Martin, "The Promise of Institutionalist Theory," *International Security*, Vol.20, No.1, 1995, pp.42, 45.

50. M.N. Barnett, "Identity and Alliances in the Middle East," in Peter J. Katzenstein, ed., *The Culture of National Security: Norms and Identity in Qorld Politics*, New York: Columbia University Press, 1996, pp.400—447.

51. J. Ronald, W. Alexander and K.J. Peter, "Norms, Identity, and Culture in National Security," in Peter J. Katzenstein ed., *The Culture of National Security: Norms and Identity in World Politic*, New York: Columbia University Press, 1996, p.54.

52. G. H. Snyder, "The Security Dilemma in Alliance Politics," *World Politics*, Vol.36, No.4, 1984, pp.461—495.

53. H. J. Morgenthau, *Politics Among Nations: The Struggle For Power and*

Peace, New York: Knofp, 1985, p.209.

54. O.R. Holsti, P.T. Hopmann and J.D. Sullivan, *Unity and Disintegration in International Alliances: Comparative Studies*, New York: Wiley, 1973, p.17.

55. Stephen Walt, "Why Alliances Endure or Collapse," *Survival: Global Politics and Strategy*, Vol.39, No.1, 1997, p.158.

56. G. Liska, *Nations in Alliance*, Baltimore: Johns Hopkins Press, 1962, p.112.

57. Stephen Walt, "Why Alliances Endure or Collapse," *Survival: Global Politics and Strategy*, Vol.39, No.1, 1997, p.163.

58. R.O. Keohane and L.L. Martin, "The Promise of Institutionalist Theory," *International Security*, Vol.20, No.1, 1995, pp.45—46.

59. R.B. McCalla, "NATO's Persistence After the Cold War," *International Organization*, Vol.50, No.3, 1996, p.455.

60. J.S. Duffield, "International Regimes and Alliance Behavior: Explaining NATO Conventional Force Levels," *International Organization*, Vol.46, No.4, 1992, pp.819—855.

61. R.B. McCalla, "NATO's Persistence After the Cold War," *International Organization*, Vol.50, No.3, 1996, p.464.

62. S.M. Walt, "Why Alliances Endure or Collapse," *Survival*, Vol.39, No.1, 1997, pp.166—167.

63. C.A. Wallander, "Institutional Assets and Adaptability: NATO After the Cold War," *International Organization*, Vol.54, No.4, 2000, pp.705—706.

64. Ibid.

65. Ibid.

66. Thomas Risse-Kappen, "Collective Identity in a Democratic Community: The Case of NATO(1996)," in *Domestic Politics and Norm Diffusion in International Relations*, London: Routledge, 2016, p.84.

67. [美]朱迪斯·戈尔茨坦、罗伯特·基欧汉:《观念与外交政策:信念、制度与政治变迁》,刘东国译,北京大学出版社 2005 年版。

68. Thomas Risse-Kappen, "Collective Identity in a Democratic Community: The Case of NATO(1996)," in *Domestic Politics and Norm Diffusion in International Relations*, London: Routledge, 2016, p.87.

69. Ibid., p.104.

70. 任琳、郑海琦:《联盟异化的起源》,《国际政治科学》2021 年第 2 期,第 33—58 页。

71. 有关议题联盟和联合的表述参见:孙振民、任琳:《全球治理中的次级力量:权威与议题联盟选择》,《东北亚论坛》2022 年第 6 期,第 87—104 页;刘丰:《国际政治中的联合阵线》,《外交评论》2012 年第 5 期,第 56—67 页;韦宗友:《国际议程设置:一种初步分析框架》,《世界经济与政治》2011 年第 10 期,第 38—52 页。

72. 李典典、孙德刚:《论埃及塞西政府的"议题联盟"战略》,《世界经济与政治论坛》2022 年第 1 期,第 144—172 页。

73. 史田一:《美国对外政策中的"议题联盟"行为分析》,《国际关系研究》2020 年第 3 期,第 113—135 页。

74. 孙振民、任琳:《全球治理中的次级力量:权威与议题联盟选择》,《东北亚论坛》2022 年第 6 期,第 87—104 页。

75. 参见孙德刚:《国际安全之联盟理论探析》,《欧洲研究》2004 年第 4 期,第 39—53 页;孙德刚:《叙利亚与伊朗准联盟关系浅析》,《阿拉伯世界研究》2006 年第 6 期,第 27—33 页;孙德刚:《联而不盟:国际安全合作中的准联盟理论》,《外交评论》2007 年第 6 期,第 59—67 页;孙德刚:《准联盟外交探析》,《国际观察》2007 年第 3 期,第 21—28 页;孙德刚:《论"准联盟"战略》,《世界经济与政治》2011 年第 2 期,第 55—79 页;孙德刚:《论新时期中国的准联盟外交》,《世界经济与政治》2012 年第 3 期,第 57—81 页。

76. 孙德刚:《联而不盟:国际安全合作中的准联盟理论》,《外交评论》2007 年第 6 期,第 61 页。

77. 同上文,第 59—67 页。

78. 孙德刚:《国际安全之联盟理论探析》,《欧洲研究》2004 年第 4 期,第 39—53 页。

79. 高建:《浅析澳日"准同盟"关系发展及趋势》,《国际研究参考》2016 年第 5 期,第 13—17 页;汪诗明:《国内澳日"准同盟"关系研究述评》,《山东师范大学学报(社会科学版)》2021 年第 3 期,第 95—107 页。

80. 张明亮:《菲越"准同盟"之常态化》,《南洋问题研究》2021 年第 3 期,第 45—56 页。

81. 赵迎结、吕耀东:《"印太"视阈下日英"准同盟"关系的构建与局限》,《太平洋学报》2020 年第 8 期,第 43—55 页。

82. 阳阳、李宏伟:《冷战后日菲关系的演变:从经济伙伴到"准同盟"》,《南海学刊》2018 年第 1 期,第 48—54 页。

83. 宁骚:《选择伙伴战略　营造伙伴关系——跨入 21 世纪的中国外交》,《新视野》2002 年第 2 期,第 4—7 页。

84. S. Kay, "What Is a Strategic Partnership?" *Problems of Post-Communism*, Vol.47, No.3, 2000, pp.15—24.

85. 凌胜利:《联盟之后——冷战后国际安全合作新形式探讨》,《世界经济与政治论坛》2017 年第 1 期,第 1—17 页。

86. 金正昆:《伙伴战略:中国外交的理性抉择》,《教学与研究》2000 年第 7 期,第 43—48 页。

87. 门洪华、刘笑阳:《中国伙伴关系战略评估与展望》,《世界经济与政治》2015 年第 2 期,第 65—95 页。

88. 董一兵:《中国"伙伴关系战略"的概念辨析、建立原因及其学界态度》,《江南社会学院学报》2019 年第 3 期,第 63—66 页。

89. 陈志敏:《伙伴战略:世纪之交中国的现实理想主义外交战略》,《太平洋学报》1999 年第 3 期,第 12—20 页。

90. 金正昆:《伙伴战略:中国外交的理性选择》,《教学与研究》2000 年第 7 期,第 43—48 页。

91. 刘丰:《美国的联盟管理及其对中国的影响》,《外交评论》2014 年第 6 期,第 90—106 页。

92. 同上。

93. 刘丰:《联盟与国际秩序》,《当代美国评论》2019 年第 3 期,第 3—19 页。

94. 苏若林、唐世平:《相互制约:联盟管理的核心机制》,《当代亚太》2012 年第 3 期,第 5—38 页。

95. 王帆:《联盟管理理论与联盟管理困境》,《欧洲研究》2006 年第 4 期,第 111—125 页。

96. 张景全、刘丽莉:《成本与困境:同盟理论的新探索》,《东北亚论坛》2016 年第 2 期,第 11—22 页。

97. 张景全:《同盟视野探析》,《东北亚论坛》2009 年第 1 期,第 28—35 页。

98. 周建仁:《战略分歧、自助能力与同盟解体》,《世界经济与政治》2013 年第 1 期,第 67—92 页。

99. 郑维伟、漆海霞:《联盟制度化、自主性与北约的存续》,《外交评论(外交学院学报)》2020 年第 5 期,第 87—125 页。

100. 苏俊燮:《韩美同盟的非对称性析论》,《上海交通大学学报(哲学社会科学版)》2004 年第 4 期,第 37—41 页。

101. 杨原:《武力胁迫还是利益交换?——大国无战争时代大国提高国际影响力的核心路径》,《外交评论》2011 年第 4 期,第 96—116 页。

102. 黄宇兴:《功能分异与联盟形成》,《世界经济与政治》2019 年第 2 期,第 101—122 页。

103. 王雄发、谢凌志:《不对称联盟管理的弱国议价机制——以美国联盟体系为例》,《世界经济与政治》2022 年第 8 期,第 130 页。

104. 李奇前:《关系复杂性与联盟成员的战略行为选择》,《世界经济与政治论坛》2022 年第 6 期,第 1—33 页。

105. 曹玮、杨原:《盟国的敌人还是盟国?——古代朝鲜半岛国家"两面结盟"之谜》,《社会科学文摘》2016 年第 2 期,第 100—101 页。

106. 宋伟:《现代国际关系中的同盟政治:理论与实践的考察》,《国际论坛》2002 年第 5 期,第 51—55 页。

107. 戴正、郑先武:《同盟理论的演进过程——兼论其对中国国际关系理念的镜鉴作用》,《广西社会科学》2019 年第 12 期,第 77 页。

108. 祝宏俊:《同盟政治与伯罗奔尼撒战争的发生》,《史林》2019 年第 5 期,第 172—185 页。

109. 杨鲁慧:《超越同盟政治的新型国际关系》,《中国社会科学报》2022 年 8 月 11 日,第 3 版。

110. 戴正、郑先武:《同盟理论的演进过程——兼论其对中国国际关系理念的镜鉴作用》,《广西社会科学》2019 年第 12 期,第 78 页。

111. 赵洋:《人类命运共同体理念的价值追求与理论启示》,《教学与研究》2022 年第 10 期,第 85—96 页。

112. 戴正、郑先武:《同盟理论的演进过程——兼论其对中国国际关系理念的镜鉴作用》,《广西社会科学》2019 年第 12 期,第 77 页。

113. 参见吴凡:《全球安全倡议的思想渊源、内在逻辑与价值内涵》,《国际展望》2023 年第 2 期,第 1—17 页;凌胜利、王秋怡:《全球安全倡议与全球安全治理的中国角色》,《外交评论》2023 年第 2 期,第 1—21 页;王明国:《从观念变革到制度构建:全球安全倡议的实施路径》,《东北亚论坛》2023 年第 2 期,第 3—20 页;王灵桂、杨美姣:《全球安全倡议与西方安全观比较研究:创新与超越》,《国家安全研究》2022 年第 6 期,第 21—37 页。

114. 云新雷、夏立平:《全球安全倡议:破解全球安全困境的中国方案》,《国际论坛》2023 年第 2 期,第 3—21 页。

115. 熊李力:《中国倡议:构建人类命运共同体的行动方案与实践路径》,《人民论坛》2022 年第 22 期,第 52—55 页。

116. Daniel Maliniak, Amy Oakes, Susan Peterson and Michael J. Tierney, *The*

View From the Ivory Tower：TRIP Survey of International Relations Faculty in the United States and Canada，Williamsburg, Va.：Program on the Theory, Research and Practice of International Relations, College of William and Mary, 2007, p.16.

117. Stephen Chan，"Beyond the North-West：Africa and the Rest，" in A. J. R. Groom and Margot Light，*Contemporary International Relations：A Guide to Theory*，London and New York：Pinter Publishers，1994，pp.237—254；Stephen Chan，"In Search of Democratic Peace：Problems and Promises，" *Mershon International Studies Review*，Vol.41，No.1，1997，pp.59—91.

118. 添谷芳秀「日本の『ミドルパワー』外交——戦後日本の選択と構想」、ちくま新書 2005 年、24 頁。

119. 石川真澄、山口二郎『戦後政治史』(第三版)、岩波新書 2010 年、7—8 頁。

120. 「日本存亡のとき」、『高坂正堯著作集 3』、都市出版 1999 年、149 頁。

121. 五百旗頭真「海洋同盟としての日米同盟」、伊藤憲一監修『21 世紀日本の大戦略』、フォレスト出版株式会社 2000 年、156—157 頁。

122. 「冷戦後の新世界秩序と日本の『貢献』」、『高坂正堯外交評論集——日本の進路と歴史の教訓』、中央公論社 1996 年、336 頁。

123. [美]肯尼思·B.派尔:《日本:一味追求强权的机会主义》,载[美]罗伯特·A.帕斯特编:《世纪之旅——七大国百年外交风云》,胡利平、杨韵琴译,上海世纪出版集团 2001 年版,第 268 页。

124. Masataka Kosaka，"The International Economic Policy of Japan，" in Robert A. Scalapino ed.，*The Foreign Policy of Modern Japan*，Berkeley：University of California Press，1977，p.224.

125. 「日本存亡のとき」、『高坂正堯著作集 3』、都市出版 1999 年、201 頁。

126. 「冷戦後の新世界秩序と日本の『貢献』」、『高坂正堯外交評論集——日本の進路と歴史の教訓』、中央公論社 1996 年、336 頁。

127. 栗山尚一「激動の90 年代と日本外交の新展開」、『外交フォーラム』、1990 年 5 月号、16 頁。

128. 「平成 5 年版外交青書」、http://www.mofa.go.jp/mofaj/gaiko/bluebook/1993_1/h05-1-2-2-1.htm♯a7。

129. 「平成 25 年度自衛隊記念日観閲式　安倍内閣総理大臣訓示」、http://www.kantei.go.jp/jp/96_abe/statement2/2013/1027Kunji.html。

130. 安倍晋三「世界経済フォーラム年次会議冒頭演説～新しい日本から、新しいビジョン～」、http://www.kantei.go.jp/jp/96_abe/statement/2014/0122speech.html。

131. 「安全保障の法的基盤の再構築に関する懇談会」、http://www.kantei.go.jp/jp/96_abe/actions/201310/16anzenhoshou.html。

132. 中国社会科学院日本研究所课题组:《日本与国际秩序变革:观念与应对》,《日本学刊》2021 年第 1 期,第 1—32 页。

133. 添谷芳秀『日本の外交—「戦後」を読みとく—』、筑摩書房 2017 年、89 頁、92 頁;北岡伸一『世界地図を読み直す—協力と均衡の地政学—』、新潮選書 2019 年、250 頁。

134. Yoichi Funabashi and G. John Ikenberry，"Introduction：Japan and the Liberal International Order，" in Yoichi Funabashi and G. John Ikenberry eds. *The Crisis of Liberal Internationalism：Japan and the World Order*，Washington，D.C.：Brookings Insti-

tution Press，2020，pp.1—36.

135. 細谷雄一「リベラルな国際秩序と日本外交」、『国際問題』2020 年 4 月号、10 頁。

136. 五百旗頭真編『戦後日本外交史』（第 3 版補訂版）、有斐閣 2014 年、312 頁。

137. 加藤洋一「日本にとっての地政学、地経学リスク」、日本再建イニシアティブ『現代日本の地政学』、中公新書 2017 年、297 頁；神保謙「地経学の台頭と日本の針路」、日本再建イニシアティブ『現代日本の地政学』、中公新書 2017 年、277 頁。

138. 細谷雄一『国際秩序—18 世紀ヨーロッパから21 世紀アジアへ—』、中公新書 2013 年、330 頁。

139. 小原雅博『日本の国益』、講談社現代新書 2018 年、5 頁、272 頁。

140. 防衛省「令和 5 年版防衛白書」、https：//www.mod.go.jp/j/press/wp/wp2023/pdf/R05zenpen.。

141. 船橋洋一『21 世紀　地政学入門』、文春新書 2016 年、8 頁；外務省『令和 5 年版外交青書』、https：//www.mofa.go.jp/mofaj/files/100523089.pdf.。

142. 佐橋亮『米中対立—アメリカの戦略転換と分断される世界—』、中公新書 2021 年、276 頁。

143. 陆伟：《中美竞争背景下日本的政策选择论析》，《亚太安全与海洋研究》2022 年第 1 期，第 102—124 页。

144. White House，"Indo-Pacific Strategy of the United States"，February 2022，https：//www. whitehouse. gov/wp-content/uploads/2022/02/U. S.-Indo-Pacific-Strategy. pdf；White House，"Interim National Security Strategic Guidance"，March 03，2021，https：//www. whitehouse. gov/wp-content/uploads/2021/03/NSC-1v2. pdf；White House，"National Security Strategy of the United States of America"，December 2017，https：//www. whitehouse.gov/wp-content/uploads/2017/12/NSS-Final-12-18-2017-0905.pdf.

145. 外務省『令和 5 年版外交青書』、https：//www.mofa.go.jp/mofaj/files/100523089.pdf.

146.「第二百八回国会における岸田内閣総理大臣施政方針演説」、https：//www.kantei.go.jp/jp/101_kishida/statement/2022/0117shiseihoshin.html.。

147. Glenn H. Snyder，"Alliance Theory：A Neorealist First Cut," *Journal of International Affairs*，Vol.44，No.1，p.103.

148. 吉田真吾『日米同盟の制度化——発展と進化の歴史過程』、名古屋大学出版会、2012 年、4—5 頁；土山實男『安全保障の国際政治学——焦りと驕り』（第二版）、有斐閣、2014 年、300—304 頁。

149. Thomas Risse-Kappen，"Collective Identity in a Democratic Community：The Case of NATO," in Peter J. Katzenstein ed.，*The Culture of National Security：Norms and Identity in World Politics*，New York：Columbia University Press，1996，pp.357—399.

150. 青野利彦「国際政治のなかの同盟」、『国際政治』2022 年 3 月号、2 頁。

151. Stephen M. Walt，"Why Alliance Endure of Collapse?" *Survival*，Vol. 39，No.1，pp.156—179.

152. 泉川泰博「動態的同盟理論—分断戦略と結束戦略の相互作用と冷戦初期の米中ソ関係—」、『国際政治』2022 年 3 月号、51—66 頁。

153.「国家安全保障戦略について」、https：//www. mod. go. jp/j/policy/agenda/guideline/pdf/security_strategy.pdf；「国家防衛戦略について」、https：//www.mod.go.jp/

j/policy/agenda/guideline/strategy/pdf/strategy.pdf;「防衛力整備計画について」、https://www.mod.go.jp/j/policy/agenda/guideline/plan/pdf/plan.pdf。

154. Alexander Korolev, "Shrinking Room for Hedging: System-Unit Dynamics and Behavior of Smaller Powers," *International Relations of the Asia-Pacific*, Vol. 19, Iss.3, pp.419—452.

155. Adam P. Liff, "Unambivalent Alignment: Japan's China Strategy, the US Alliance, and the 'Hedging' Fallacy," *International Relations of the Asia-Pacific*, Vol.19, Iss.3, pp.453—491.

156. 福島啓之「日米同盟の歴史的推移と理論的構図—パワーと脅威の均衡と日本の同盟政策—」、『国際政治』2022 年 3 月号、79 頁。

157. Yan Xuetong and Qi Haixia, "Football Game Rather than Boxing Match: China-US Intensifying Rivary Does not Amount to Cold War," *The Chinese Journal of International Politics*, Vol.5, No.2, pp.105—128.

158. Robert Gilpin, "The Theory of Hegemonic War," *Journal of Interdisciplinary History*, Vol.18, No.4, 1988, pp.591—614.

159. ［美］罗伯特・吉尔平:《世界政治中的战争与变革》,宋新宁、杜建平译,上海人民出版社 2007 年版,第 36 页。

160. Ronald L. Tammen et al., *Power Transitions: Strategies for the 21st Century*, New York: Chatham House Publishers, 2000, p.6.

161.《王毅:中日关系的根本问题是日本能否真心接受中国发展和崛起》,新华网,2015 年 6 月 27 日,http://www.xinhuanet.com/world/2015-06/27/c_127958137.htm。

162. 高坂正堯『宰相　吉田茂』、中央公論新社、2006 年、144 頁。James Morrow, "Alliances and Asymmetry: An Alternative to the Capability Aggregation Model of Alliances," *American Journal of Political Science*, Vol. 35, No. 4, 1991, pp. 904—933. Kent E. Calder, "Securing Security through Prosperity: The San Francisco System in Comparative Perspective," *The Pacific Review*, Vol.17, No.1, 2004, pp.135—157.

163. Ronald L. Tammen et al., *Power Transitions: Strategies for the 21st Century*, New York: Chatham House Publishers, 2000, p. 6; Richard Little, *The Balance of Power in International Relations: Metaphors, Myths and Models*, Cambridge: Cambridge UP, 2007, p.67; Adam Quinn, "'The Deal': The Balance of Power, Military Strength, and Liberal Internationalism in the Bush National Security Strategy," *International Studies Perspectives*, Vol.9, No.1, 2008, pp.40—56.

164. 湯川拓「国際社会における規範としての勢力均衡とその存立基礎」、『国際政治』2014 年 3 月号、128—129 頁。

165. Michael Sheehan, *The Balance of Power: History and Theory*, London: Routledge, 1996, p.98.

166. 大矢根聡「新興国の馴化—1970 年代末の日本のサミット外交—」、『国際政治』2016 年 3 月号、87—88 頁。

167. 习近平:《决胜全面建成小康社会　夺取新时代中国特色社会主义伟大胜利》,《人民日报》2017 年 10 月 28 日。

168. 遠藤乾・大芝亮・中山俊宏・宮城大蔵・古城佳子「国際秩序は揺らいでいるのか」、『国際問題』2018 年 1・2 月号、6 頁、9 頁。

169. Richard McGregor, *Asia's Reckoning: China, Japan, and the Fate of U.S. Power*

in the Pacific Century, Vikings, 2017, p.10.

170. 細谷雄一『安保論争』、ちくま新書 2016 年、70—73、91、96、107、114 頁。

171. ［英］爱德华·卡尔:《20 年危机(1919—1939):国际关系研究导论》,秦亚青译,世界知识出版社 2005 年版,第 103 頁。

172. 高坂正堯『国際政治—恐怖と希望—』、中公新書 2017 年、21—22 頁。

173. 細谷雄一『国際秩序—18 世紀ヨーロッパから21 世紀アジアへ—』、中公新書 2013 年、14—17 頁。

174. 渡邊啓貴「多国間枠組みの中の日欧関係」、国分良成編『日本の外交·第 4 巻·地域編』、岩波書店 2013 年、201 頁。

175. 大平和之「日本＝EU 通商·経済関係—摩擦から対話·協力そして未来志向の協力へ—」、植田隆子編『EUスタディーズ1·対外関係』、勁草書房 2007 年、201 頁。

176. 渡邊啓貴「多国間枠組みの中の日欧関係」、国分良成編『日本の外交·第 4 巻·地域編』、岩波書店 2013 年、202 頁。

177. 大平和之「日本＝EU 通商·経済関係—摩擦から対話·協力そして未来志向の協力へ—」、植田隆子編『EUスタディーズ1·対外関係』、勁草書房 2007 年、202 頁。

178. 大平和之「日本＝EU 通商·経済関係—摩擦から対話·協力そして未来志向の協力へ—」、植田隆子編『EUスタディーズ1·対外関係』、勁草書房 2007 年、204 頁。

179. 大平和之「日本＝EU 通商·経済関係—摩擦から対話·協力そして未来志向の協力へ—」、植田隆子編『EUスタディーズ1·対外関係』、勁草書房 2007 年、204 頁。

180. 大平和之「日本＝EU 通商·経済関係—摩擦から対話·協力そして未来志向の協力へ—」、植田隆子編『EUスタディーズ1·対外関係』、勁草書房 2007 年、202 頁。

181. 大平和之「日本—EU 通商·経済関係—」、植田隆子編『二一世紀の欧州とアジア』、勁草書房 2002 年、124 頁。

182. 渡邊啓貴「多国間枠組みの中の日欧関係」、国分良成編『日本の外交·第 4 巻·地域編』、岩波書店 2013 年、203 頁。

183. 大平和之「日本＝EU 通商·経済関係—摩擦から対話·協力そして未来志向の協力へ—」、植田隆子編『EUスタディーズ1·対外関係』、勁草書房 2007 年、203 頁。

184. 大平和之「日本＝EU 通商·経済関係—摩擦から対話·協力そして未来志向の協力へ—」、植田隆子編『EUスタディーズ1·対外関係』、勁草書房 2007 年、204 頁。

185. 植田隆子「日本＝EU 政治·安全保障関係」、植田隆子編『EUスタディーズ1·対外関係』、勁草書房 2007 年、218 頁。

186. 渡邊啓貴「多国間枠組みの中の日欧関係」、国分良成編『日本の外交·第 4 巻·地域編』、岩波書店 2013 年、205—206 頁;坂本千代編『ヨーロッパにおける多民族共存とEU——言語、文化、ジェンダーを巡って——および日欧関係の歴史·文化·政治』、神戸大学大学院国際文化学研究科異文化研究交流センター 2012 年 3 月、116—119 頁。

187. 渡邊啓貴「多国間枠組みの中の欧日関係」、国分良成編『日本の外交·第 4 巻·地域編』、岩波書店、2013 年、207 頁;植田隆子「日本＝EU 政治·安全保障関係」、植田隆子編『EUスタディーズ1·対外関係』、勁草書房、2007 年、219 頁。

188. G.D. Hook, J. Gilson et al., *Japan's International Relations: Politics, Economics and Security, 2nd Edition*, London: Routledge, 2005, p.295.

189. M. Tsuruoka, "Japan-Europe Relations: Toward a Full Political and Security Partnership," in Y. Tatsumi eds., *Japan's Global Diplomacy*, Stimson Center, Wash-

ington D.C.，2015，pp.56—59.

190. "EU-Japan Political Relations"，http：//www.euinjapan.jp/en/relations/political/.

191. 忻华：《欧盟对日战略性双轨谈判的机理分析》，《现代国际关系》2015 年第 9 期，第 53—61 页。

192. 张晓通、刘振宁、卢迅、张平：《欧日自由贸易区谈判及其对中国的影响》，《欧洲研究》2013 年第 4 期，第 26—27 页。

193. EU-Japan Summit，13 July 2023，https：//www.eeas.europa.eu/delegations/japan/eu-japan-summit-13-july-2023_en.

194. 泉川泰博「動態的同盟理論―分断戦略と結束戦略の相互作用と冷戦初期の米中ソ関係―」、『国際政治』2022 年 3 月号、51—66 頁。

195. 添谷芳秀『入門講義　戦後日本外交史・まえがき』、慶應義塾大学出版会 2019 年、1—2 頁。

196. 青野利彦「国際政治のなかの同盟」、『国際政治』2022 年 3 月号、1 頁。

197.《国务委员兼外交部长王毅就中国外交政策和对外关系回答中外记者提问》，中国政府网，2022 年 3 月 8 日，http：//www.gov.cn/guowuyuan/2022-03/08/content_5677795.htm。

198.「G7 広島首脳コミュニケ」、https：//www.mofa.go.jp/mofaj/files/100507034.pdf。

199. EU-Japan summit，13 July 2023，https：//www.eeas.europa.eu/delegations/japan/eu-japan-summit-13-july-2023_en.

200.「日米韓首脳共同声明『キャンプ・デービッドの精神』」、https：//www.mofa.go.jp/mofaj/files/100541771.pdf。

第二章

欧日的价值观外交

外交是内政的延续,外交政策为国家利益服务也早已成为举世公认的通识。但国家利益在很大程度上具有变动不居的特性,而引导变化的一个重要自变量是国家的角色定位。决定角色定位的最主要因素是综合国力,其通常是由作为"元动力"的国家实力、作为"推动力"的制度规范及价值观念的复合体组成。其中,价值观是联结两者之间的一个关键环节。它因能对决策者发挥引导作用而会转化为特定的战略偏好,并与对外政策行为之间形成"目的性关系",因此在一定程度而言,国家利益可谓一种主观性的价值判断。进一步地,国际行为体制定怎样的外交政策受这种主观性的价值判断约束,并为之服务。

具体到欧日关系,共同价值观是欧日研究的重要议题之一,日本和欧盟基于共同的价值观展开合作。从所谓"普适价值"的视角而言,欧盟与日本认为双方应携手应对与它们有别的"异质性"国家的挑战。需要强调的是,虽然欧日口口声声地强调双方绝不能因为彼此对华存在巨大的商业利益而不坚持自己的价值理念。但它们所谓"普适价值"实际上与客观世界并不适合,因为人类社会始终处于不同族群的多样性和不同文明的多元性共生共存的状态,世界上并不存在适合于一切国家、一切民族的社

72

会制度、发展模式与价值理念，而罔顾这一事实，执意用"普适价值"划线的做法多半是想竭力掩盖背后基于安全或经济等种种考量。其虚伪性不言而喻。

第一节　价值观的主观性刍议

一、价值论的主体性

价值（value）一词源于古代梵文和拉丁文的"堤坝"，含有"掩盖、保护、加固"的意思。价值是在该词派生的"尊敬、敬仰、喜爱"意思之上进一步形成的，含有"起掩护和保护作用的，可珍贵的，可尊重的，可重视的"意涵。[1] 而作为哲学范畴的价值是一个高层次的、全局性的普遍问题，是人类生活中一大类特有现象的总名称、总概括。这类现象普遍地存在于各个领域，存在于人的一切活动中，以多种多样的具体形式表现出来。相对于世界的存在、现实、事物的既有状态而言，价值现象具有某种超越的性质，它是产生于现实和实践，又高于现实的现象。换言之，价值本质上是来自人类生活实践的一个理论抽象，主要表达的是人类生活中一种普遍的关系，就是客体的存在、属性和变化对于主体人的意义。它是以人类生活实践和科学研究中各个具体领域的特殊概括为基础而形成的，是现实的人同满足其某种需要的客体的属性之间的一种关系。[2]

德国 19 世纪著名哲学家赫尔曼·洛采（Rudolf Hermann Lotze）将价值置于形而上学和逻辑学的顶端，强调其作为哲学范畴具有最高的普遍性和概括性。他认为自然科学的命题和理论追求世界之"所是"（that which is），这是建立在事实的基础上，因事实而有效。而哲学探求的世界是一种实践的信念，即世界之"应当所是"(that which should be),这种实践的信念则建立在价值的基础上,并因价值而有效。[3]这种实践被海德格尔称为"日常在世的存在",意指在世界中与世界内的存在者打交道,且这种打交道已经分散在形形色色的诸操劳方式中了。进一步地,他将有效的价值用"物"(res)来概括,即人在操劳打交道之际对之有所作为的那种东西——"当下给定的"存在者,"具有价值"的物。[4]

这里的"物"在柏拉图那里被称为"形"(form)或"理"(idea),即"理念世界"。他认为只有永恒的理念世界才是真实的、有价值的东西,只有理性才具有绝对的价值,才是善。人的灵魂是理性的部分,而肉体则是灵魂的桎梏。[5]文德尔班更进一步地提出价值是主客("主体世界"是第一世界,"客体世界"为第二世界)之外的"第三世界",是哲学为世界立法的"规范",价值就是"意味着",就是具有意义。人类唯有借助于这种意义,才能构造出科学知识和文化的对象,即客观世界。换言之,价值是包括主客体在内的"现实"世界以外的另一个王国,只有存在和价值的综合才构成了世界。[6]

可见,"具有价值"的"物"实际是建立在感官知觉的现成物基础之上,不过是将使用价值和文化价值加于某些感官知觉的现成物而已。用西方哲学的传统视角来解读的话,我们原初遇到的存在者是自然事物,可以用价值中立的术语描述为"广延"。价值是附加在事物上的,从而使它们成了"有价值的"事物。[7]换言之,价值反映了主体和客体之间的一种基本关系,是客体能够满足主体需要的那些功能和属性,即客体的存在、作用及它们的变化对于一定主体需要及其发展的某种适合、接近或一致。[8]从这一视角而言,价值是指以主体的尺度为尺度的一种主客体

（subject-object）关系状态。

应该说，价值并不是外在于人类生存发展活动的某种先验的、神秘的现象，它产生于人类特有的对象性关系即主客体关系及其运动即实践活动之中，产生于人按照自己的尺度去认识世界、改造世界的活动之中，价值是实践的一个内在尺度、一种基本指向。显而易见，价值其实反映出人的主体地位。在任何情况下谈到价值，谈任何价值，人对任何事物（包括人自己）的价值判断，不管意识到与否，实际上都是，并且应该是以人自己的尺度去评量世界。人是一切价值的主体，是一切价值产生的根据、标准和归宿，是价值的创造者、实现者和享有者。万物的价值及其等级和次序并不是世界本身所固有的，从来都是人按照自己的尺度来排列的。物的价值因人而异，客体的价值依主体而定，具体的主体性是一切价值的根本特性。在考察和评判任何价值时，都应该立足于现实的社会关系，首先明确是对于谁、对什么人的价值，并经过对主体的社会存在和社会意识进行考察和比较，才能做出正确的判断和选择。所谓"人是万物的尺度"，其涵义所指正是如此。这是人类在经济、政治、科技、文化、道德、艺术、宗教、日常生活等领域中一切价值判断所具有的共同含义。

需要强调的是，虽然人把自己唯一地当作主体，当作主客关系式中的主体，并把自己当作所有存在者的尺度。但万物价值评价的尺度和标准其实并非人本身，而是人通过建立在"超自我"的价值中立基础上的理性，科学地通过遵循某一普遍的、一般的原则、规则和规范的结果。换言之，价值同人的需要有关，但它不是由人的需要决定的，价值有其客观基础，这种客观基础就是各种物质的、精神的现象所固有的属性，但价值不单纯是这种属性的反映，而是标志着这种属性对于个人、阶级和社会的一定的积极意义,即能满足人们的某种需要,成为人们的兴趣、目的所追求的对象。

　　追根溯源,作为外界物对于人的意义,价值可以说是人类与生俱来的问题,是作为人类生存发展实践中一个普遍的、基本的内容。在原始时代,人们还没有形成价值和真理概念,这同他们还未能在意识中区分主体与客体、主观与客观有关。但随着人类实践发展和抽象思维的形成,人的"需要"在意识中的反映也发展了。它不限于对自然界的、物质的需要,还包括对人与人社会关系的需要和精神需要等。于是乎,客观真实性与人的需要之间、真理与价值之间的关系问题,便以"真、善、美"的分析与综合的形式,并由此源头而流衍出万物生命原动力,而不断追求至善的大道生生不息的创建历程。[9]

　　可见,价值是通过人们的社会实践展现出来的。这里的"实践"意指人类共同的、持续发展着的实践整体,是人类特有的对象性感性活动。[10]它首先承认价值是一种关系现象,是作为一种特定的"关系态"或"关系质"而产生和存在的。这里的"关系",强调的是实际存在着的东西不是抽象的孤立的,而只是在一个他物之内的。基于此,"关系"意指"自身联系与他物联系的统一",认为"凡一切实存的事物都存在于关系中,而这种关系乃是每一实存的真正性质"。[11]周国平指出,认识一个事物的本质,就是一方面要分析该事物的"他物联系",即它与其他事物的联系以及由此而获得的相应的属性;另一方面要分析该事物的"自身联系",即它从他物联系中所获得的各种属性之间的联系。[12]

　　其次,价值的客观基础是人类生命活动即社会实践所特有的对象性关系——主客体关系,价值是这种关系的基本内容和要素。价值产生于按照自己的尺度去认识世界改造世界的现实

活动,其本质是客体属性同人的主体尺度之间的一种统一,即
"世界对人的意义"。可以说,价值虽然不由主体的需要来决定,
但离开主体的需要和如何满足这种需要,就不可能有价值判断。
因此,价值虽然不单纯是客体属性的反映,但它又是对客体属性
的一种评价和应用,离开了客体属性,价值就失去了客观基础和
源泉。

最后,实践是人的生命存在、主体性存在的本质方式。马克
思指出,人的本质不是归结于他们的主观意识,而是归结于他们
的社会存在。作为主体的现实的人,总是一定精神和肉体、意识
和存在的统一体。所谓社会存在意指社会生产力和生产关系之
间的各种状态。进一步地,他强调随着经济基础的变更,全部庞
大的上层建筑也或慢或快地发生变革,除自然科学外,还有一种
意识形态的变革,即人们借以意识到这个冲突并力求把它克服
的那些法律的、政治的、宗教的、艺术的或哲学的形式。[13]因此,存
在是宇宙及万物皆有内生性的价值,即事物不是在事物的属性
的基础上又被加上实践价值,而是它直接就是如此这般有意义
的东西。即"应当所是"世界之"应当所是"是真正实存的世界,
真正实存的东西以价值为其标识。[14]

概言之,价值本质上是人类实践的特有内涵,是实践的内在
规定之一,而实践作为人所特有的对象性关系即主客体关系的
运动,是有意识、有目的的主体性活动,是一种社会历史性的现
实关系运动。

不可否认,在存在论意义上探讨价值的概念,很容易将之纳
入一种"人为的"阐释[15],即事物的价值不过是主客体关系中主体
对客体的选择、建构、改造,并使它为自己"服务"——"客体在多
大程度上被主体化"的另一种表现而已。客体的价值对于主体

而言,已经被片面地理解为"为了作……之用",而显而易见的是,"为了作"的结构中有着从某种东西指向某种东西的指引意涵。[16] 然而需要指出的是,"客体主体化"的"化"的过程中,主体依据自己的尺度,从物质和观念上去接触、影响、改造客体,在客体身上显现和直观自己的本质或"本质力量",从而实现自己的发展。因此在这个"化"的过程中,客体越来越带上主体所赋予的特征,即,使主体的本性、种种特征和尺度显现于客体。它包含着具体的、物质的、能量的、信息的社会内容和精神意义。

综上所述,价值并非客体的属性,而是客体属性对主体的作用,即主体的某种需要同满足这种需要的客体属性的待定方面的交接点。因此,价值可被视为以客体属性为一方的主客体相互作用的一种主体性描述。它代表着客体主体化过程的性质和程度,即客体的存在、属性和合乎规律的变化与主体尺度相一致、相符合或相接近的性质和程度。[17] 而人和客体之间的价值关系,是在现实的人同客体的实际的相互作用过程中,即在社会实践中确立的。只有通过社会实践,人才能发现客观事物及其属性对自己的实际意义,并自觉地建立起同客观事物之间现实的价值关系。同时,只有通过社会实践活动,人才能实际地发现和掌握关于客观事物的属性的使用方式,使客观事物有益于人的那些方面,以为人所需要的形式为人所占有,亦即使其价值得以实现。[18]

二、价值观的主观性

如前所述,价值反映了主客体相互关系亦即实践活动中的"主体性内容",或内容的主体性方面。由于价值本身是以主体尺度为标准和界限的,同一客体可以有不同的价值,不同客体也可能对主体形成相同的或彼此可以替代的价值,如米饭和面包虽属不同食品但同样可以充饥,有时物质产品亦可以产生精神价值等。从这一视角而言,若用非抽象的眼光将价值投射至人类社会,考察其历史演进和现实存在的话,价值则会呈现多元化、平等化和时效性这三大特征。

在探讨价值的多元化之前,首先要对这里的"元"进行界定,它意指"最终的根据、基础和标准"[19]。进一步地,在一定范围的社会生活中,现实主体的存在是多元的(并非只有单一主体),而每一个主体都有一套自己的价值坐标体系,不同主体之间在价值关系上不可能彼此等同、重合或代替,因此总体上就呈现出多元化状态。需要说明的是,"多元化"不同于一般"多样性"的含义在于,它是指那种根本性、根据性、实质性的多样,即非"一元的多样性",而是"多元的多样性"。如世界上有220多个国家和地区,2 500多个民族和多种宗教。与之相应地,人类的价值追求也是多元的,包括历史的多样、文化的多样、社会形态的多样等。而试图按照自己的意愿找到某种整齐划一的、终极的制度建设和政治社会化模板,就是从根本上背离了世界多样性的客观现实。因此,价值的多元化是在人类内部存在着多样化生存条件、多样化利益差别和多样化角色分工的情况下,一种不可避免的基本现象。

所谓价值平等化,简言之就是世界上存在着多种文化和文明,"各种人类文明在价值上是平等的"[20]。它要求人类不同社群的多种价值选择应得到同等的尊重,任何一种价值都不能凌驾于其他价值之上。换言之,任何人都没有掌握绝对真理,任何人都无权俯视地、居高临下地看待世界上别的文化和价值。需要强调的是,这些价值可能是和平、自由、秩序,也可能是免于贫困和饥饿,要看一定时空条件下人们的考量和选择,而这与他们所处的当时当地的情境和具体条件密切相关。它也表明,处于不同历史社会文化条件或不同情境下的社群,对价值或价值追求的排序可能不同,而这种不同是自然的、正常的,也是平等的。[21]

价值的时效性是指每一种具体的价值都具有主体的时间性,随着主体的每一变化和发展,一定客体对主体的价值或者在性质和方向上,或者在程度上,都会随之改变。诚如马克思所指出的那样,一个变革的时代不能以它的意识为根据。相反,这个意识必须从物质生活的矛盾中,从社会生产力和生产关系之间的现存冲突中去解释。随着经济基础的变更,全部庞大的上层建筑也或慢或快地发生变革。[22]换言之,价值的真理性并未消失,但其科学价值和社会价值却已经不被人们所注意了。

可见,价值的时效性根源于人们的价值水准不断地改变、更新、转移和提高,取决于主体需要的不断增长和主体能力的不断提高。这就必然会使具体的价值显示出时间上的有限性。它又包含两种形式:一种是价值即时性或及时性。某些价值只能在一定时间内形成,过了这个时间就不是这种价值或不是价值。另一种是持续性,即一定价值对于主体来说存在时间的长短。随着时空环境的转移或更迭,会发生新的价值推翻、取代原有价值的"刷新式"变化,和新的价值在更大范围或更高的程度上扬弃旧价值的"积淀式"变化。[23]

而价值观的基础和来源,在于它是人们价值生活状况的反映和实践经验的凝结,是人们内心深处的评价标准系统。其主要从主体的需要和客体能否满足及如何满足主体需要的角度,考察和评价各种物质的、精神的现象及人们的行为对个人、阶级、社会的意义。某种事物或现象具有价值,就是该事物或现象对个人、阶级或社会具有积极意义,能满足人们的某种需要,成为人们的兴趣、目的所追求的对象。[24]

从这一意义而言,宽泛地讲,价值观的"观"可与"观念"等量齐观,作为人类特有的一种精神形态,它意指人们内心深处的价值取向或价值理念,是人们关于基本价值的信念、信仰、理想的系统,代表人在价值方面的自我意识。从内容方面看,它是人关于什么是好、什么是坏,怎样为好、怎样为坏,以及自己向往什么、追求什么、舍弃什么、拥护什么、反对什么等的观念、思想、态度的总和。从形式方面看,价值观具有不同于科学认识和知识系统的特殊精神形式。如果说概念、判断、推理等是科学认识和知识系统的固有形式的话,那么构成价值观的思想形式则主要是信念、信仰、理想等。[25]

此外,价值观具有某种可以系统化的、进行社会交流的思想形式。这不再是仅仅个人才有的精神形式,而往往是为一些人所共有的、可以讨论和交流并可以适当地用外部方法,如科学检验或实践证明等来确认的物象。反过来说,既然价值观是以人的价值关系和价值现象为对象的思想内容,这就导致它与客观的价值关系(包括物质的和精神的价值关系)之间已经有了实质性的距离,形成相对独立的由主体定位和自我意识构成的主体意识。举例而言,当一种价值观"是谁的,最终为了谁",势必会以谁的地位、立场、利益为根据,反映和代表谁的意志。因此,价值观的主体意识通过主体特有的、个性化的立场、态度、取向、旨趣,特别是评价标准表现出来的时候,往往带有较浓厚的主观性和情感化色彩也就不足为奇了。

进一步地,不同主体之间价值观的异同,必然与主体存在、生活方式、地位、需要、利益和经历等之间的异同相联系。如果主体之间在这些方面有共同性,则其价值观也会有相同之处,反之亦然。因此,价值观的主体意识来自价值和价值标准的具体主体性。这要求我们在考察任何价值观的时候,均应首先明确"这是谁的价值观念",并进一步以主体的社会存在去说明其价值观。是谁的价值观,"谁"就是主体,绝不应混淆各种不同的主体,更不应颠倒了社会存在与社会意识之间的地位。

不言而喻,社会意识是一个社会存在相对应的哲学概念,研究社会存在产生政治、伦理、哲学、宗教等意识形态过程的一个必然环节,其所指既涵盖了人的一切意识要素和观念形态,还总括了人类社会的心理状态、情绪基调及价值取向。[26]社会意识作为人的精神活动系统,是在一定社会存在的基础上产生和形成的,都是反映社会存在,尤其是反映社会物质资料生产方式及其运动过程的。而社会历史条件不同,社会物质资料的生产方式不同,社会意识也会有所差异。而每一种社会形态都有自己相应的价值观,前者发生了变化,后者必然或迟或早发生相应的变化。这样一来,价值观不大可能像知识、科学、真理那样高度合理和统一,也不可能像普及科学知识那样,不必考虑人们的个性需要,仅仅通过传播和灌输,就能够用一套结论来统一人们的头脑。价值观必然含有某些非理性、情感化的因素。因此,剥离了历史的具体情境,静态地、抽象地去探究价值观问题终将陷入历史虚无主义的困境中。

因此说,价值观是不能强求一律的。价值领域中的"普世一元主义"是要把"他者"的"非我性"按照自我意愿改造为"我"或与"我"同。而一旦认可了某一"普适价值",就是在某个问题上获得了唯一正确的、任何人都必须无条件地服从的结论、标准和模式。在现实中,它往往使强者产生"一元主义的僭妄",成为他们推行霸权主义、专制主义的借口。如西方一些人就习惯认为自己代表了所谓"普适价值",并以他们的"地方性"历史经验主观地认为国际格局的发展体现的正是其单一的经济优势和文化优势,并认为现代化、全球化就是"西方化",全然不顾西方数百年来形成的政治经济旧逻辑已经无法解决逐渐增多的新难题,其所主导的治理体系也未能反映新格局,代表性和包容性很不够。[27]而依旧强调世界唯有按照其所擘画的布局发展,引导人们的思想和行动走向完全一致、整齐划一,世界才不再有根本的差异、对立和冲突,因而多年来一直从经济、政治和文化等一切方面发动强劲的攻势。

但事实已证明,在多样化国内制度并存的世界中,期待国内制度的趋同、以一种国内制度作为参照来改造他国制度就能一劳永逸地解决国际合作的难题只能出现南辕北辙的结果,它不仅是导致国际社会战争和冲突难以消弭的根源,使很多国家出现"民乱"(democrazy),其结果也必定是消弭人类社会各种蓬勃的生机和创造力。从这一意义上来说,所谓"普适价值"论调实质上是偷天换日地混同了"普遍真理"的意涵。因此,若说价值的主体性描述想强调价值的普遍性存在,价值观的主观性判断想指出的则是其中可能蕴含的普世性欺诈。

第二节　欧日深化合作中的"价值观因素"

一、欧盟价值观外交中的规范性诉求

众所周知,外交是追求国家利益的一种手段。基于欧洲历史的经验,所谓"价值观外交"是一个与"现实利益外交"相对的概念,也被称为"以价值观为导向的外交政策",意指一国采取对

外行动的直接出发点不是或不全是为了眼前的利益,而是为了维护本国的价值观体系,以及扩展本国价值观在世界范围内的影响。国内外学者对价值观外交本身进行了丰富的研究和讨论。对欧日价值观外交的研究相对匮乏。日本学者冈垣知子将价值观外交与其反面概念实用主义外交进行对比,认为价值观外交是与实用主义外交即利益外交相对的概念。实用主义外交指的是将国际政治中的稳定和秩序置于国家间的共同价值观之上的现实外交,可以说是国家利益导向的外交。[28]熊炜、姜昊区分了"价值观外交"与"利益外交",认为"价值观外交"是指以价值观和规范作为外交决策出发点和外交行为准则的外交,区别于以现实的物质性国家利益为基础性驱动力的外交。在"价值观外交"中,价值观是国家利益的定义性因素,国家利益在价值观外交中被内生化,国家的价值观体系塑造国民和决策者对国家利益的定义和外交政策偏好。[29]

在国际政治中,价值或规范(norms)备受关注,相关概念常常在国际机制理论中被运用。克拉斯纳(Stephen D. Krasner)曾将国际机制定义为在一定热点领域的原则、规范、规则和决策程序的总合,认为在国际政治中,不仅是国家作为唯一的行为者追求权力,规范和国际制度也会发挥作用。但如果说规范或国际制度是以多边共识为前提的,那么价值(规范)外交的基本精神就是多边主义。同时,建构主义者将价值和规范提升为决定国家认同感和行为的因素,而不仅仅是国际制度层面上的对象。卡赞斯坦(Peter J. Katzenstein)将规范描述为对行为者合理行动的集体期待,并强调规范构成国家这一行为者的认同感或在已经定义的认同感下规范国家的行动,这不仅在特定焦点领域里,而且在国家安全这一核心焦点问题上也是如此。如果将规范作为国际政治理论的一般要素接受，价值观外交或规范外交将不仅是追求伦理价值，还是追求包括国家安全在内的国家利益的行为。

在国际关系研究领域内，关于欧盟作为一种规范性力量的思考发端很早，在1962年，E.H.卡尔就对于经济力量、军事力量和观念性力量进行了对比。1973年迪歇纳（François Duchêne）同样对欧共体的政治行为模式和吸引力表示了关注，而规范性力量的含义也可以在1973年约翰·加尔东（Johan Galtung）对民事力量观念进行批判的文章中找到，他认为"意识形态的力量就是观念的力量"，意识形态力量是有效力的，因为力量发起者的想法通过文化的媒介渗入和塑造了力量接收者的意志。他区分了力量的渠道（意识形态的力量、有报偿的力量、惩罚性力量）和力量的来源（资源性的力量和结构性的力量），他最重要的看法是，欧共体在力量来源方面更为强势，甚至超越了美国。[30]顺着这一思路，2002年伊恩·曼纳斯（Ian Manners）明确提出欧盟作为一种"规范性力量"（a normative power）的概念，并且概括了欧盟五项核心规范和四项次要规范。五项核心规范是和平、自由、民主、法制和人权，而四项次要规范是：社会团结、反歧视、可持续发展和善治。[31]他在2006年重申欧盟作为一个规范性力量的行为模式，将其原有概念进一步发展，指出欧盟具有九项独特规范，包括可持续性和平（sustainable peace）、社会性的自由（social liberty）、一致性民主（consensual democracy）、相互联系的人权（associative human rights）、超国家的法制（supranational rule of law）、包含性的公平（inclusive equality）、社会团结（social solidarity）、可持续发展（sustainable development）、善治（Good governance）[32]当然欧盟与其他西方国家在上述核心价值方面有许多是相同的,但与崇尚武力和自由市场经济的美国不同,欧盟更重视和平、法制、社会团结、反歧视、可持续发展与善治。[33]以上九项价值和原则是欧盟模式所涵盖的基础和准则。他也怀疑如果欧盟继续在其对外政策中发展军事化,欧盟还能否保持规范性特征。[34]继他之后,学界掀起了对欧盟作为规范性力量概念的广泛与持久的争论,学者争论不休之处包括:(1)民事力量与规范性力量的区别和联系。曼纳斯的看法是民事力量可以被视为一种特定的规范性力量。(2)欧盟并不是唯一出现的规范性力量,美国在两次世界大战之间和二战之后一度也是规范性力量,但是现在与欧盟的规范性渐行渐远。(3)作为规范性力量的欧盟是对欧洲行为模式建构一个极为重要的理论贡献,但这一概念还需继续深化。相较国外学界的研究,国内有关"规范性力量欧洲"的讨论数量较少,主要集中于2010年前后,大多也集中在文献的梳理中。[35]在实践维度,2003年的《欧洲战略报告》建立在欧盟成功扩大的经验基础上,肯定了规范性力量的概念,构建了一个欧盟内部广泛的认识:欧盟将成为未来世界秩序的模范,尽管不能提供成员国资格,欧盟通过支持和引导,其巨大的吸引力也能引导和加强周边邻国的欧洲化进程,走上自由民主和市场经济的转型之路,以此完成"自我"对"他者"的塑造。

基于价值观的外交是欧盟外交政策的指导方针之一,这些价值观因素包括对民主、人权和法治的共同承诺以及欧盟一直寻求的"规范力量"(normative power)。在内部,它贯穿欧盟的成员国扩大政策,当针对其他地区和国家时,它反映在欧盟的外交政策之中。国际法规范和道义原则被欧盟官方制裁文件置于十分显著的位置,并且一再为欧盟领导人所强调。对欧盟外交的价值观因素分析为欧盟的身份定位提供了许多观点,包括当

"民事力量"（civilian power）、"规范力量"、"转型力量"（trans-formative power）、"超级大国"（superpower）、"复合安全行为体"（comprehensive security actor）、"外交行为体"（diplomatic actor）、"集体行为体"（collective actor）[36]。这些对欧盟的身份辩论虽各有侧重，但都体现出欧盟的对外行为与价值观息息相关。[37]学者认为，欧盟和美国主导的同盟体系成员都在外交政策中优先考虑价值观因素，欧洲国家愿意接受美国的域外压力，因为它们享有共同的民主价值观。[38]

二、日本外交中的"价值观"因素溯源

总体而言，"价值观"在日本外交中的能见度以冷战结束为分水岭，色彩呈现愈来愈强的倾向。尤其自小泉纯一郎内阁开始，"价值观"一词频繁出现在日本的外交讨论中。"价值外交"或"价值观外交"（values-based diplomacy 或 value-orientated diplomacy）作为一项外交政策，旨在加强与拥有如民主、法治和对基本人权的尊重等共同价值观的国家的关系。

日本学者认为，现代日本价值观外交的第一个前提是西方文明的主导地位以及支持和指导现代国际社会的价值观。自第一次工业革命以来，西方文明在广义上对世界的影响是压倒性的，而日本作为一个不属于西方的强大的发达国家，长期以来一直是一个独特而孤独的力量。日本强调自己与其他亚洲国家不同的独特身份，并利用这种身份作为实现其外交目标的手段。其主要论点有三个方面。首先，日本政府在民主国家和成熟市场经济认同的基础上，制定了具体的政策理念——价值导向型外交和日本为之量身定做的标准。其次，日本政府将这些政策思想纳入外交战略，并试图通过建立合作机构来落实。第三，日

本国内政治不稳定和政策思想的有效性有限,严重制约了日本,导致其在亚洲影响力的进一步下降。[39]

日本在历史上把自己定位为中国文明的"遥远边疆"。由于这个原因,前现代的日本是作为一个"边缘文明"成长起来的,它既不能完全中国化,也不能发展出普遍的文明原则来约束自己周围的世界,而这种情况在现代也没有根本的改变。日本通过将其文明模式从"日本精神和中国天才"转变为"日本精神和西方天才"来实现现代化,但很少有人试图系统地对"日本精神"的具体内容进行理论研究,而将"日本精神"确立为日本外交政策原则的尝试通常会遇到很大困难。因此,除了在"才"方面对西方的依赖外,现代日本在讨论其赖以生存的"价值观"时,也不可避免地严重依赖源自西方的价值观和概念。对于在 19 世纪末被迫向西方世界开放的日本来说,国际政治不仅是一个权力问题,也是一个"文明""民主""社会主义"的问题。国际关系中的各种"价值"不是简单的权力问题,而是如何回应"文明""民主""社会主义"和"人权"等价值的问题。广义的价值外交,即在国际关系中如何定位自己与各种"价值"的关系,是日本自开国以来就无法避免的挑战。[40]

有学者认为日本首次涉足价值观外交是在第一次世界大战后的 1919 年召开的凡尔赛和会上。根据 20 世纪初以来美国加州和加拿大反日移民问题的经验,日本提出了"消除种族歧视的建议",但由于澳大利亚、美国和其他国家的反对,被美国总统威尔逊拒绝。

美国在二战后将日本纳入自身的同盟体系后,两国政府在 70 年代中期对"共同价值观"反复强调。在冷战对抗缓和和席卷西方工业化国家的政治和经济动荡的背景下,这两个国家找到了"共同的价值观"作为其同盟的基础。在全球政治和经济动荡的情况下,日本认为,作为一个稳定的民主国家,它应该在与美国和其他西方工业化国家的合作道路上采取更明确的姿态。美国也重新感受到包括日本在内的西方工业化国家之间团结的必要性。在此背景下,两国反复表达了它们的"共同价值观"。可以说,美日之间的价值观外交是两国对美日同盟关系的多层次性认识加深的结果,日本意图通过强调共同价值,加深美日同盟,加强与美国的合作以应对国际秩序的转变。[41]

　　也有学者认为,应该分阶段地看待日本的价值观外交的产生原因,指出日本的价值观外交是两种不同考虑的独特组合的产物。第一个方面可以追溯到冷战结束,当苏联不再成为主要威胁后,当时日本政府开始为美日同盟寻找新的理由,保护和促进普遍价值就是答案。价值观外交的第二条主线起源于 20 世纪 90 年代中期,当时台湾当局在李登辉的强势领导下开始公开走上"台独"路线,加之 20 世纪 90 年代中期左右自民党内对推行"亲台外交"政策更感兴趣,日本的反华保守派政客和舆论制定者开始在外交政策中强调西方价值观。[42]

　　首先,从国际结构角度来看,西方主导的世界秩序受到了质疑,尤其是在 2008 年金融危机和西方民主国家对自由主义的民粹主义挑战增加之后,亚洲国家不得不将目光投向别处,尤其是将发达国家作为榜样。自第一次海湾战争以来,美国一直向日本施压,要求日本在亚洲的外交和集体安全中发挥更积极的作用。此外,中国的崛起使得日本开始寻求加强与中国周边国家的关系。[43]有日本学者认为,当前国际秩序处于变革期,中国开始在经济和军事上崛起,并大力推行有利于自身利益的政策。为此,他提出日本应该加强七国集团团结,与共享基本价值观的国家之间开展合作,以价值观外交应对中国崛起。[44]包括日本在内的西方国家建立的国际秩序,不仅受到中国等新兴国家的挑战,也受到美国特朗普政府的挑战。在这种情况下,确认日本和欧盟共享 SPA 倡导的基本价值观比 2011 年决定启动谈判时更为重要,需要借此让日本再次确认其对 1991 年 7 月《海牙宣言》首次确认的这些基本价值观的承诺,并深化与欧盟的合作。[45]而"自由开放的印度—太平洋"倡议是一个多方面的框架,需要将安全考虑与经济外交结合起来,该倡议诉诸一套源自自由主义传统的价值观。这一呼吁不仅有助于在外国和本国公民眼中使其支持者的目标合法化,而且也为其他国家加入日本—印度—澳大利亚—美国"四方"提供了一个共同基础。欧盟和日本认为其所提倡的所谓"自由开放的印度—太平洋"是对于中国的"一带一路"倡议提供一个更具原则性和法律基础的替代方案。有学者认为目前日本对国际法和民主价值观的支持存在矛盾,要真的做到其所宣称的"自由开放的印度—太平洋",日本必须首先证明其对国际法和民主价值观的承诺不仅仅是一块方便的遮羞布——为了追求日本狭隘的经济和战略利益而做的粉饰。[46]

其次,从双边关系角度来看,日本的"价值外交"无疑是对于中国崛起的一个应对,日本正在为应对中国的崛起寻找新的外交政策方向,推行价值观外交就是其中之一。[47]日本希望将其定位为对美国来说价值更高的盟友,借价值观外交深化日美关系。

第三,从国内政治角度来看,价值观外交与"摆脱战后体制"的路线相一致,日本希冀通过"价值观外交"摆脱战后所面临的历史问题(尤其是对历史的自我鞭挞)和安全约束(宪法和集体自卫权)。因此可以说日本积极推进"价值外交"产生于三个不同的方面:日本全球参与的新逻辑的需要;对与中国崛起相关的国际结构变化的回应;以及日本国内的"战后政权突围论"。[48]

如前所述,冷战后,日本外交重大变化之一是开始凸显价值观因素,谋划价值观外交。学界主流观点认为所谓"价值观外交"是由外相麻生在第一届安倍内阁期间于 2006 年 11 月的讲话中提出,并随着第二届安倍内阁的出现而恢复。2006 年,在日本国际问题研究所进行的演讲中,时任外务大臣的麻生太郎将日本的普遍价值定义为"民主主义、自由、人权及市场经济",并指出在推进外交上高度重视普遍价值观的外交就是日本的价值观外交。

继而,日本如何在实践中推进价值观外交是伴随着麻生太郎的演讲中关于"自由与繁荣之弧"的提出而明确的。"自由与繁荣之弧"是日本"价值外交"的空间范畴。"自由与繁荣之弧"分为四个概念——东亚、中欧和东欧国家、中亚以及与自由主义国家的伙伴关系。[49]日本外交政策工具侧重于官方发展援助(ODA)、民主支持与和平建设等领域。在东亚,官方发展援助支持柬埔寨、老挝和越南向市场经济的过渡,以及支持尼泊尔等南亚国家的民主与和平建设。在中欧和东欧,日本支持波罗的海国家和新兴民主国家,如格鲁吉亚、乌克兰、阿塞拜疆和摩尔多瓦(GUAM 国家)。在中亚,欧盟将根据哈萨克斯坦、乌兹别克斯坦、吉尔吉斯斯坦、塔吉克斯坦和土库曼斯坦的国情向其提供援助,并开发连接内陆和海洋的交通和运输路线,以期在"中亚＋日本"的框架内开展包括阿富汗(巴基斯坦)在内的广泛合作的可能性。最后,加强与那些拥有共同制度的国家和组织的合作,如澳大利亚、印度、七国集团、欧盟和北约。通过与具体区域的具体国别合作,日本外交中的"价值"是从相对性逐渐深化到普遍性的参与。因此"价值观的外交"并不是 2007 年突然浮出水面的,而是在冷战后日本对外政策中逐渐形成的。

日本外务省将其价值观外交描述为基于"普适价值"(自由、民主、基本人权、法治和市场经济)的外交。正如日本外务省在其2007年版的《外交蓝皮书》中所解释的那样,"价值观外交"建立在以下基本理念之上:(1)"为了使每个人都能以个人身份过上和平与幸福的生活,除了政治稳定和经济繁荣之外,还必须在民主和法治制度下保障自由和基本人权";(2)"只有'自由的人民'才能持久地实现政治稳定和经济繁荣。只有'自由的人民'才能永久地实现政治稳定和经济繁荣";(3)日本是第一个实现现代化的亚洲国家,作为最古老的民主政体,它可以以一个多世纪的经验智慧为傲。[50]换言之,日本官方认为价值观外交是一项促进、支持和传播与持有这些价值观的国家和人民的合作与协作的外交政策。

虽然直到2006年日本才第一次明确提出价值观外交的概念,但二战后日本加入西方阵营以来便始终以美西方价值观作为处理国际问题的根据,坚定维护美西方利益。可以说,直到20世纪90年代,日本的外交都遵循低调的外交,在与西方集团的关系中体现了民主价值观的促进,而避免在与亚洲伙伴的关系中提到这一点。然而,随着冷战的结束,日本开始更积极地将民主促进目标纳入其对欧亚大陆的外交举措中。这影响到日本的亚洲政策。日本前首相中曾根康弘也看重日本外交理念的选择,他指出日本要与有着共同价值观的国家合作,因为这些国家与日本有着高度的同质性,同时,在与亚洲国家交往时也要从"价值观共享"这一角度入手。[51]从小泉内阁时期开始,呼吁以团结为导向的普遍主义的"价值观外交"实际上已经逐渐形成。麻生太郎的价值观外交思想,也被视为麻生的和平哲学。麻生太郎的和平哲学在他关于日本对国际和平行动的"和平主义"、对非洲人类安全的"价值观外交"以及彻底消除核武器的言论中得到了体现。

安倍内阁成立后,日本进一步提高了价值观因素在外交政策中的存在感,积极利用"普适价值"加强同其他国家的关系。2013年12月,第二届安倍政府制定了日本首份国家安全战略。这份重要的战略文件将"维护和捍卫基于自由、民主、尊重基本人权和法治等普遍价值和基于规则的国际秩序"定位为日本的国家利益。它还重申,美日同盟是"国家安全的基石","美国和日本之间的紧密同盟关系得到了自由、民主、尊重基本人权和法治等共同的普遍价值观和战略利益的支持"。可见,美国是日本价值观外交的重要对象国之一。有学者指出日本的价值观外交被定位为"加强日美同盟"的一个独立支柱,日本对美国展开价值观外交的目的在于捍卫自由民主国家的形象。[52]

"价值导向外交"和"积极的和平主义",分别成为第一届和第二届安倍政府外交政策战略的核心内容,旨在通过与志同道合的国家在共同的"普适价值"基础上促进更紧密的合作来加强日本的影响力,但其根本原因在于中国的日益自信以及美国的影响力不断下降。日本以价值观为导向的外交手段是制衡中国日益增长的经济影响力和政治影响力的工具,意在加强美日关系,以及对冲在特朗普政府期间东京与华盛顿结盟的未来的不确定性。通过以价值观为导向的外交手段,安倍领导的两届政府都旨在削弱中国在亚太地区日益增长的影响力,并竭尽全力加强与可能盟友的合作,建立一个"自由和开放"的地区,让西方"普适价值观"更受尊重。第一届安倍政府的外交政策(包括其前后各届政府的外交政策立场)以"价值观外交"为基础,稳步取得了成果。特别是为澳日和印日关系赋予了新的战略定位,维护了美日关系的基础,并独立发展了与美国友好国家的双边关系。[53]价值观外交还能够将东亚新形成的区域主义与促进公平、竞争和开放市场的逻辑联系起来,同时以"价值观外交"为基础,促进民主价值观、尊重人权和法治。然而日本的价值观外交的概念本身还不成熟,缺乏对民主和法治并不盛行的国家采取何种外交手段的逻辑,而且与进入 21 世纪以来主要国家对华政策的全球趋势不协调。特别是安倍第二届政府显著加强了日本的国家安全和自卫能力。[54]即使以违背东京广泛宣扬的"普适价值观"为代价,追求狭隘的地缘政治和地缘经济利益,而不是真正追求共同和普遍的价值观,似乎是近年来日本外交政策的定义。可以说,日本的价值观外交是一种利益导向的外交,而不是真正的价值导向。[55]

安倍辞职后成立的菅义伟内阁和岸田文雄内阁也皆选择继承安倍外交政策,继续推进价值观外交。"新时代现实主义外交"是日本岸田内阁的外交新旗帜,它由三大支柱支撑,维护"普适价值"是其第一支柱。"普适价值"被奉为战后日本国家价值观的圭臬,实际收益是日本坚守"普适价值"的前提,加强与"共享价值观"国家(集团)合作是岸田内阁践行"普适价值"的国际保障,保障人权是岸田内阁彰显"普适价值"的重要着力点,"自由开放的印度—太平洋"(Free and Open Indo-Pacific, FOIP)构想被岸田视为落实"普适价值"的重要实践平台。在实践中,日本以"价值观"为政策导向,拓展与"共享价值观"国家间的政策协调,压缩价值观"异己"国家的政治空间;以追求国家利益为出发点,而非以解决全球问题、提供公共产品为价值追求,有选择地参与全球治理;最能体现"岸田外交"本质的是"守护国民"的外交举动。[56]日本外交将地区安全局势作为达成国家安全战略目标的政策工具,绑架了日本与周边国家间关系,使其成为国内政治议程的附属品,这从根本上决定了中日关系将难以转圜向好。在俄乌冲突背景下,日本话语移植与政治挪用将给中日关系的发展带来风险。日本的价值观外交方法是试图平衡中国日益增长的影响力和美国主导力量的相对衰落。

价值观外交和"人权问题"是岸田内阁关注的重点,岸田内阁强调在"日美同盟"外交基轴下,推进民主国家安全联盟,强化价值观外交。岸田内阁的政策意向首先强调的是所谓"民主价值观",意在以"价值观外交"巩固日美同盟关系,形成日美澳印四国机制,突出日本参与主导国际事务的"存在感"和国际战略诉求。所采取的强化日美同盟及价值观外交等手段,是为在亚太乃至全球谋求本国利益最大化。

第三节　欧日价值观外交的推进与局限

一、欧日价值观外交的推进

欧日关系的基本定位是双方认可彼此是坚持所谓"普适价值"的战略性伙伴,而这一共识可以说奠定了欧日推进国际合作的最重要基础。日本将自己作为欧盟的"天然盟友"的形象推广已经得到欧盟精英层面广泛认同。欧日强调加强双方合作关系有利于双方为了地区乃至世界的安全承担更多责任,双方应为了构筑世界的和平、安全及稳定而采取共同行动。[57]正是基于双方达成的价值观的共识,欧日于2013年3月25日同时开启了战略性双轨谈判。

回顾2013年欧日开展战略性双轨谈判至今的几次欧日定

期首脑峰会会谈内容,会发现共同价值观和共同原则的提法已在双方官方话语中牢固确立,双方对话中涉及对东亚区域和平与安全问题的对话内容也在持续增加。首先,欧日在2013年11月19日举行的第21次欧日定期首脑会谈中强调,要将欧日双边关系提升至更具战略性的更高层面。欧盟表示欢迎日本为地区与全球和平与安全作出更积极的贡献。同时欧日双方表示对东亚海上形势、南海、东盟、缅甸和朝鲜问题表示明确关注。继而,欧日在2014年5月7日举行的第22次欧日定期首脑会谈中声明"在共同价值观原则的基础上"发展"更广泛的伙伴关系",欧盟表示希望自身"能成为更有效的安全提供者",愿意"更加紧密地介入东亚的地区架构之中",欧盟认可安倍的"积极和平主义"(Proactive Contribution to Peace),愿意同日本探讨如何参与"共同安全与防卫政策"架构的合作。同时欧日双方表示对东亚海上形势、南海、东盟、缅甸和朝鲜问题表示明确关注并主张建立危机管控与沟通机制。欧日在2015年5月29日举行的第23次欧日定期首脑会谈中强调"欧日联合在全球经济和国际关系中占有重要位置,双方认识到战后70年来,欧日彼此对国际社会的和平、稳定与繁荣所做出的贡献,未来亦应为世界的和平与安全而携手合作。双方作为战略性的伙伴希冀就关心的所有领域,即不仅是与欧日双方相关的事务,还包括一些全球性议题,巩固、深化和扩大合作关系"。基于此,欧盟对于安倍倡导的以国际合作为基础的"积极和平主义"在维持和促进世界的和平与安全方面所做出的努力深表欢迎和支持。同时双方高度关注东海、南海形势与朝鲜问题,希望开展危机管理方面的合作,扩展合作领域。[58]

而欧日在2017年7月6日举行的第24次欧日定期首脑会

谈因为《欧盟—日本经济伙伴关系协定》(以下简称 EPA)和《欧盟—日本战略伙伴关系原则协定》(以下简称 SPA)的达成被视为欧盟与日本战略合作伙伴关系新篇章的开始。双方共同申明主要包括四方面内容,一是双方重申为和平、繁荣和基于规则的国际秩序而共同努力的决心,重申为实现世界的和平、稳定与繁荣负有共同的责任。二是根据 EPA 的原则协议,欧日展示了自由贸易的清晰和透明的规则,以及共同促进开放和公平的全球经济重要性,并将该协议作为构成反对贸易保护主义,树立自由公平贸易战略伙伴关系的基础。三是欧日 SPA 将为进一步加强欧日战略合作提供一个框架,使双方的伙伴关系得以发展并面对新的挑战。四是在基于规则的国际秩序面临越来越大的压力下,EPA 和 SPA 是基于构成欧盟—日本伙伴关系基础的共同价值观和共同原则,其中包括人权,民主和法治。[59] 但是必须承认,欧盟与日本对于欧日战略双轨协议的期待是存在差异的。欧盟对于 EPA 能重启双边经济发展寄予厚望,所以欧盟的关注点在 EPA 方面。在 2016 年为了迫使日本尽快签订 EPA,欧盟方面以与日本的 EPA 谈判未能取得充分进展为由,以非正式的首脑会谈取代了当年的欧日峰会。比较而言,日本则更关注战略安全层面的双边合作,更多聚焦于 SPA 的谈判。

在欧日经济伙伴关系层面,欧盟方面强调,欧日都面临新兴国家崛起而在世界经济体系中被日益边缘化的困境,因而希望与日强化双边经济合作,一方面共同巩固和提升双方在世界经济体系中的位次,另一方面则共同参与塑造当前国际经济治理机制的新一轮调整,从而为在新的全球贸易秩序制定新规则的博弈中共同掌握主导权和话语权奠定基础。欧盟决策层在讨论 EPA 谈判进程中最频繁使用的语句就是"改变游戏规则"。欧盟理事会前主席范龙佩在 2013 年和 2014 年两次欧日首脑峰会上，都谈到"这一协定将会改变游戏规则"，并指出这一协定开放双方市场则有利于"世界范围内贸易和经济的增长"。[60] 在 2015 年欧日首脑峰会上，欧盟理事会主席图斯克则敦促双边自贸谈判尽快谈成。[61]

日本将 SPA 作为正在着力构筑的"价值观同盟"中的重要一环。为推进双边战略安全合作，日本刻意凸显其与欧盟之间共同拥有的价值理念和意识形态。在此基础上，日本方面在各种欧日官员会面场合谈及东海和南海不稳定态势，借此旁敲侧击地提醒欧盟注意中国的崛起对东亚战略安全的挑战。实际上日本长期以来一贯注重借助共同意识形态的话语体系与战略观念，向欧洲公众刻意强调日本与中国在意识形态上的差异，促使欧盟靠近日本而疏离中国。2015 年 4 月日本外务省在阐述与 EPA 关系时，首先强调的是，"日本与欧盟是重要的全球伙伴，拥有共同的基本价值理念"[62]。进而在日本的推动下，自 2013 年开始的欧日首脑峰会联合声明中，都会明确表达对东亚海上安全，尤其是东海与南海紧张形势的担忧，2021 年以后又增加了对台湾海峡和平与稳定表达关切之类的语句，其矛头明显指向中国。

欧日在价值观层面上的一致是欧日战略伙伴关系推进的基础。而双方在强调价值观一致性的同时将中国视为价值观上的"异质性"存在。欧日均公开强调不能因为彼此对华存在巨大的商贸利益而不坚持自己的价值观。尽管中国一再强调要和平发展，不断重申中国是现行国际秩序的积极参与者和建设者，但在安倍晋三在 2015 年 8 月 14 日发表的"安倍谈话"中，强调日本应"坚定不移地坚持自由、民主主义、人权这些基本价值，与共享该价值的国家携手并进"，共同构筑"对华包围圈"。[63] 日本的意图显而易见,即会同相同价值观的盟友在亚太地区切实树立一种规范,而日本的重大职责就是要在此过程中积极引导各国,让它们朝遵守规范的方向发展。[64]欧盟委员会在 2016 年发布的《欧盟对华新战略要素》的报告中也提到要促进"普适价值",承认中国在国际体系中发挥更大作用的需要并帮助界定这种作用,即期望中国承担与其从以规则为基础的国际秩序中获得的好处相一致的责任。欧盟认为人权保护将继续成为欧盟与中国接触的核心部分,《欧盟对华新战略要素》就明确指出"欧盟及其成员国将继续与中国和中国人民一道合作,推进人权,促进法治。这需要在双边和多边层面具备全方位的外交、宣传和其他手段"。[65]

欧盟将 SPA 作为自身更多参与亚洲事务、巩固欧盟全球行为体的平台之一。对欧盟而言,中国崛起所带来的冲击不如日本那样感受强烈。如何处理对华关系对欧盟而言是一个显著的双重挑战:一方面从欧盟的规范外交和欧洲价值观角度来看,中国是个"异质性"国家。另一方面,欧盟长期致力的多边主义国际愿景和以规则为基础的国际秩序的建构又需要中国配合。鉴于中国在联合国安理会的常任理事国资格、日益增长的国际声誉和在地缘政治经济方面的重要性,欧盟认为提升欧中关系的定位对巩固其作为国际主要行为体是有所助益的。[66]欧盟早在2003 年通过的"欧洲安全战略"(ESS)中,就将中国与日本、印度同时列为欧盟理事会的"全方位战略伙伴"。欧盟旨在促进使中国不仅作为欧盟第三国合作伙伴之一,而且成为欧盟的"全方位战略伙伴关系",这将有助于巩固欧盟全球行为体的作用。[67]但是必须承认,中欧价值的根本差异导致理解的差异,并在很大程度上阻碍了欧盟与中国采取针对第三方的联合行动。[68]因此,值得注意的是,欧盟的亚洲外交的趋势是日益重视其他亚洲安全合作伙伴,与中国保持经贸合作的同时,通过与其他亚洲合作伙伴战略性合作来减轻对中国的倚重。

在《欧盟—中国:战略展望》文件[69]出台两周年之际,欧盟于2021年4月对该战略文件中的政策落实情况进行了检视,欧盟对华政策意识形态化倾向更加明显。在意识形态问题上,从"存异"转向"求异",利用各种手段刻意突出和放大中国在意识形态上的"不同"乃至"威胁"。在美国张罗的"民主峰会"和慕尼黑安全会议等场合,欧盟在意识形态上都有意将中国置入所谓"民主—威权"的简单框架中的"威权"一端,并在斯洛文尼亚担任轮值主席国期间就对华政策问题开展了讨论,其中有声音指出要实施更强硬的对华政策,更强调中国作为"制度性对手"的角色。俄乌冲突的爆发开始打破欧盟对华政策合作、竞争与对抗"三分法"之间的平衡,欧盟对华政策日益向"制度性对手"的方向倾斜,竞争成为欧盟对华政策的核心共识。

近年来,从价值观到价值观外交,欧盟开始强调作为地缘政治"玩家",这实际上是一个本质上的变化,这个变化也就导致之前欧盟内部的一个讨论,就是它到底以什么样的方式发挥作用,以什么样的方式输出它在价值观的影响,目前看来欧盟已经效仿美国,就是把价值观工具化,或是武器化。目前在高科技领域,欧日也纳入了价值观标准。欧盟对技术出口管制制度结构也进行了重大改革,人权等价值观成了重要的审查事项。欧盟表示将更严格地控制可能在欧盟境外侵犯人权的网络监控项目,涉及监控和面部识别等技术,对于"技术援助"可能被用于大规模毁灭性武器或其他特定军事用途的情况也实行了更严格的限制。同时,在欧盟内部的协调机制上,允许成员国之间就出口管制的技术进行更多的交流,并积极加强与美国等国家的新兴技术出口管制协调。[70] 2021 年,欧盟—美国贸易与技术委员会(EU-US Trade and Technology Council,以下简称"TTC")强调要加强先进技术的出口管制,欧美双方还特别提出了人权、民主等价值观在技术标准中的重要性。在 2022 年俄乌冲突爆发的背景下,欧盟与美国通过 TTC 联合其他盟友在对俄罗斯的先进技术出口管制方面进一步深入合作,所有的制裁从政治层面到技术层面都经过精心协调。[71] TTC 等合作机制将欧美科技制裁政策协调的平台进一步拓宽,管制技术清单正在不断更新,并且着力将价值观要素嵌入欧美技术的标准规范与出口管制当中,日本也紧随其后。

在美国拜登政权积极开展价值观外交、加强同盟友关系的背景下,价值观外交在未来一段时间内仍将活跃在欧盟与日本的双边政治舞台。而从国际格局转变来看,冷战期间欧日拘于两极格局的制约,只能在以美国为主导的大三角中发展双边关系。而冷战结束后,随着苏联军事压力的消退和国际政治多极化趋势的加深,经济实力在国际政治中所占分量不断加大,欧日已不甘于做美国的"小老弟",改变"经济巨人,政治侏儒"这种十分尴尬局面的愿望日益急切。双方在有"共同价值观和利益汇合点"的共识下,努力寻求合作机制化。[72] 当前国际秩序深刻变革,日本对此非常关注并积极探寻其在秩序重组中的有利位置。与欧洲接近成为日本谋求影响国际秩序重塑的重要一环,这也得到了欧洲的积极回应,欧日加快战略转型步伐,彼此战略接近态势愈发明显,而欧日战略接近的特质之一就是强调维护所谓"基于规则的国际秩序",重视价值观外交。[73]

从双边关系来看,欧盟和日本都是美国领导的西方阵营的主要组成部分,并且拥有共同的基本价值观,通过美国,日本和欧盟是"盟友的盟友"。[74] 欧日是一对"规范性伙伴关系",通过这种伙伴关系,两个重要的国际力量都可以巩固国际社会的规范。中国崛起是欧日向"规范性伙伴关系"转变的重要原因。欧盟在努力扩大与中国的经济联系的同时,也试图成为一个"规范性大国",传播民主和人权等规范性价值观念,但由于欧盟在东亚的影响力有限,它需要该地区的规范性合作伙伴。21世纪以来,日本政府越来越强调价值观和规范在其外交中的重要性。与此同时,欧盟和日本都率先倡导国际法和多边主义,同时努力促进民主、人权和法治。至此,作为西方联盟核心的冷战"三边主义"转变为冷战后的"规范伙伴关系"。[75]

二、欧日推进价值观外交的局限性剖析

冷战以来,欧日双边关系领域不断拓展,程度不断深化,高度也在提升,逐步由冷战期间的西方阵营同伴到冷战后的全球伙伴关系再到当下的全球战略伙伴关系,双边关系不断成熟、日趋完善。在欧日战略接近过程中,日本更是担当了主动角色,高调宣扬自己属于"成熟的自由民主国家",并以此为名号积极拉拢欧洲。进入21世纪后,日本的亚洲政策正在以两种不同的方式演变。第一种方法侧重于东亚区域合作,以东盟区域论坛(ARF)和东盟+3为标志。这一战略将与中国、韩国和东盟国家的合作置于核心。第二种方法旨在加强日美同盟内部的合作,以及与亚太地区其他民主国家的合作。该战略侧重于与太平洋和印度洋沿岸国家的合作,即美国、澳大利亚、新西兰、韩国、东盟成员国和印度。这两种方法并非相互矛盾,而是体现了两种不同的外交哲学。这种双管齐下的做法的本质区别在于,是基于价值观还是基于经济利益优先合作。前一种方式,即基于价

值观的外交,可能会限制日本与中国的更深入合作。如果希望基于经济利益加强东亚区域合作,就不能排斥中国。可以说,日本的亚洲政策在这两种不同的做法之间摇摆不定。

但是也有学者指出二战后日本对华外交的基点,在经济利益、地缘政治、意识形态等多种因素之间徘徊。冷战结束后,日本对华外交中的意识形态因素反倒变得更加浓厚。这种局面在安倍内阁的"价值观外交"中达到一个高潮,日本一部分政治势力推动的"价值观外交"其实是"醉翁之意不在酒",其真意在于欲以意识形态为手段遏制中国,以达到争夺地区主导权之目的。

欧日基于相同的价值理念和意识形态,希冀从规范的角度出发对东亚安全形势形成一种制约的合力,且专注点也逐渐集中到了双方建立危机管理合作机制上来,但这种意图在安全合作领域却很难达成立场和行动的一致:(1)在东海的领土争端与海洋争端中,欧盟的立场是尽量不选边站;(2)在南海安全局势上,欧日虽然在认识上达成一致,通过国际舆论对华施压,相比日本强调的意识形态视角,欧盟更注重地区局势的变化对欧盟利益的影响,欧盟的立场是各方对分歧能够进行建设性管控,同时对中国怀有"建设性"期待,因此措辞并不像日本那样严厉和偏颇;(3)在欧盟对东亚安全局势的整体考虑中,维持对华武器禁运有助于从欧盟立场出发对东亚安全局势进行管控,欧日在这一问题上的安全合作紧密。但是受地缘因素影响,欧日对东亚安全局势的态势感受不同,在不同问题上双方合作的行动有所差异。所以,欧日在东亚安全合作具体诉求与欧日间加强价值观合作的意愿之间存在分歧。

在具体行动上,在经济领域,鉴于中国同时是欧日最重要的经贸伙伴,一方面伴随着中国经济的日益壮大,欧日双边经贸往来的重要性相比冷战时期有所下降,另一方面中国在欧日对外经贸关系中的巨大存在,事实上也成了双方在涉华问题上进行合作时不得不有所顾忌的因素。在安全领域,中国在南海及东海的种种维权举动被欧日视为对现行国际秩序的一种挑战,但基于地缘政治等因素影响,相比日本是中国的近邻,远在亚欧大陆另一侧的欧盟显然对该议题的反应剧烈度不如日本。不言而喻,这也导致双方对该议题的合作彼此存在认知落差。但值得注意的是,现阶段欧日已经意图通过构筑 SPA 和 EPA 的双轨战略框架,在安全和经济两个领域用国际法、贸易规则等规范性力量对华实施"对冲"政策。但需要强调的是,相比欧盟注重"对冲"的两面性,日本则越来越倾向一边倒地追随美国的对华遏制政策。[76]

从所谓"普适价值"的视角而言,欧盟与日本认为双方应携手应对与它们有别的"异质性"国家的挑战。虽然欧日口口声声地强调双方绝不能因为彼此对华存在巨大的商业利益而不坚持自己的价值理念。但它们所谓"普适价值"实际上在客观世界中并不普遍适用,因为人类社会始终处于不同族群的多样性和不同文明的多元性共生共存的状态,世界上并不存在适合于一切国家、一切民族的社会制度、发展模式与价值理念,而罔顾这一事实,执意用"普适价值"划线的做法多半是想竭力掩盖背后基于安全或经济等种种考量,其虚伪性不言而喻。

欧日这种针对中国的合作势必给中日、中欧关系带来各种负面影响,但基于中国综合国力的日益增强和欧日彼此关系(尤其是经济关系)的日益紧密,加上美国特朗普上台及地缘政治等诱因影响,一方面中日关系也好,中欧关系也罢,均是竞争与合作并存,基于上文的分析,现阶段欧日联手制约中国的合作更多地停留在"说"的层面,而在"做"的层面仍面临诸多限制,虽然欧日战略合作会日益紧密,但是双方以价值观合作为基础来制衡中国的战略目的还难以实现。

日本倾向于通过"民主联盟"来遏制中国,本质上可以被称为"价值观的地缘政治运用"[77]。尽管其一再吹捧自身在亚洲的以价值观为导向的外交政策,但这一议程几乎没有实质内容。与欧盟成员国一样,日本在实践中往往淡化了人权和民主价值观,而支持维持贸易关系和确保地缘战略优势。[78]如安倍内阁第二任期后半段将务实的外交政策放在首位,重点是确保其经济和地缘战略利益。维护共同的价值观是一种加强与美国关系、在亚洲获得影响力以及对抗中国日益增长的地区影响力的策略。因此,这是一种没有价值观的实用主义和权宜之计的外交。[79]

虽然安倍不断提及价值观可能会给人留下一种印象,认为他代表了一种理想主义的外交政策,但事实上,他在国际舞台上的活动非常务实。因此,安倍在与一些国家的关系中选择性地采用了价值观,而在与其他国家的关系上则忽略了价值观。坚持"普适价值观"的宣言尤其被用来在战略上包围中国,加强与美国的同盟,并扩大与印度、澳大利亚和西欧在安全问题上的合作。[80]促进亚洲的共同价值观和民主方面,安倍除了空洞的姿态之外,几乎没有取得任何成就。日本价值观外交的局限性主要是日美之间的结构性矛盾、日本与邻国之间的历史和领土争端以及鹰派摆脱"战后体制"的政治姿态,都引起邻国的反感和美国的质疑,将导致价值观外交失败。总之,日本以价值观为名义,以日美同盟为核心,以欧亚大陆的边缘国家为纽带,遏制中国的地缘政治战略构想很难有具体结果。

进一步地,有日本学者认为民主和尊重人权等普适价值观在促进亚洲世纪的和平与稳定中发挥了重要作用,但他同时指出普适价值观面临着将如何适应新的亚洲环境的问题。对于日本的中等实力的体量、价值取向外交来说,它必须保持和培养与中国的各种沟通渠道,而不是陷入情绪化的恶性循环。[81]

日本对欧洲的外交是一种利益与价值的混合。日本在对欧盟国家使用的口号与对非民主欧洲国家外交中的口号存在差异,前者基于民主、人权、法治和自由市场经济的价值观,后者基于国家利益。日本确信,加强与欧洲在各个领域的联系,特别是在安全和经济领域的联系符合日本的利益。因此,虽然日本在与西欧国家领导人会晤时突出了"普适价值观",但在与欧洲大陆边缘的独裁或混合政权谈判时,则没有提及普适价值。可见,日本也会根据所涉国家的政治体制特征而对自身政治进行适当调整,从而保持政策的多样化和灵活性。从这一点可以证明,所谓"价值观外交"也不过是一种工具而已。进一步地,在日本国内,尊重"普适价值"的口号与现实之间出现了更明显的差异。从安倍内阁开始,上述的"意识形态灵活性"并没有立即导致日本与欧洲民主国家之间政府层面的接触恶化,但它开始恶化日本在文化和学术精英中的积极形象。如果继续下去,这种宣传价值观与实际利益之间的差异可能会损害日本作为欧盟可靠伙伴的信誉。[82]

本章小结

所谓价值观外交一般来说有所谓三个功能或是它的三个主要的作用,第一是强化认同感,第二是所谓提供合法性,第三是扩大或是强化外交的有效性。首先,对于欧盟和日本来说,价值观外交的第一大功能就是继续化解他们的矛盾,巩固他们的盟友体系。第二大功能是塑造合法性,无论是慕尼黑安全论坛还是其他的讨论,都在讨论去西方化或是非西方化,这里面暗含了美西方的一种强烈的合法性危机。随着中国的崛起,国际秩序正在发生变化,中国及其他新兴大国的确在制度上对他们提出挑战,所以这种情况下,美西方国家高举价值观大旗把价值观作为一个外交手段,进一步确认西方国际秩序的合法性,这就是我们说的从去西方化到再西方化的特性,这个特点体现得也很明确。第三个功能就是强化外交的有效性,欧盟也逐步建立了全球人权制裁机制。[83] 欧盟的人权制裁机制遵循了"欧盟 2020—2024 年人权与民主行动计划",其中欧盟承诺制定新的横向全球人权制裁机制,并强调了新兴技术的使用与监管也必须符合欧盟的价值观要求。[84] 欧洲把人权从之前的只是外交层面表态和对话的比如中欧人权对话,提升到欧洲的人权制裁机制。未来这些价值观问题会不会更多地转变成美西方举起的规则大棒,还需要加强观察和研究。

冷战结束后,欧日关系的基本定位是双方认可彼此是坚持所谓"普适价值"的战略性伙伴,欧日认为双方在自由、民主主义、法治社会等方面拥有相同的价值观,尽管在地理上相隔万里,却是"天然"的战略性伙伴。而这一共识可以说奠定了欧日推进国际合作的最重要基础。在欧日合作中体现为双方逐渐形成基于价值观合作为主体,安全及经济合作为两翼的一体两翼新合作模式。这一模式有四个特征值得关注,且相互之间亦存在紧密联系。一是随着欧日关系由冷战时期同属西方阵营的同盟关系向全球性伙伴关系的转变,共同价值观和共同原则的提法已在双方官方话语中牢固确立。二是欧日战略伙伴关系持续趋近并建立了稳定和成熟的国际双边合作,双方关系没受到国际局势和地区局势影响产生大幅波动。三是双方对话中涉及价值观、安全等高级政治的对话日益显著,对印太区域和平与安全问题的关注度也在持续增加。新兴国家崛起使得欧日整体实力相对衰弱,如何应对新兴国家崛起的议题也逐渐成为双方双边交流中重要议题之一。四是在美国同盟体系下加强价值观议题的协同。美国拜登政府上台以后,拜登政府强调基于价值的联盟并相继召开两次"民主峰会"。在最近几届欧日首脑峰会上,欧盟和日本一直强调在共同的价值观和规则基础上团结合作,包括自由、人权、民主、法治、自由与公平的贸易、有效的多边主义和基于规则的国际秩序。

注　释

1. 李德顺:《价值论——一种主体性的研究(第 3 版)》,中国人民大学出版社 2013 年版,第 2 页。

2.《中国大百科全书·哲学Ⅰ》,中国大百科全书出版社 1987 年版,第 345 页。

3. 张汝伦:《〈存在与时间〉释义》(第一卷),上海人民出版社 2012 年版,第 270 页。

4. [德]马丁·海德格尔:《存在与时间》(修订译本),陈嘉映、王庆节合译,熊伟校,陈嘉映修订,生活·读书·新知三联书店 2014 年版,第 78—80 页。

5. [美]梯利著,伍德增补:《西方哲学史》(增补修订版),葛力译,商务印书馆 2015 年版,第 65—67 页;梁鹤年:《西方文明的文化基因》,香港中和出版有限公司 2018 年版,第 29 页。

6. 李德顺:《价值论——一种主体性的研究(第 3 版)》,中国人民大学出版社 2013 年版,第 28、52 页;《中国大百科全书·哲学Ⅰ》,中国大百科全书出版社 1987 年版,第 344 页。

7. 张汝伦:《〈存在与时间〉释义》(第一卷),上海人民出版社 2012 年版,第 269—270 页。

8. 袁贵仁:《价值观的理论与实践》,北京师范大学出版社 2006 年版,第 1 页;李剑锋:《价值:客体主体化后的功能和属性》,陕西师范大学出版社 1988 年版,第 78—83 页。

9. 方东美:《中国人的人生观》,冯沪祥译,台北幼狮文化事业公司 1988 年版,第 13—14 页。

10.《关于费尔巴哈的提纲》,载《马克思恩格斯文集》第 1 卷,人民出版社 2011 年版,第 499—506 页;《德意志意识形态》,载《马克思恩格斯文集》第 1 卷,人民出版社 2011 年版,第 512—526 页。

11. [德]黑格尔:《小逻辑》,贺麟译,商务印书馆1980年版,第281页。

12.《周国平文集》(第4卷),陕西人民出版社1996年版,第4页。

13.《〈政治经济学批判〉序言》,载《马克思恩格斯文集》第2卷,人民出版社2011年版,第591—592页。

14. 张汝伦:《〈存在与时间〉释义》(第一卷),上海人民出版社2012年版,第270—271页。

15. 同上书,第271页。

16. [德]马丁·海德格尔:《存在与时间》(修订译本),陈嘉映、王庆节合译,熊伟校,陈嘉映修订,生活·读书·新知三联书店2014年版,第80页。

17. 李德顺:《价值论——一种主体性的研究(第3版)》,中国人民大学出版社2013年版,第53页。

18.《中国大百科全书·哲学Ⅰ》,中国大百科全书出版社1987年版,第345页。

19. 李德顺:《价值论——一种主体性的研究(第3版)》,中国人民大学出版社2013年版,第61页。

20.《秉持包容精神,就不存在"文明冲突"——习近平在联合国教科文组织总部的演讲》,《人民日报》2014年3月28日,第2版。

21. 任晓:《论国际共生的价值基础——对外关系思想和制度研究之三》,《世界经济与政治》2016年第4期,第20页。

22.《〈政治经济学批判〉序言》,载《马克思恩格斯文集》第2卷,人民出版社2011年版,第592页。

23. 李德顺:《价值论——一种主体性的研究(第3版)》,中国人民大学出版社2013年版,第67页。

24.《中国大百科全书·哲学Ⅰ》,中国大百科全书出版社1987年版,第343页。

25. 李德顺:《价值论——一种主体性的研究(第3版)》,中国人民大学出版社2013年版,第137页。

26. 萧前、李秀林、汪永祥主编:《历史唯物主义原理》(第三版),北京师范大学出版社2012年版,第186—187页。

27.《习近平:共担时代责任　共促全球发展——在世界经济论坛2017年年会开幕式上的主旨演讲》,中国网,2017年1月18日,http://www.china.com.cn/opinion/theory/2017-01/18/content_40126943.htm.

28.「世界との対話『価値観外交』の可能性」、http://www.gfj.jp/j/dialogue/20131029.pdf.

29. 熊炜、姜昊:《"价值观外交":德国新政府的外交基轴?》,《国际问题研究》2022年第1期,第105—124页。

30. J. Galtung, *The European Community：A Superpower in the Making*, London：Allen & Unwin, 1973, p.33.

31. I. Manners, "Normative Power Europe：A Contradiction in Terms," *Journal of Common Market Studies*, Vol.40, No.2, 2002, pp.235—258.

32. I. Manners, *The Constitutive Nature of Values，Images and Principles in the European Union*, 2006, pp.32—38.

33. 陈志敏、古斯塔夫·盖拉茨:《欧洲联盟对外政策一体化——不可能的使命?》,时事出版社2003年版,第324页。

34. I. Manners, "Normative Power Europe：A Contradiction in Terms?" *Journal of*

Common Market Studies，Vol.40，No.2，2002，pp.235—258；I. Manners，"Normative Power Europe Reconsidered：Beyond the Crossroads，"*Journal of European Public Policy*，Vol.13，No.2，2006，pp.182—199.

35. 宋黎磊：《欧盟周边治理中的睦邻政策研究》，上海人民出版社 2011 年版，第 9—19 页。

36. Jan Orbie，"Civilian Power Europe：Review of The Original and Current Debates，"*Cooperation and Conflict*，Vol.41，No.1，2006，pp.123—128；Ian Manners，"Normative Power Europe：A Contradiction in Terms?" *Journal of Common Market Studies*，Vol.20，No.2，2002，pp.235—258；Richard Whitman，*From Civilian Power to Superpower? The International Identity of the European Union*，London：Palgrave Macmillan，1998；Joachim Koops and Gjovalin Macaj，*The European Union as a Diplomatic Actor*，London：Palgrave Macmillan，2015；Thilo Bodenstein and Achim Kemmerling，"The European Union as a Collective Actor：Aid and Trade in African Public Opinion，"*Development Policy Review*，Vol.35，No.4，2017，pp.567—586；Ramon Pacheco Pardo，"Normal Power Europe：Non-proliferation and the Normalization of EU's Foreign Policy，"*Journal of European Integration*，Vol.34，No.1，2012，pp.1—18.

37. Francesco Giumelli，Fabian Hoffmann and Anna Książczaková，"The When，What，Where and Why of European Union Sanctions，"*European Security*，Vol.30，No.1，2021，pp.1—23.

38. Henry Farrell and Abraham Newman，"Weaponized Interdependence：How Global Economic Networks Shape State Coercion，"*International Security*，Vol.44，No.1，2019，p.78.

39. H. Yoshimatsu，"Identity，Policy Ideas，and Asian Diplomacy：Japan's Response to the Rise of China，"*International Area Studies Review*，Vol.15，No.4，2012.

40.「世界との対話『価値観外交』の可能性」，http://www.gfj.jp/j/dialogue/20131029.pdf。

41. 長史隆「日米関係における『価値観の共有』1973—1976 年—冷戦変容期における同盟の基盤—」，『年報政治学』2016 年 2 月号，312—333 頁。

42. Yoshihide Soeya，"Prospects for Japan as a Middle Power，"*East Asia Forum Quarterly*，Vol.5，No.2，2013.

43. B.B. Barber，"Strategizing Asia：Japan's Values-Based Diplomacy amid Great Powers' Competing Visions for Broader Asia，"*Japan Studies Review*，Vol.24，No.1，2020，pp.3—34.

44. 植竹史雄「混迷する世界における日本の重要性〜基本的価値の担い手として」，https://jimin.jp-east-2.storage.api.nifcloud.com/pdf/involved/campaign/17-3.pdf。

45. Y. Hosoi，"Japan-EU Relations after World War II and Strategic Partnership，"*Asia Europe Journal*，Vol.17，No.3，2019，pp.295—307.

46. J.D. Brown，"Japan's Values-Free and Token Indo-Pacific Strategy，"*The Diplomat*，Vol.30，2018.

47. K. Jimbo，"The Rise of China and Japan's Foreign Policy Reorientation，"*China's Power and Asian Security*，Routledge，2014，pp.249—264.

48. 神保謙「日本外交と『価値』をめぐる展開：『価値の外交』・『自由と繁栄の弧』を回顧して」，Keio SFC journal，Vol.18，No.1，2018，pp.62—83.

49. 麻生太郎「『自由と繁栄の弧』をつくる——広がる日本外交の地平」、http://www.mofa.go.jp/mofaj/press/enzetsu/18/easo_1130.html。

50.「平成 19 年版外交青書」、https://www.mofa.go.jp/mofaj/gaiko/bluebook/2007/pdf/pdfs/1.pdf。

51.［日］中曽根康弘:《21 世纪日本的国家战略》,联慧译,海南出版社 2004 年版。

52.「世界との対話『価値観外交』の可能性」、http://www.gfj.jp/j/dialogue/20131029.pdf。

53. 神保謙「日本外交と『価値』をめぐる展開:『価値の外交』・『自由と繁栄の弧』を回顧して」、Keio SFC journal, Vol.18, No.1, 2018, pp.62—83.

54. P. Midford, "Abe's Pro-active Pacifism and Values Diplomacy: Implications for EU-Japan Political and Security Cooperation 1," in *The EU-Japan Partnership in the Shadow of China*, Routledge, 2018, pp. 40—58.

55. Balazs Kiglics, "Japan's Asia-Pacific Diplomacy in the Twenty-First Century: Empty Rhetoric or a New Paradigm?" From Asia-Pacific to Indo-Pacific, Springer, 2022, pp.115—142.

56.「第二百十一回国会における岸田内閣総理大臣施政方針演説」、https://www.kantei.go.jp/jp/101_kishida/statement/2023/0123shiseihoshin.html。

57. "22nd EU-Japan Summit Joint Press Statement", http://www.euinjapan.jp/en/resources/news-from-the-eu/news2014/20140507/210016/, last accessed on 15 June 2017.

58. "23rd Japan-EU Summit Joint Press Statement", http://www.euinjapan.jp/en/resources/news-from-the-eu/news2015/20150529/194003/, last accessed on 15 June 2017.

59. "24rd Japan-EU Summit Joint Press Statement," http://www.consilium.europa.eu/en/press/press-releases/2017/07/06/eu-japan-summit-statement/#.

60. Press Remarks by President of the European Council Herman Van Rompuy following the 22nd EU-Japan Summit, Brussels, EUCO102/14, Presse 275, PR PCE92, May 7, 2014.

61. "Remarks by President Donald Tusk at the Press Conference following the EU-Japan Summit in Tokyo", http://www.consilium.euro-pa.eu/en/press-releases/2015/05/29-tusk-remarks-press-conference-eu-japan-summit.

62. "Japan-EU EPA," http://www.mofa.go.jp/files/000013835.pdf.

63. 日本首相官邸『内閣総理大臣談話』、2015 年 8 月 14 日、http://www.kantei.go.jp/jp/topics/2015/150814danwa.pdf。

64. 細谷雄一『安保論争』、ちくま新書 2016 年、85、155、160 頁。

65. "Elements for a new EU strategy on China," 22 June, 2016, http://eeas.europa.eu/archives/docs/china/docs/joint_communication_to_the_european_parliament_and_the_council_-_elements_for_a_new_eu_strategy_on_china.pdf.

66. L. Odgaard and S. Biscop, "The EU and China: Partners in Effective Multilateralism?" in D. Kerr and L. Fei eds., *The International Politics of EU-China Relations*, New York: Published for the British Academy by Oxford University Press, 2007, p.61.

67. Ibid.

68. 宋黎磊、陈志敏:《中欧对软实力概念的不同认知及对双边关系的影响》,《欧洲研究》2011 年第 2 期,第 46 页。

69. EUROPEAN COMMISSION. EU-China: A strategic outlook [R/OL]. 2019:

1. Available at：https：//ec. europa. eu/commission/news/eu-china-strategic-outlook-2019-mar-12_ en.

70. European Commission，"Commission Delegated Regulation（EU）2022/1 of 20 October 2021 amending Regulation（EU）2021/821 of the European Parliament and of the Council as regards the list of dual-use items"，October 20，2021，https：//eur-lex. europa. eu/legal-content/EN/ALL/?uri＝CELEX%3A32022R0001.

71. 参见 The White House，"U. S.-EU Trade and Technology Council Inaugural Joint Statement，"September 2，2021，https：//www. whitehouse. gov/briefing-room/statements-releases/2021/09/29/u-s-eu-trade-and-technology-council-inaugural-joint-statement/；The White House，"U. S.-EU Joint Statement of the Trade and Technology Council，"December 5，2022，https：//www. whitehouse. gov/briefing-room/statements-releases/2022/12/05/u-s-eu-joint-statement-of-the-trade-and-technology-council/；The White House，"FACT SHEET：U. S.-EU Trade and Technology Council Advances Concrete Action on Transatlantic Cooperation，"December 5，2022，https：//www. whitehouse. gov/briefing-room/statements-releases/2022/12/05/fact-sheet-u-s-eu-trade-and-technology-council-advances-concrete-action-on-transatlantic-cooperation/；刘宏松、陈荒拓：《欧盟参与美欧贸易与技术委员会的目标与困境》，《德国研究》2022 年第 4 期，第 38—39 页。

72. 董礼胜、董彦：《战后日本与欧盟关系发展演变的概述及分析》，《欧洲研究》2007 年第 4 期，第 110—124 页。

73. 陈静静、张勇：《国际秩序变革与欧日战略接近》，《欧洲研究》2021 年第 2 期，第 52—81 页。

74. 鶴岡路人「日英，日仏の安全保障・防衛協力—日本のパートナーとしての英仏比較—」，『防衛研究所紀要』2016 年 1 月号、147—178 頁。

75. Yuichi Hosoya，"Japan's Two Strategies for East Asia：The Evolution of Japan's Diplomatic Strategy，"*Asia-Pacific Review*，Vol.20，No.2，pp.146—156.

76. 青野利彦「国際政治のなかの同盟」，『国際政治』2022 年 3 月号、5 頁。

77. Yoshihide. Soeya，"Prospects for Japan as a Middle Power，"*East Asia Forum Quarterly*，Vol.5，No.2，2013.

78. J.D. Brown，"Japan's Values-free and Token Indo-Pacific strategy，"*The Diplomat*，Vol.30，2018.

79. Jeff Kingston，"The Emptiness of Japan's Values Diplomacy in Asia，"*The Asia-Pacific Journal*，Vol.18，2020，pp.1—23.

80. Karol Zakowski，"Values or Interests？Japan's Relations with European Countries under the Abe Administration，"*Power Shifts in East Asia and Their Implications for Asia-Europe Relations*，Wydawnictwo Uniwersytetu Łódzkiego，2019.

81. Yoshihide Soeya，"Prospects for Japan as a Middle Power，"*East Asia Forum Quarterly*，Vol.5，No.2，2013.

82. Karolz Zakowski，"Values or Interests？Japan's Relations with European Countries under the Abe Administration，"*Power Shifts in East Asia and Their Implications for Asia-Europe Relations*，Wydawnictwo Uniwersytetu Łódzkiego，2019.

83. 欧盟的全球人权制裁机制主要依托《对严重侵犯和迫害人权之行为采取限制性措施的决定》(Concerning Restrictive Measures Against Serious Human Rights Violations And Abuses)与《对严重侵犯和迫害人权之行为采取限制性措施的条例》(Concerning Re-

strictive Measures Against Serious Human Rights Violations And Abuses）等欧盟法律，它们共同构成了新的欧盟全球人权制裁制度（EUGHRSR）。

84. Council of the European Union，"EU Action Plan on Human Rights and Democracy 2020—2024，" November 18，2020，https：//www. consilium. europa. eu/media/46838/st12848-en20.pdf ♯：～：text ＝ The％20EU％20action％20plan％20on％20human％20rights％20and，for％20Sustainable％20Development％20and％20the％20Sustainable％20Development％20Goals.

第三章

欧日的经贸合作

冷战结束后,欧日合作逐渐形成基于价值观合作为主体,安全及经济合作为两翼的"一体两翼"复合式同盟模式。在经贸合作领域,欧日希望强化双边经济合作,一方面共同巩固和提升双方在世界经济体系中的位次,另一方面为在新的全球贸易规则制定的博弈中共同掌握主导权奠定基础。欧日在这方面的合作大于分歧。经济原则上的共同价值观促使欧日通过《欧盟—日本经济伙伴关系协定》(以下简称 EPA)[1]等协议深化经济联系,促进两个地区之间的贸易和投资。在中美博弈长期化、深度化和激烈化的背景下,欧日经贸合作也越来越涉足共同针对中国的议题,且都呈现出在安全保障的侵蚀下,经济议题越来越趋于"泛安全化"势头的特征。总体上欧日对华的认知在大方向上较为一致,但在落实上尚存在细微的差距。

第一节 欧日签署 EPA 的动因、过程及特征

一、欧日签署 EPA 的动因与过程

欧盟和日本有着经济合作的历史和牢固的双边贸易关系。双方共同努力促进两国贸易、投资和经济一体化。具体而言,日

本和欧盟约占世界人口的 10％,占全球国内生产总值的约 25％。
欧盟是日本第三大贸易伙伴,占日本进出口总额的 10％,仅次于
中国和美国,位居第三。欧盟是日本第一大投资来源国,日本对欧
盟投资排名第二。因此,双方通过签署包含投资章节的 EPA 来加
深彼此的商业与经济联系应是顺理成章之事。但实际上,签订
EPA 的动力很大程度上来自外部压力。以日本为例,这个外部动
因主要包括中国、美国和韩国。日本需要利用自由贸易协定——
就像它过去利用外国压力(日语中的"gaiatsu")一样——来迫使
日本经济实现艰难的结构性变革,如取消非关税措施。[2]

日本对外贸易政策长期奉行全球贸易主义,对区域性的自
由贸易协定意兴阑珊。总体而言,这种方针直到进入 21 世纪后
才逐步改变,尤其是安倍第二次执政期间,日本在区域性自由贸
易协定方面实现了一系列重大突破。最初刺激日本改弦更张的
是中国与东盟开始的自由贸易协定谈判,之后日本开始启动与
新加坡等东盟国家的 EPA 谈判。[3]2002 年,日本政府出台了《日
本的 FTA 战略》,2010 年和 2013 年又分别出台了《关于综合性
经济合作的基本方针》和《日本复兴战略》,明确提出不但要与世
界主要贸易国建设高水平的自由贸易协定[4],还要在亚太地区构
筑由日本主导的经贸规则,使其成为全球贸易投资规则制定的
重要参与者。[5]话虽如此,但实际推进情况并不如人意,囿于农业
等利益集团的强力阻挠,日本对外开放市场相当谨慎,导致安倍
第二次执政伊始,其对外缔结的双边或多边 EPA 仅占日本对外
贸易总额的 23％,且与中美欧三大贸易伙伴均未缔结自由贸易
协定。[6]此外,日本对外缔结的 EPA 的自由化率均较低,远远达
不到"高水平"这个要求。[7]

众所周知,现阶段由日本主导的"全面进步的跨太平洋伙伴

关系协定"(Comprehensive and Progressive Agreement for Trans-Pacific Partnership，CPTPP)，其前身是 TPP。这个由美国主导的号称综合性高水平、21 世纪新型 FTA 代表的跨区域自由贸易协定凝结了奥巴马主政时期，美国强化安全同盟和重建国际规则的巨大战略野心。随着多哈回合贸易谈判延宕多年未果，在既有国际贸易框架难有建树的背景下，以美国为首的发达经济体阵营开始另辟蹊径，意图重新引领全球贸易谈判议程，并在新一轮贸易规则建章立制的过程中取得主导权。从谈判内容上看，随着贸易自由化与投资保护、国际税收、环境保护等一系列议题日益紧密地交织在一起，美欧等发达经济体喊出要构筑全面的、高水平的和开放性的 21 世纪新型自由贸易协定的口号。这意味着，新一轮的贸易谈判不仅要纳入促进互相间关税减免和市场准入等内容，还要涉及消除市场监管体系的差异和建设高标准的投资保护、知识产权保护、劳工、环保等政策。

从谈判路径上看，美国擅长将国内通行的规则和法律转为区域贸易规则，再通过"区域撬动多边"的迂回手法，主导多边贸易谈判。而谈判所签署的协定在一定程度上就是一定时期内国际通行的制度规范，以美国为中心、日欧参与的西方世界的制度霸权由此建立并能加以有效维系。

具体而言，当时美国以"北美自由贸易协定"(North American Free Trade Agreement，NAFTA)为躯干，外加 TPP 谈判和"跨大西洋贸易与投资伙伴协定"(Transatlantic Trade and Investment Partnership，TTIP)谈判的两侧联动，意图在所谓新一代经贸体制中掌握主导权。而时任日本首相的安倍晋三为配合美国的战略布局，不顾国内的强烈反对于 2013 年 3 月 15 日宣布参与 TPP 谈判。受此影响，欧日也认识到，若双方自由贸易协定能够建成,无疑将成为连接美国主导的 TTIP 和 TPP 框架的关键性中间环节,对双方参与重构世界经济格局具有重大意义。以此为背景,美日欧三方借 TPP、TTIP 及欧日 EPA 这三大"巨型FTA"(mega-FTA)[8],构筑起了三大主要发达经济体之间互动的全球贸易新一轮规则制定的蓝图。

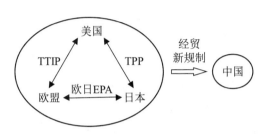

图 3.1　美国擘画经贸新规则的战略意图

显而易见,上述三大"巨型 FTA"排除了以中国为代表的新兴经济体,因此一旦达成协定,不但等同于美日欧在自由贸易协定方面完成合围,更意味着西方世界在贸易规则的建章立制方面对中国等新兴经济体确立了主导权。如时任美国总统的奥巴马在2015年度的国情咨文中所强调的那样,"如果不尽快通过美国与亚太国家的贸易协定,该地区的贸易规则可能就会由中国来制定"[9]。

在美国擘画的路径依赖中,日本的角色至关重要。TPP 从开始到完成的过程,美国要居首并发挥着战略主导作用,而日本居中,扮演着积极推动该目标实现的战略辅助角色,中国则被定位为最末的战略对象。唯有如此,才能对华形成巨大压力,让中国面临要么被孤立、要么被迫接受规则加入其中的窘境。而对当时的安倍内阁来说,TPP 被纳入"安倍经济学",其经济考量在国际层面主要是借此实质上缔结日美 EPA,提升日本商品在美国市场上的竞争力,在国内层面主要以 TPP 为倒逼机制,推动国内的经济结构改革。进一步地,安倍还希冀借此让日本成为高水平世界贸易规则的牵引者,并在当时正在进行的"区域全面经济伙伴关系协定"(Regional Comprehensive Economic Partnership, RCEP)谈判中扮演规则制定的主导者角色。[10]他曾明言,不应以单纯的经济利益来衡量 TPP 对日本国家利益的重要性,而应以更为长远、更为战略的视角来综合评估 TPP 对日本的重要意义。[11]

特朗普上台后,打出了"美国优先"的旗帜,奉行贸易保护主义和单边主义,并下令退出 TPP,停止与欧盟的 TTIP 谈判。但基于上述原因,日本一方面竭力集结美国以外的十国进行重新谈判,并在保留 TPP 核心内容基础上推出 CPTPP,以有利于日本在全球范围内树立自己是自由贸易秩序的维护者的形象;另一方面加速与欧盟 EPA 的谈判进度,使其成为日本构筑"高标准自由贸易体制"的另一支点,彰显了在美国缺位后日本意欲继续使发达经济体主导世界经贸规则的战略意图。

此外,韩国因素也是推动欧日缔结 EPA 所不可忽视的外部动因。韩国作为后起之秀,在汽车、钢铁、电子产品等众多领域也具有较强的国际竞争力,对日本产品已形成较大压力。且更为重要的是,当日本还在为推进区域性自由贸易协定踟蹰徘徊之际,韩国就已与中国、美国、欧盟等三大贸易伙伴缔结了 FTA,导致签署 FTA 的贸易额占韩国对外贸易总额的 73.2%,远超过当时日本的 23%。[12]基于此,当时日本国内的汽车、钢铁业人士就纷纷认为因韩国与中美欧缔结了 FTA,使日本企业与韩国企业的竞争处于不利状态。

传统的双边或多边 FTA 主要是为了互相开放市场,因在区内实行不同程度的自由贸易,而对外部市场实行保护贸易,使得区内的交易成本(transaction costs)随之降低,进而导致区内与区外的贸易方原有的贸易方向发生转变,产生贸易转移(trade diversion)效应。[13]但随着全球价值链的形成和商品水平位移的出现,资本的全球配置日益成为趋势,主要发达经济体的对外经济政策偏好也从为工业品寻找市场转变为保护对外投资的利益,以期加速区域价值链和供应链整合,降低交易成本和规制壁垒。以此为背景,主要发达经济体越来越青睐于将综合性、高标准的FTA视为制定新一代国际经贸规则的主要路径。[14]其内在逻辑从关注"互相开放市场"转为更加注重"互相保护资本",因而十分关注促进国际生产网络中商品、服务、资本和人员的自由流动,强调包含资本流动、对外直接投资(FDI)保护、竞争和国有企业等规则的建构。[15]

对于在经贸规则的建章立制过程中获得主导权的行为体而言,通过设定自由化率高的经贸规则而获得的规则收益,既包括经济上的"报酬递增"(increasing returns),也包括政治上的"框设效应"(framing effects),并由此产生决定新一轮经济体系的路径依赖,进而影响世界经济格局和力量对比的变化。

从经济角度而言,因FTA中生产网络的贸易流量增加而溢出的"贸易创造"(trade creation)效应会让全体参与者或多或少受惠。如发展中经济体,可借此将农产品和轻工业产品打入发达经济体的市场,并借助在人力资源等方面的优势嵌入全球价值链,从而实现"报酬递增"。[16]从政治角度而言,发达经济体围绕投资、竞争、政府采购和贸易便利化等议题进行高标准设定,本质上是为了本国的跨国资本利益,以强大的综合国力和先进的国内经济治理为后盾,有效削弱发展中经济体的政策自主权,压缩其国内政策空间,实现"框设效应"。[17]

再回到日韩的比较。据日本汽车工业协会的统计,2004年4

月韩国与智利 FTA 协议生效后,智利取消了从韩国进口汽车
6％的关税,使得韩国出口至智利的汽车激增,到 2007 年达到 7.5
万台,首次超过了日本在智利市场上的份额。2007 年 9 月,当日
本与智利 EPA 生效后,其份额随即于 2008 年又超过韩国。铃木
汽车会长兼社长的铃木修因而表示:"日本企业在国际上只有与
其他国家企业处于同等条件才有竞争力。"而由于韩国在自由贸
易协定方面远远领先于日本,日本在该领域的优势不断被韩国
赶超。如 2008 年,日本每年对外出口汽车 673 万台,但其中与韩
国缔结 FTA 的国家占了 80％。2011 年,韩国 FTA 对象的汽车
市场规模是 4 100 万台,但与日本签署 EPA 的对象汽车市场仅
810 万台。实际上因为 FTA 的缘故,2008 年的韩国汽车世界市
场占有率为 5.1％,到 2010 年已经上升至 7.7％。[18]

　　而根据欧盟—韩国自由贸易协定,韩国企业在欧盟获得的
市场准入对强大的日本商业利益构成了挑战,特别是那些在欧
洲电子和汽车市场与韩国企业直接竞争的企业,日本企业在欧
盟市场上只享受最惠国税率,因此与韩国企业相比处于明显劣
势,韩国企业到 2016 年在欧盟市场内将不再为乘用车、汽车零
部件、通用机械、电机和化工产品缴纳任何关税。日本商品面临
关税从 3％到 22％不等。日本主要商界领袖(以及代表他们的组
织)表示,担心非常全面的欧盟—韩国自由贸易协定对他们来之
不易的欧洲市场构成直接威胁。这些日本工业(特别是电子、汽
车及相关工业)的领导者是商业游说团体、经济团体联会或日本
经济团体联合会的主要成员。他们普遍认为二战后,许多日本
电子和汽车公司在欧洲面临着巨大的市场壁垒,几十年来一直
在努力争取市场准入。[19]早在 2006 年,日本经济团体联合会敦促
日本政府就欧盟与日本的贸易协定进行谈判。他们呼吁达成更

广泛、更深入的经济伙伴关系协议,以努力解决全球问题,同时敦促领导人挽救世贸组织多哈回合。[20]他们与欧洲合作伙伴建立了牢固的贸易关系,同时构建了满足欧盟法规的复杂供应网络,涵盖直接投资。欧盟—韩国自由贸易协定导致日本对欧贸易的利润率大幅下滑。

进一步地,日本企业当时尚未在欧盟建立广泛的生产基地,欧盟竞争产品的关税税率相对较高(液晶电视为 14%,汽车为 10%)。防止与韩国竞争对手的价格劣势是日本寻求与欧盟达成类似贸易协定的主要动机。2007 年 5 月韩国与欧盟开始谈判的第二天,日本经济团体联合会呼吁建立日本—欧盟 EPA。概言之,韩国通过推行自由贸易协定战略,使其成为东北亚“经济中心”。[21]欧盟与韩国的 FTA 谈判是在韩美谈判之后开始的,但它是在韩美 FTA 之前完成并批准的。欧盟—韩国自由贸易协定以及韩国自由贸易协定的批准“给日本和亚洲其他国家带来了巨大冲击”[22]。韩国与美国和欧盟积极争取签订自由贸易协定的一系列努力,为欧盟和日本达成新的贸易协定创造了所谓“黄金时刻”[23]。

但需要指出的是,欧盟认为与日本签订贸易协定并不利己,之前并没有回应日本的要求。2009 年向欧盟出口的汽车中,韩国汽车占 12%,日本汽车占 36%。由于欧盟对日本商品(主要是电子和汽车行业)仅征收少量关税,欧洲人认为,如果取消对拥有混合动力汽车等先进绿色技术的日本汽车的关税,将对欧洲同类汽车构成威胁。随着欧盟对日本贸易逆差的正常化,大约 70% 的欧盟出口产品已经实现了零关税,因此欧盟认为与日本签订自由贸易协定的好处很小。[24]

自 2010 年 10 月日本首次表现出对 TPP 的兴趣后[25],欧盟的态度才开始发生变化。欧盟对放宽非关税壁垒的监管感兴趣,因为非关税壁垒的监管被视为欧洲对日本投资水平低的主要原因之一。这也是欧盟几十年来一直寻求的目标,欧盟希望能够参与日本政府采购投标,希望日本放宽或取消国内监管。尽管双方同意2001年欧盟—日本行动计划,共同努力建立更牢固的关系,但在这一问题上没有取得切实成效。[26]欧盟对日本商品(主要是电子和汽车行业)仅征收少量关税,因此太大的回旋余地迫使日本企业考虑难以取消的非关税壁垒(NTB)。关税措施(NTM)中的测试要求或程序似乎采用了延迟作为策略。这被视为为了让竞争对手有时间赶上市场领导者。例如,欧盟抱怨日本的一些医疗和药品要求强制进行重复测试,在欧盟看来,这些测试没有逻辑上的科学目的。哥本哈根经济公司是一家研究非关税措施影响的咨询公司,发现与其他行业相比,日本在药品领域的非关税措施数量特别多,并估计它们相当于22%的关税。[27]

此外,欧盟担心作为世界第三大消费市场的地位正在下滑。与日本达成协议将加强其旨在刺激欧盟增长和提高竞争力的"全球欧洲"战略。[28]因为在与韩国的谈判中,欧盟能够利用韩美谈判在农业领域取得进展的机会,同时继续推行其刺激贸易、创新和投资的全球欧洲战略。[29]基于此,在2010年的第19届欧盟—日本峰会上,日本欧洲商业委员会与经济团体联合会一起呼吁达成经济一体化协议。2011年,在第20届日本—欧盟峰会上,双方做出了一项关键决定,将贸易与其他问题分开,并就《欧盟—日本战略伙伴关系协定》(以下简称SPA)和EPA进行并行谈判。[30]

上述的决定大大加快了欧日谈判的步伐,双方于2011年5月达成协议并开始范围界定工作。2012年7月发布了影响评估,双方批准后,正式谈判于2013年3月23日开始。与TPP谈判相仿,日欧因在上述领域的分歧较大,导致双方谈判延宕日久。但在 2016 年 TTIP 谈判中断和 2017 年特朗普政府宣布退出 TPP 之后,双方意欲树立作为维护自由贸易秩序旗手的形象,反而加快谈判步伐,2016 年 11 月,新成立的欧盟—日本 EPA 工作组首次将双方相关的部长级官员聚集一处,以促进相关部委之间的密切协调,考虑尽早结束谈判。双方宣称要根据自由、开放、公平的贸易规则,建立一个高标准的自由贸易区,并在公平贸易和投资规则等领域为 21 世纪的经济新秩序树立典范,并最终在 2018 年 7 月 17 日签署协定(2019 年 2 月 1 日正式生效)。

二、欧日 EPA 的特征分析

欧日 EPA 共分二十三章[31],内容除货物贸易外,还涉及原产地规则、政府采购、国有企业、知识产权等众多领域。在服务贸易领域,涵盖邮政和快递服务、电信、国际海运服务、金融服务和商务人员的临时流动等内容。其中商务人员的临时流动达到了欧盟迄今最高标准,涵盖了所有传统类别和新类别,以支持双向投资。此举目的是确保欧盟邮政和快递服务供应商与日本邮政之间的平等竞争。

在国有企业方面,国有企业在商业市场上进行经营时,将不允许以与日本同行不同的方式对待欧盟公司、服务或产品,以确保公私营公司之间的公平竞争。在政府采购方面,欧盟公司将能够与日本企业平等参与日本 48 个“核心城市”采购招标,居民人数在 30 万—500 万人。该协议还消除了铁路行业现有的采购障碍。在公司治理方面,基于 G20/OECD 的公司治理原则,反映了欧盟和日本的最佳实践和规则。双方承诺遵守关键原则和目标,如披露上市公司信息;管理层对股东的问责性;基于客观和独立的立场进行负责任决策;有效和公正地行使股东权利;透明和公平的收购交易。在贸易和可持续发展方面,确立了劳动、安全、环保和消费者保护的最高标准;加强欧盟和日本在可持续发展和气候变化方面的行动,全面保障公共服务。在反欺诈条款方面,使欧盟有可能在欺诈和拒绝合作的情况下撤销关税优惠,同时确保合法贸易商不受到不利影响,目的是防止滥用优惠关税待遇。[32]

对日本来说,与欧盟达成经济协议的主要兴趣源于其具有全球竞争力的汽车和汽车零部件可能扩展到欧洲市场。具体而言,日本要求取消欧盟对日本汽车、通用机械、电机和化工产品的关税(3%至22%);消除人员流动等障碍;提高透明度和法规的运作。欧盟方面,优先事项是:消除非关税壁垒/措施针对特定项目(例如汽车、药品、医疗器械和食品添加剂);改善公共采购的机会,特别是铁路、电力和天然气;并实施地理标志(GI)。而对欧盟而言,主要诉求是日本应在农业领域做出更大让步。

欧日 EPA 不但是欧日双方迄今为止各自缔结的规模最大、最全面的经济协议之一,也是世界上规模最大的自由贸易协定之一,其规模可以和 TPP、RCEP 相提并论。因此从经济规模看,它也可以毫无疑问地被纳入"巨型 FTA"的范畴。

因为众所周知的原因,TPP 和 TTIP 现阶段都被束之高阁了。日本主导的 CPTPP 仅占世界经济总量的 13.5%,即使纳入了英国,其规模和影响力也远不能与 RCEP、欧日 EPA 等量齐观。但相比之下,欧日 EPA 在综合性、高标准等方面又要远胜于 RCEP,因此其重要意义不言而喻。根据协定,相比自由化率90% 左右的 RCEP,在欧日 EPA 中,日本约 94%(工业品 100%,农产品 82%)的商品对欧盟分阶段免除关税,而欧盟约 99%(工业品 100%,农产品 98%)的商品对日本分阶段免除关税。[33]

表 3.1 TPP、RCEP、欧日 EPA 及 TTIP 的经济、人口规模

	GDP		人口（亿）
	总量（万亿美元）	占世界比重	
TPP	28.0	36.3％	8.0
RCEP	22.6	29.2％	34.5
欧日 EPA	23.1	29.9％	6.3
TTIP	35.9	46.5％	8.2

注：表中数据均为 2014 年的数据。
资料来源：内田聖子「メガFTAの現実—メガFTAの行方とあるべき貿易ルールへの模索—」、岡田知弘・自治体問題研究所編『TPP・FTAと公共政策の変質』、自治体研究社、2017 年、21 頁。

表 3.2 欧日 EPA 中主要商品的关税减免情况

	种 类	现行税率	生效后情况
日对欧进口	葡萄酒	15％或 125 日元/公升	立即实现零关税
	猪肉	普通猪肉：482 日元/公斤 高级猪肉：4.3％	10 年内逐步降低
	意大利面	30 日元/公斤	10 年后实现零关税
	巧克力	10％	10 年后实现零关税
	奶酪	29.8％	新设 3.1 万吨的进口额度。在额度范围内，关税在 15 年后实现零关税
	皮包、皮鞋等	最高 30％	10 年后（皮包）、15 年后（皮鞋）实现零关税
日对欧出口	汽车	10％	7 年后实现零关税
	汽车零部件	3％—5％	92％的种类立即实现零关税
	电子产品	最高 14％	91％的种类立即实现零关税
	日本酒	10 日元（0.077 欧元）/公升	立即实现零关税

资料来源：「日欧 EPA 署名 米なきFTA 保護主義の対抗軸に」、『日本経済新聞』2018 年 7 月 18 日。

进一步地，欧日 EPA 旨在消除两个地区之间的贸易和投资壁垒，提供更大的市场准入并创造新的商机，并在未来世界经济

贸易的建章立制过程中掌握主导权。因此有学者认为,欧日EPA 的真正价值应在于其促进欧盟和日本共同规范的潜力,包括可持续发展(保护环境、促进绿色增长)、劳工权利、行动自由、农业(包括非转基因商品)、知识产权保护、政府采购,甚至国有企业。在这方面取得进展将为其他国家制定并最终被遵循的标准,从而符合双方的长期经济和政治利益。根据欧盟委员会的估计,欧盟对日本的出口预计将增长 32.7%,而日本对欧盟的出口可能会增长 23.5%。[34]

具体而言,基于 EPA 经贸合作框架,欧盟与日本经济合作围绕以下关键方面开展:(1)关税削减:EPA 取消或降低了欧盟和日本之间交易的多种商品和服务的关税。这有助于促进贸易流动并增加两个地区企业的市场准入;(2)非关税壁垒:欧盟和日本也一直在努力解决非关税贸易壁垒,例如技术法规和标准。EPA 包括促进监管合作和减少不必要的贸易壁垒的条款;(3)投资:欧盟和日本在彼此市场上都有大量外国直接投资(FDI)。EPA 包括保护和促进投资的条款,为企业提供更加可预测和安全的环境;(4)监管合作:欧盟和日本一直在汽车、制药和医疗器械等多个领域开展监管合作。此次合作旨在协调法规和标准、减少重复要求并促进贸易和投资;(5)研究与创新:欧盟和日本也在研究与创新领域开展合作。双方建立了联合倡议和计划,以促进清洁能源、信息和通信技术以及先进制造等领域的合作;(6)可持续发展:欧盟和日本对可持续发展有着共同的承诺,并一直在环境和气候变化问题上进行合作。这包括促进清洁技术、可再生能源以及贸易和投资方面的可持续做法。

在欧日 EPA 中,受益的欧盟行业是制药、食品/饮料/烟草和机动车辆。在欧盟服务业中,批发贸易将从中受益。欧盟在机械、计算机编程和娱乐方面将受到轻微负面影响。对于日本来说,最大的收益将是计算机和电子行业,汽车和机械行业也将获得一些收益。药品和批发贸易可能会遭受损失,而农产品行业可能会遭受一些适度损失。总体而言,福利收益是巨大的。该协议还表明双方已就"基于规则和合作的开放的全球贸易秩序"的重要性达成一致。[35]

最后值得一提的是,欧日 EPA 谈判是双方战略性双轨谈判的一部分。[36]换言之,欧日双方为深化合作,促进共同繁荣,提升战略潜力的基础,在开启 EPA 谈判的同时,也启动了涵盖政治对话、区域和全球挑战应对合作,及部门间合作等一揽子合作框架的 SPA 谈判(2018 年 7 月完成谈判,2019 年年初生效)。[37]而作为欧盟贸易外交的一个关键特征,欧盟通常要求第三国签署此类协议作为自由贸易协定的先决条件。对欧盟来说,这些政治协议是在防扩散、安全、能源、海运、航空服务、科学技术等领域发展基础广泛、互利合作的工具。其中包括与人权有关的政治条款;民主和法治;不扩散大规模毁灭性武器;反恐;国际刑事法院;以及小武器和轻武器。从本质上讲,政治协议构成了欧盟试图利用进入其大市场的吸引力作为经济杠杆来获得政治让步的正式方式,包括对人权和国际法的承诺等。[38]

第二节　欧日 EPA 的成效与影响分析

自 2019 年 2 月 1 日 EPA 生效后,欧日双方总体上经贸伙伴关系持续稳固,经贸数据一直向好。但因为新冠肺炎疫情肆虐之故,2020 年的经贸总额远低于 2019 年。进入 2021 年后,止跌回升,远远好于上一年的水平,但依旧达不到 2019 年的标准。

2022 年 3 月 25 日,欧日成立 EPA 联合委员会,讨论了在贸易和投资事务以及日本对某些类别的欧盟农产品的市场准入等问题。双方还一致同意,将以欧日 EPA 作为基础,维护和加强基于规则的自由和公平的国际经济秩序,并建议双方通过高层对话进一步加强经济合作。

2022 年 10 月 25 日,欧盟与日本举行第二次高级别经济对话(HLED),议程包括当前的贸易挑战、世贸组织第十二届部长级会议的后续行动以及可持续金融。会议确认了欧盟与日本在关键经济和地缘政治挑战方面的战略一致性。部长和欧盟委员在对话中讨论了欧盟—日本经济政策合作、可持续金融、解决公平竞争环境和经济安全问题的合作,以及全球贸易挑战,日本还要求欧盟早日取消对日本福岛等地食品的进口限制措施。[39] 受上述因素影响,据欧盟方面统计,2022 年欧盟来自日本的货物进口总额为 698 亿欧元,比 2021 年增长 11.9%,2022 年欧盟货物出口到日本总额为 715 亿欧元,比 2021 年增长 14.9%。[40]

如前所述,因为美国自特朗普开始奉行单边主义的经贸政策,这直接导致谈判数年的 TTIP"处于冰冻状态"。[41] 但经过学者测算,即使 TTIP 生效,其对欧盟 GDP 的效用也只是增加 0.5%,而不如欧日 EPA 的 0.8%。[42]

受欧日 EPA 的正面影响,欧日在 WTO 改革和数字化领域也取得了良好的合作。欧洲投资银行(EIB)、欧盟银行和日本国际协力银行(JBIC)已同意在全球范围内进一步扩大一系列全球相关投资的合作。在投资方面,早在 2018 年,两家机构便签署了谅解备忘录,2021 年 10 月两家银行扩大了此前签署的初步谅解备忘录,欧洲投资银行、欧盟银行和日本国际协力银行同意进一步扩大全球范围内一系列全球相关投资的合作。具体如下:基

础设施连接(运输、能源和数字化)和有助于欧盟碳中和的项目
的共同融资机会,例如海底互连、海上风电计划、电池存储设施
和氢技术开发。在亚洲、非洲和欧盟邻国,EIB 和 JBIC 已同意就
互联互通(交通、能源和数字)项目的共同融资开展合作。两家
银行还将在全球范围内合作开发与实施联合国可持续发展目标
(SDG)相关的创新项目,包括投资可持续海洋项目和防止海洋
污染。

此外,欧洲投资银行(EIB)又和日本国际协力机构(JICA)于
2023 年 3 月 10 日在东京签署谅解备忘录,该备忘录是欧洲投资
银行与日本国际协力机构于 2019 年签署的谅解备忘录的续签,
将进一步深化两个机构之间的合作,支持欧盟以外地区的三年
的可持续经济和社会发展。双方的合作侧重于寻找符合两个机
构目标的发展中国家项目的共同融资和共同投资机会,包括根
据 2019 年 6 月 G20 大阪峰会批准的 G20 优质基础设施投资原
则,支持能源转型和高质量基础设施投资。其他支持领域包括
加强抵御能力、小额信贷和各发展中国家认为具有共同利益的
领域。两家机构也正在评估共同感兴趣的各种项目,例如东南
亚的绿色能源和交通领域的项目。[43] 在 2023 年 6 月 27 日举行的
欧日第三次高层经济对话上,双方缔结了《欧盟—日本数字贸易
原则》,双方就与数字贸易相关的关键问题达成共识,并共同致
力于打造更为开放的数字经济,消除不合理的国际贸易壁垒。[44]

欧盟、日本和美国的三方贸易部长也于 2021 年 11 月 17 日
发布联合声明。他们已同意续签三边伙伴关系,以应对第三国
的非市场政策和做法带来的全球挑战。三方伙伴的工作重点将
放在三个领域:(1)识别非市场行为引起的问题;(2)确定现有执
法工具中的差距,需要进一步开展工作以开发新工具,以及讨论

在利用现有工具方面的合作;(3)确定在哪些领域需要进一步开展工作,以制定规则。此次会议强调了世贸组织改革的重要性,以努力建立一个自由和公平的、以规则为基础的多边贸易体系,使所有成员受益,并有助于确保所有人的共同繁荣,并重申他们将在适当时候举办第十二届世贸组织部长级会议。[45]

第三节　欧日在对华经贸政策上的异同

在冷战时期,欧日关系几乎可以跟经贸往来画上等号,因此随着双方经贸规模的扩大,经贸摩擦也时不时地浮出水面。21世纪伊始,伴随着中国的崛起,欧日经贸结构也发生了较大变化,主要体现为,原本欧日双边外贸的很大部分如机电产品等转变成日本向中国出口高附加值的零部件,再由中国组装后以成品出口欧盟,而形成日本—中国—欧盟的一种三角贸易。从全球贸易的角度而言,欧日十分担忧中国这样一个"异质性"国家会在未来世界贸易的建章立制方面居于主导地位。上述担忧导致欧日双方均有意愿在贸易规则制定的问题上形成制约中国的合力,同时欧日都积极在经济领域与中国深化合作。欧日对中国的务实经贸合作与欧日间价值观合作之间出现了分歧。

欧日联合在既有贸易规则体系下歧视中国,欧日一致同意应拒绝给予中国完全市场经济地位。因为完全市场经济地位没有被承认,对中国应对国际贸易摩擦十分不利,如中国很容易被WTO其他成员视为贸易倾销国而课以惩罚性关税。如2016年11月14日,欧盟委员会对中国无缝钢管等钢铁产品做出反倾销初裁,宣布对中国钢铁产品征收高达43.5%—81.1%的临时反倾销关税。该临时措施有效期为半年,2017年5月,欧委会做出反倾销终裁,裁定对华涉案产品征收 29.2%—54.9% 的反倾销税。2017 年 12 月 4 日欧盟理事会通过的反倾销调查新方法修正案,虽然取消了所谓"非市场经济国家名单",但引入了"市场严重扭曲"的概念,为此仍然保留了对中国实施"替代国"做法的可能性。同时日本尾随美国向欧盟施压,担心一旦欧盟在认可中国市场经济地位的问题上松动,就会对发达工业国带来连锁负面影响。[46]

虽然按照 WTO 议定书第 15 条规定,这种拒绝给予中国完全市场经济地位的规定应在中国加入 WTO 之日后的 15 年内终止。但美欧日仍然拒绝在 2016 年 12 月 11 日承认中国的完全市场经济地位。显然,其做法违反了 WTO 的规则,中国由此向 WTO 起诉。欧盟委员会试图通过改革反倾销规则为惩罚性关税创造新基础,即欧盟委员会想继续通过严格的反倾销规定保护欧盟工业企业免遭中国和其他国家廉价进口商品的冲击。因此,即使中国胜诉,获得了完全市场经济地位,但欧盟依旧可以借助国家干预扭曲价格和制造成本等说辞继续对华加征惩罚性关税,且日美等国还能够比照适用。

欧日在推动 EPA 谈判中也不乏对中国等新兴国家崛起因素的考虑。如前所述,欧日积极联合美国在新的贸易规则制定中排斥以中国为代表的新兴经济体。在奥巴马主政时期,美国以 NAFTA 为躯干,外加同亚太 11 国参与的 TPP 谈判和美欧 TTIP 谈判的两侧联动,意图在所谓新一代经贸体制中掌握主导权,并迫使中国就范,成为新规则的被动接受者。而日本首相安倍晋三为配合美国的战略布局,不顾国内的强烈反对于 2013 年 3 月 15 日宣布参与 TPP 谈判。欧日均认识到若欧日 EPA 能够建成,无疑将成为连接美国主导的 TTIP 和 TPP 框架的关键性中间环节,对于双方能够参与重构世界经济格局意义重大,遂于2013年3月25日启动自由贸易区谈判。

无论是 TPP、TTIP 还是欧日 EPA,中国皆被排除在外。美欧日战略三角想通过上述三个 FTA 谈判共同主导未来世界经贸规则制定的战略意图是昭然若揭的。虽然随着美国总统特朗普宣布退出 TPP,美欧 TTIP 谈判暂停,欧日签署 EPA 的战略意图形同破功。但欧日对于推动 EPA 谈判的热情依旧高涨。对欧盟而言,第一,在贸易保护主义潮流抬头的现阶段,欧日EPA 可以在很大程度上遏制这一潮流,向世界展现欧盟维护自由贸易秩序的积极形象。第二,欧日决定在 2017 年 7 月就 EPA达成基本协议,是为了赶在英国脱欧谈判涉及实质性问题前,欧盟认为这有利于欧盟在未来的英国脱欧谈判中取得有利地位。[47]同时,欧盟希望不要继续过分倚重中欧贸易和投资关系,使得欧盟在亚洲的经济机会和增长来源多样化。第四,欧盟希望通过建立 EPA 等新一代经贸合作网络,在经济规则的设置中掌握主导权,并迫使中国就范,成为新规则的被动接受者。

相比欧盟,日本推动 EPA 谈判的意愿主要基于经济因素之外的多重考虑。第一,在日本看来,欧债危机期间,中国积极援助欧洲,与欧洲走近,一旦欧债危机缓解,经济恢复,中国将首先获益,并有可能在军事合作上与欧盟取得新的进展。此外,在中国积极推动的"一带一路"倡议中欧盟成员国可谓重要的对象,这使得日本更加疑虑重重。因此,当时的安倍内阁希望借此牵制中国在欧盟扩大影响,保持日本对欧盟的影响力。[48]第二,在美国退出 TPP 的背景下,日本正积极推动其余国家进行谈判,并于2017 年 11 月建立一个由自己主导的 TPP。但 11 国内部疑虑重重,日本认为欧日在 2017 年 7 月达成基本协议,将成为推动

TPP 谈判取得积极进展的强有力筹码。第三,中日两国在中日韩 FTA 和 RCEP 谈判中围绕商品的自由化率问题争执不下,中国强调应根据各谈判国的具体国情,由易到难、循序渐进地实现高自由化率,主张可以先签署协议,日后再分阶段地进行升级版的谈判。但日本执意要毕其功于一役,主张立即打造综合性高水平的 FTA。显然,欧日 EPA 可以被日本引为奥援,以拉拢更多的谈判国支持日本的主张。[49]

与此同时,在欧日与中国双边贸易层面,中国日益成为双方最重要的贸易伙伴,而原有的日欧贸易的重要性被日中、中欧贸易所取代。中国也成为欧日最大的贸易逆差来源地。据商务部统计,2016 年中欧贸易总额为 5 657.83 亿美元,其中欧盟对华出口 1 861.59 亿美元,占欧盟出口总额的 9.6%,中国对欧盟出口 3 796.24 亿美元,占欧盟进口总额的 20.1%,中国为欧盟第二大出口市场和第一大进口来源地。相比之下,2016 年欧日贸易总额为 1 368.59 亿美元,其中欧盟对日出口 633.21 亿美元,占欧盟出口总额的 3.3%,日本对欧盟出口 735.38 亿美元,占欧盟进口总额的 3.9%,日本是欧盟第六大出口市场和第五大进口来源地。[50]在全球垂直型产业链中,欧日属于高端,中国属于中低端,这种互补性结构导致中国出口产品与日、欧出口产品的出口相似指数(ESI)很高。现阶段,中、欧产品在日本市场相似度为 66(指数取值范围为 0—100,数值越大意味着市场相似度越高),中、日产品在欧洲市场相似度为 58。[51]虽然整个流程的很大部分实际上在欧日的一些跨国企业内进行,但从贸易统计角度而言,说日本原有的位置逐渐被中国取代并不为过。[52]

此外,中日贸易虽然近年来一直处于下滑状态,但从绝对量而言,仍不容小觑。2016 年中日贸易总额为 2 705.02 亿美元,中国是日本第一大贸易伙伴。其中,日本对华出口1 138.94亿美元,占日出口总额的17.7%,中国对日出口1 566.08亿美元,占日进口总额的25.8%,中国是日本第二大出口市场和第一大进口来源地。[53]另外,欧盟与日本在对方对外经济关系中的地位不断下降。虽然从绝对值来说,欧日EPA是世界上规模仅次于北美自由贸易区(NAFTA)的自由贸易协定,GDP占世界的27.8%,贸易总额占世界的35.8%,对推动欧盟经济的发展大有裨益。[54]同时不可否认,一旦欧日EPA建成而产生的贸易转移效应会给中国经济带来不可避免的影响,其金额最低也将超过250亿美元,并迫使大量中国企业将生产基地转移至欧日自贸区内进行。[55]但欧盟与日本在全球经济中的重要性都不断下降,日本自2010年被中国赶超后,不再是世界第二大经济体,并且与前两位的美国和中国的差距逐渐拉大。而欧盟也是刚刚迈出2009年以来的欧债危机导致的经济低迷,因此双方经济联系的相对弱化能否通过EPA协定得以弥补还有待观察。

欧日都还积极在双边经济领域与中国深化合作。鉴于中国对内正在进行的产业结构升级,对外积极推动RCEP、中日韩FTA及中欧双边投资协定谈判,在"一带一路"倡议下加快新型国际区域合作平台的建设,这种内外网络叠加效应将大大提升中国的因应能力。进一步地,作为推动世界经济增长的四大引擎之一,当前中国经济的发展对世界经济的累计贡献率超过30%,稳居世界第一。一个拥有14亿人口的中国已成为世界上规模最庞大的消费市场之一,这是任何国家均要竭力争取的对象,日本、欧盟也概莫能外。如尽管当时安倍内阁在政治领域处处针对中国,但在经济领域,安倍本人也强调说"日中经贸关系紧密,'剪不断,理还乱',双方必须有共识,不使这种关系破裂"[56]。

　　而欧盟也将自己视为中国改革的合作伙伴,强调欧盟的繁荣与中国的可持续发展息息相关,欧盟经济与中国"十三五"规划的重点有互补性,如创新、服务、绿色增长和统筹城乡发展等,因此支持中国向更可持续和包容性的社会和经济模式的过渡符合欧盟的利益。诚如中国学者程卫东所指出的那样:"中欧经贸关系的发展实质性地推动了中欧经济、社会与技术等方面的全面发展。中欧技术合作对中国经济发展发挥了积极作用,而中国经济的发展为欧洲提供了稳定、可靠的市场,对欧洲经济稳定与就业保障发挥了重要作用。"[57]

　　在新冠肺炎疫情肆虐和中美大博弈呈现长期化、深度化和激烈化之前,欧日基于相同的价值理念和意识形态,希冀从规范的角度出发对华形成一种制约的合力。但这种意图在日欧经贸合作领域却呈现出一定分歧,一方面面对对华贸易中存在的巨大逆差,欧日均有意向在多边层面利用贸易规则在一定程度上平衡对华贸易的逆差,并构筑美欧日主导的未来世界经贸规则,意图迫使以中国为代表的就范,成为新规则的被动接受者。但另一方面,伴随中国经济的持续发展,欧日谁也不得不重视中国14亿人口的庞大市场诱惑和持续增长的消费能力,双方各自在双边层面强化与中国的经济合作。换言之,欧日多边层面意图用经贸新规制制衡中国的同时,也在双边层面使尽浑身解数,以从中国发展的过程中获取更多的经济红利。

　　但在中美博弈长期化、深度化和激烈化的背景下,上述状态也呈现出了一些新变化,其特点是在安全保障的侵蚀下,经济议题越来越呈现"泛安全化"的不良势头,总体上欧日对华的认知在大方向上较为一致,但在落实上尚存在细微的差距。

　　随着全球化的演进与区域化的深入引发的国际秩序的变

革,传统的高政治和低政治研究的边界被打破。非传统安全领域议题越来越多地占据国家安全和国际关系议题的中心位置,全球范畴的多重安全跨时空地复合交叠,安全问题的联动性导致的"泛安全化"(pan-securitization)倾向日益显著。[58]所谓"泛安全化"(pan-securitization),就是对传统安全概念边界进行过度延展的一种话语进程。而作为一种话语体系的勾勒,"泛安全化"体现的是一种主客的价值互构过程。[59]在经贸领域,欧日对华政策也呈现出越来越强烈的制度主义安全倾向。其主要体现是,经贸的"低级政治高级化",结果是大大弱化了本可以通过制度主义路径达成经贸合作、良性制度竞争及利益妥协的动力。作为世界主要的经济体,欧盟和日本认为自身对于维持自1945年以来建立的开放的、基于规则的全球经济和金融治理体系有着共同的切身利益。欧盟和日本认为自身都是开放和基于规则的贸易体系的倡导者。他们强调自由贸易、市场准入和公平竞争的重要性。而欧日认为中国无疑是其主要挑战者——即使主观上不试图颠覆该体系,但中国的持续发展在客观上会极大地改变现有体系的利益分配格局和产业链分工格局。欧盟认为中国带来的挑战和机遇的平衡已经发生了变化。在不同的政策领域,中国是合作伙伴和谈判伙伴,同时,中国也是欧盟追求技术领导地位的"经济竞争对手"(economic competitor)和推动替代欧盟治理模式的"系统性竞争对手"(systemic rival)。[60]这一定位也代表了美西方的一致立场,即将价值与意识形态、安全与地区局势、经贸与安全保障等诸多议题与所谓"中国威胁"加以捆绑,意图借此激发西方社会的危机感,进而获得国内选民的政治支持。

相比单纯的经贸增长,在国际经贸规则的建章立制过程中掌握话语权,推动其朝着符合本国利益的方向转变无疑更加重要。欧日都认为,中美战略性竞争适值中国崛起引发的地缘政治竞争,和以量子计算、人工智能、基因生物、可控核聚变等为代表的第四次产业革命的主导权竞争同时发生的历史节点。对此,日本就明确提出,"在倡导以规则为基础的可持续发展过程中,通过国际合作建立危机管理体制,并与'志同道合国'加强合作,促进经济安全保障合作,以此形成两轮驱动格局,引领未来国际秩序的形成"[61]就显得至关重要。欧盟对中国的官方话语描述也发生了转变,将中国定义为"替代治理模式的系统性竞争对手"[62]。借由中国对欧盟核心价值观产生威胁之由,加之欧盟全球人权制裁制度的不断向域外拓展,欧盟部分官员多次发表强硬的涉华言论,并且时隔多年对中国实体与个人实施了制裁。[63]部分欧盟机构与官员将中国视为对国际秩序和现有全球治理模式的关键挑战者,以价值观为由对中国实施制裁的行为加剧了中欧关系的紧张。

众所周知,决定一个体系竞争力和生命力的关键,在于是否提供持续的科技进步和创新。从产业链角度而言,美国主导的体系实质上是一个以美国为中心,由半中心和外围国家组成的一种大辐辏结构。所谓半中心指的基本上是欧日韩等,他们又与美国组成了一个小辐辏结构。美国既不接受半中心国家挑战自己,更不允许外围国家挑战小辐辏结构,而希望中心与外围之间维持一个长期稳定的依附共生关系。即中心投入大量资源推动知识进步、科技创新和产业升级,并通过贸易、投资和技术援助等形式与外围发生经贸联系,但通过规则主导权等的收割,确保大部分的利益回归中心,以用于新一轮的产业升级,外围虽然得到了小部分利益反哺,但难以改变对中心的技术、资金依赖。毫无疑问,中国崛起正在试图打破这种传统的依附共生关系。

因此,欧日经贸合作也越来越涉足共同针对中国的议题,如双方同意合作对抗所谓中国"经济胁迫"行为,虽然口头上强调要与中国建立建设性与稳定性的经贸关系,主张"去风险化"(de risking),以摆脱对华的货物供应链依赖,实现"透明、多元化、安全、可持续性、可靠性"原则,但实质上就是对华"脱钩"的一种降低敏感化措辞。[64]这证明了欧日在对华经贸政策上已经达成了如下共识,即从原来的推动同一制度框架内的良性竞争的政策重心让位于与所谓"志同道合的伙伴"构筑"小院高墙",并将安全保障与经贸规制进行紧密联结,在推动部分高精尖产业对华"脱钩"的同时,重组相应的供应链和确保彼此的技术优势。[65]

欧日的目标是稳固以美国为主导的中心—外围体系,一方面确保相关的供应链稳定,保证彼此的技术优势,另一方面将中国牢牢锁定在被支配的外围状态,无法实现产业链的有效升级。但需要强调的是,虽然欧日在对华经贸政策的大方向上立场一致,但在具体操作的步调上还是存在细微的差距。相比日本的步伐"激进",欧盟则稍显"稳健"与"务实"。尽管在面临内部的安全质疑与美国的域外制裁压力,欧盟尚未全面追随美国对华开展科技制裁。长期以来,中国与欧盟在科技领域交往密切,双方互为重要的经济合作与科研创新合作伙伴,对于欧盟而言,中国具有重要的经济地位。欧盟对美国制裁中国的反应仍然以宣言和批判性反思为主,尚未采取系统性的具体行动。日本则将中国定位为"迄今为止最大的战略挑战",但欧盟及法德荷等国的对华定位则体现了务实的一面。又如虽然双方决定对华经贸政策是"去风险化"而非"脱钩",但日本的行为明显偏向后者。欧盟更加关注自身的技术主权建设,追随美国对中国开展科技制裁的意愿并不强烈,在中美之间的机会主义和交易主义态度较为明显。[66]而日本对内加紧将安全保障与经贸规制进行紧密联结，对外意图通过与"印太经济框架"的战略嵌合，积极配合美国对华的半导体封锁，出台极为严苛的半导体对华出口限制，为构筑屏蔽中国部分高精尖产业的"小院高墙"不遗余力。这种步调的冒进性与极端性，是欧盟有所不及的。

本章小结

本章主要分析了促使欧盟和日本围绕 EPA 进行谈判并最终完成谈判的内外动因。总体上，在经贸合作领域，欧盟与日本希望强化双边经济合作，一方面共同巩固和提升双方在世界经济体系中的位次，另一方面为在新的全球贸易秩序制定新规则的博弈中共同掌握主导权和话语权奠定基础。双方在这方面合作大于分歧。在经济领域，鉴于中国同时是欧日最重要的经贸伙伴，一方面伴随着中国经济的日益壮大，欧日双边经贸往来的重要性相比冷战时期有所下降；另一方面中国在欧日对外经贸关系中的巨大存在，事实上也成了双方在涉华问题上进行合作时不得不有所顾忌的因素。

欧盟和日本一直密切合作，深化经济联系，加强各领域合作。EPA 是两国经济关系的一个重要里程碑，促进了贸易和投资，并促进了两个地区之间更紧密的伙伴关系。在中美博弈长期化、深度化和激烈化的背景下，上述状态也呈现出了一些新趋势，其特点是在安全保障的侵蚀下，经济议题越来越呈现"泛安全化"的不良势头。现阶段欧日已经意图通过构筑 SPA 和 EPA 的双轨战略框架，在安全和经济两个领域用国际法、贸易规则等规范性力量对华实施对冲政策。总体上欧日对华的认知在大方向上较为一致。即欧日希望通过加强经贸合作,参与和引领国际规则、国际秩序重塑,维护经济体系独立稳定运行以及在世界经济中的地位,说到底其实是抱团巩固中心位置,意图保持与中国的原有技术代差,将中国框限在外围位置。但在具体落实上双方尚存在细微的差距,相比日本的步伐"激进",欧盟则相对"稳健"与"务实"。

注　释

1. 欧盟使用自由贸易协定或 FTA 一词来表示其深度、全面的贸易协定。然而日本更倾向于采用"经济伙伴关系协定"(Economic Partnership Agreement, EPA)模式。相比一般的 FTA 以取消关税和其他贸易限制为核心,EPA 还涵盖了投资、服务、人员流动及金融货币等领域。因此欧日的协议有时被称为 FTA/EPA。但自 2017 年 12 月 8 日起,EPA 的称呼被欧盟方面正式接受。

2. 安藤研一「日本 EU EPAの経済的評価と残された課題」、『日本 EU 学会年報』第 41 号(2021 年)、27—53 頁。

3. 谷口誠「米国のTPP 戦略と『東アジア共同体』」『世界』2011 年 3 月号、45—56 頁;刘昌黎:《日本参加 TPP 谈判的动因、制约因素与政策措施》,载《日本学刊》2011 年第 1 期,第 71—72 页。

4. 首相官邸「包括的経済連携に関する基本方針」、2010 年 11 月 6 日、https://www.kantei.go.jp/jp/kakugikettei/2010/1106kihonhousin.html。

5. 首相官邸「日本再興戦略」、2013 年 6 月 14 日、https://www.kantei.go.jp/jp/singi/keizaisaisei/pdf/saikou_jpn.pdf。

6.「韓国、中国と妥結　世界 3 位のFTA 大国に」、『日本経済新聞』2014 年 11 月 11 日。

7. 在日本加入 TPP 之前,所缔结的 EPA 中,自由化率最高的是于 2014 年 4 月 7 日完成谈判的日澳 EPA,但自由化率也仅有 88%。参见田代洋一『戦後レジームからの脱却農政』筑波書房 2014 年、48—49 頁。

8. 内田聖子「メガFTAの現実—メガFTAの行方とあるべき貿易ルールへの模索—」、岡田知弘・自治体問題研究所編『TPP・FTAと公共政策の変質』、自治体研究社、2017 年、20 頁。

9. Office of the Press Secretary, "Remarks by the President in State of the Union Address," *The White House*, January 20, 2015, http://www.whitehouse.gov/the-press-office/2015/01/20/remarks-president-state-union-address-january-20-2015.

10. 首相官邸「日本再興戦略 2016—第 4 次産業革命に向けて—」、2016 年 6 月 2 日、https://www.kantei.go.jp/jp/singi/keizaisaisei/pdf/zentaihombun_160602.pdf。

11. 首相官邸「米国連邦議会上下両院合同会議における安倍内閣総理大臣演説」、2015 年 4 月 29 日、http://www.kantei.go.jp/jp/97_abe/statement/2015/0429enzetsu.html。

12.「韓国、中国と妥結　世界3位のFTA大国に」、『日本経済新聞』2014年11月11日。

13. J. Michael Finger and L. Alan Winters, "Reciprocity in the WTO," Bernard Hoekman, Aaditya Mattoo and Philip English eds., *Development, Trade, and the WTO: A Handbook*, Washington, D.C.: World Bank, 2002, p.50.

14. Daniel W. Drezner, "The System Worked: Global Economic Governance During the Great Recession," *World Politics*, Vol.66, No.1, 2014, p.153. Silke Trommer, "The WTO in an Era of Preferential Trade Agreements: Thick and Thin Institutions in Global Trade Governance," *World Trade Review*, Vol.16, No.3, p.521.

15. Richard Baldwin, "WTO 2.0: Governance of 21st Century Trade," *Review of International Organizations*, Vol.9, No.2, 2014, p.280. Richard Baldwin, "The World Trade Organization and the Future of Multilateralism," *Journal of Economic Perspectives*, Vol.30, No.1, 2016, p.111.

16. Gianluca Orefice and Nadia Rocha, "Deep Integration and Production Networks: An Empirical Analysis," *The World Economy*, Vol.37, No.1, 2014, p.125.

17. Julia Gray, "Domestic Capacity and the Implementation Gap in Regional Trade Agreements," *Comparative Political Studies*, Vol.47, No.1, 2014, pp.55—84.

18. 馬田啓一、浦田秀次郎、木村福成編著『日本のTPP戦略：課題と展望』、文真堂、2012年、119頁。

19. P.A. Nelson, "The Lisbon Treaty Effect: Toward a New EU-Japan Economic and trade Partnership?" *Japan Forum*, Vol.24, No.3, 2012, pp.339—368.

20. Keidanren, "Call for the Start of Joint Study for a Japan-EU Economic Partnership Agreement," *Nippon Keidanren*, 12 June, 2007, www. keidanren. or. jp/english/policy/2007/050.html.

21. S.C. Park, "South Korean Trade Strategies in the Post-global Financial Crisis," *Contemporary Issues in Business and Government*, Vol.20, No.1, pp.59—76.

22. A. Amighini and ISPI, "In Depth Analysis: Implementation of the EU-ROK FTA," European Parliament Directorate General of External Policies of the European Union, Directorate B, Policy Department, 2016, p.40, http://ispionline.it/DOC/EU_Parl_EU-ROK_3.pdf.

23. Maaike Okano-Heijmans and Takashi Terada, "EU-Japan Relations in the Age of Competitive Economic Governance in Asia," pp.97—177.

24. Takashi Terada, Japan's Asian Policy Strategy: Evolution of and Prospects for Multilateralism in Security, Trade and Financial Cooperation, *Public Policy Review*, p.174.

25.「首相の施政方針演説」、『産経新聞』2011年1月25日。

26. A. Berkofsky, EU-Japan Relations from 2001 to Today: Achievements, Failures and Prospects, *Japan Forum* Vol.24, No.3, 2012, pp.265—288.

27. E.R. Sunesen, J.F. Francois and M.H. Thelle, "Assessment of Barriers to Trade and Investment between the EU and Japan: Final Report. Copenhagen Economics," 2009, Available from: http://trade. ec. europa. eu/doclib/docs/2010/february/tradoc_145772.pdf, p.187.

28. 2006年的全球欧洲战略得到2010年贸易、增长和世界事务的强化，该战略指出，欧盟欢迎自由贸易协定，以在国际范围内具有竞争力，并通过欧盟内部的投资和创新刺激增长（2016a）。European Commission.（2016a）Trade Sustainability Impact Assessment of the Free Trade Agreement between the European Union and Japan: Final Report. Directorate-General for Trade. Luxembourg: Publications Office of the European Union，p.314，http://trade.ec.europa.eu/doclib/docs/2016/may/tradoc_154522.pdf.

29. J.J. Schott，"Free Trade Agreements and the Future of US-Korean Trade Relations," Proceedings from the Academic Symposium，Navigating Turbulence in Northeast Asia: The Future of the US-ROK Alliance sponsored by Korea Economic Institute，Korea Institute for International Economic Policy and East West Center，23—24 October，2009，www.keia.org/sites/default/files/publications/JAS-Schott_Final.pdf.

30.「第 20 回日 EU 定期首脳協議共同プレス声明」、https://www.mofa.go.jp/mofaj/area/eu/shuno20/pdfs/pressf_y.pdf。

31.「日 EU、EPA 署名　経済圏　世界貿易 4 割」、『朝日新聞』2018 年 7 月 18 日。

32. 安藤研一「日本 EU EPAの経済的評価と残された課題」、『日本 EU 学会年報』第 41 号（2021 年）、27—53 頁。

33.「日 EU 経済連携協定（EPA）に関するファクトシート」、http://www.mofa.go.jp/mofaj/files/000270758.pdf。

34. A. Denková，（2016）EU-Japan FTA Would Boost Growth More Than TTIP，EURACTIV.17 June，www.euractiv.com/section/trade-society/news/eu-japan-fta-would-boost-growth-more-than-ttip/.

35. G. Felbermayr，F. Kimura，T. Okubo，M. Steininger and E. Yalcin，"GED Study: On the Economics of an EU-Japan Free Trade Agreement," Study of the Ifo Institute on behalf of the Bertelsmann Foundation，Final Report，3 March，2017，www.bertelsmann-stiftung.de/fileadmin/files/BSt/Publikationen/GrauePublikationen/NW _ EU-Japan_FTA.pdf.

36. 宋黎磊、蔡亮:《冷战后欧日合作模式特征刍议》,《欧洲研究》2017 年第 6 期,第 48—64 页。

37. 中村民雄「日欧戦略的パートシップ協定（SPA）の法的意義」、『日本 EU 学会年報』第 41 号（2021 年）、1—26 頁。

38. M. Okano-Heijmans，"Trade Diplomacy in EU-Asia Relations," Clingendael Report（September），2014，pp.15—17.www.clingendael.org/sites/default/files/pdfs/Trade%20Diplomacy%20in%20EU-Asia%20Relations%20-%20Clingendael%20Report%20（Sept%202014).pdf.

39. 2011 年日本福岛县发生核事故后,出于对放射性物质污染的担忧,世界各国和地区纷纷对日本产的农林水产品及食品实施进口限制,数量最多时有 55 个国家和地区。此后随着美国于 2021 年、英国于 2022 年撤销限制,欧盟和挪威、冰岛也于 2023 年 8 月 3 日撤销了进口限制。

40. EU-Japan Strategic Partnership，https://www.eeas.europa.eu/sites/default/files/documents/2023/EU-Japan-2023-07.pdf.

41. C. Malmström，"The Future of EU Trade Policy. Bruegel Lunch Talk. Speech by the EU Trade Commissioner," Brussels，24 January，2017，http://trade.ec.europa.eu/doclib/docs/2017/january/tradoc_155261.pdf.

42. A. Denková，"EU-Japan FTA Would Boost Growth More Than TTIP," EURACTIV，17 June，2016，www.euractiv.com/section/trade-society/news/eu-japan-fta-

would-boost-growth-more-than-ttip/.

43. https：//www.eib.org/en/press/all/2023-103-eib-and-jica-to-intensify-their-coop-eration-outside-eu.

44.「日 EUデジタル貿易原則」、https：//www.mofa.go.jp/mofaj/files/100522078.pdf。

45. https：//eeas.europa.eu/headquarters/headquarters-homepage/107467/joint-state-ment-trade-ministers-united-states-japan-and-european-union_en.

46. Robert A. Manning, "The China Market Status," Dilemma, March 30, 2016, http://foreignpolicy.com/2016/03/30/the-china-market-status-dilemma/.

47.「欧日 EPA、来月大枠合意へ詰め　保護主義に対抗」、『日本経済新聞』、2017 年 6 月 9 日。

48. 张晓通、刘振宁、卢迅、张平：《欧日自由贸易区谈判及其对中国的影响》，《欧洲研究》2013 年第 4 期，第 27 页；Yusuke Anami, Bonji Ohara and Tomoki Kamo, "Handle China's Maritime Assertiveness Through 'Internationalization'," Diplomacy, Vol.39, 2016, pp.18—19.

49.「首相、欧日 EPA『早期に大枠合意を』」、『日本経済新聞』、2017 年 6 月 20 日。

50. http：//countryreport.mofcom.gov.cn/record/view110209.asp?news_id＝53884；http：//countryreport.mofcom.gov.cn/record/view110209.asp?news_id＝53885，last ac-cessed on 15 June 2017.

51. 张晓通、刘振宁、卢迅、张平：《欧日自由贸易区谈判及其对中国的影响》，《欧洲研究》2013 年第 4 期，第 31 页。

52. "European Union, Trade in goods with Japan," http://trade.ec.europa.eu/doclib/docs/2006/september/tradoc_113403.pdf；http://www.askci.com/news/finance/20160425/1022423517.shtml；http://www.askci.com/news/finance/20160425/1029416600.shtml；http://www.qufair.com/news/2016/04/26/2438.shtml；http://www.euinjapan.jp/relations/trade.

53. http：//countryreport.mofcom.gov.cn/record/view110209.asp?news_id＝52726；http：//countryreport.mofcom.gov.cn/record/view110209.asp?news_id＝52727.

54.「欧日 EPA　世界貿易額、3 分の1カバー」、『日本経済新聞』、2017 年 6 月 14 日。

55. 张晓通、刘振宁、卢迅、张平：《欧日自由贸易区谈判及其对中国的影响》，《欧洲研究》2013 年第 4 期，第 35 页。

56. 安倍晋三「新しい国へ」、『文藝春秋』、2013 年新年特別号、131 页。

57. 程卫东：《中欧建立新型国际关系：认知与实践》，《世界经济与政治》2016 年第 9 期，第 21 页。

58. 目前学界主要从"存在性威胁"的界定相对模糊角度解释"泛安全化"的形成原因，缺乏对"泛安全化"形成原因和其形成机制的案例分析，相关研究参见：[英]巴里·布赞、[丹]奥利·维夫、[丹]迪·怀尔德：《新安全论》，朱宁译，浙江人民出版社 2003 年版；郭锐、陈馨：《"泛安全化"倾向与东亚军备安全风险》，《国际安全研究》2018 年第 5 期，第 39—53、156—157 页；张超、吴白乙：《"泛安全化陷阱"及其跨越》，《国际展望》2022 年第 2 期，第 19—35、149 页；Benjamin Miller, "The Concept of Security：Should It be Redefined?" Journal of Strategic Studies, Vol.24, No.2, 2001, pp.13—42；R.G.Emer-son, "Towards A Process-Orientated Account of the Securitisation Trinity：The Speech Act, the Securitiser and the Audience," Journal of International Relations and Devel-opment, Vol.22, No.3, 2019, pp.515—531；Martin Senn, "The Art of Constructing

（in）Security：Probing Rhetorical Strategies of Securitization，" *Journal of International Relations and Development*，Vol.20，No.3，2017，pp.605—630.

59. 姚璐：《论国际关系中的"共生安全"》，《国际观察》2019 年第 1 期，第 52 页。

60. European Commission，the High Representative of the Union for Foreign Affairs and Security Policy，"EU-China：A Strategic Outlook，" March 12，2019，https：//ec.europa.eu/info/sites/default/files/communication-eu-china-a-strategic-outlook.pdf.

61. 経済産業省「コロナ危機を踏まえた今後の対外経済政策のあり方について」、https：//www.meti.go.jp/shingikai/sankoshin/tsusho_boeki/pdf/007_02_00.pdf。

62. European Commission，"EU-China：A Strategic Outlook，" March 12，2019，https：//eur-lex.europa.eu/legal-content/EN/TXT/PDF/?uri＝CELEX：52019JC0005.

63. European Council，"EU Imposes Further Sanctions over Serious Violations of Human Rights Around the World，" March 22，2021，https：//www.consilium.europa.eu/en/press/press-releases/2021/03/22/eu-imposes-further-sanctions-over-serious-violations-of-human-rights-around-the-world/.

64. 「G7 広島首脳コミュニケ」、https：//www.mofa.go.jp/mofaj/files/100507034.pdf。

65. Shino Watanabe，"Japan's Initiatives to Secure Supply Chains and Its Key Challenges"，17 March，2022，https：//www.ispionline.it/en/pubblicazione/japans-initiatives-secure-supply-chains-and-its-key-challenges-34186.

66. 忻华：《"欧洲经济主权与技术主权"的战略内涵分析》，《欧洲研究》2020 年第 4 期，第 1—30 页。

第四章

欧日的安全合作

冷战结束后,欧日合作逐渐形成基于价值观合作为主体,安全及经济合作为两翼的"一体两翼"复合式同盟模式。在安全合作领域,欧日基于相同的价值理念和意识形态,希冀从规范的角度出发对东亚安全形势形成一种制约的合力,且专注点也逐渐集中到了双方建立危机管理合作机制上来。因地缘政治等因素影响,双方安全合作领域长期难以达成立场和行动的一致。随着 2019 年《欧盟—日本战略伙伴关系协定》(SPA)的生效,加之俄乌冲突的影响,欧盟与日本基于价值观同盟基础上的安全合作会更加紧密,双方借由"印太战略"合作加强了在安全和防务方面的密切磋商,包括航线自由议题。欧盟和日本目前就安全和防卫相关问题定期举行磋商和对话,包括网络安全、虚假信息和空间问题,同时还在防扩散、裁军和危机管理方面开展合作。欧盟和日本还在探索更多安全合作模式,包括为东南亚和非洲的合作伙伴提供海事安全与维和领域的能力建设培训。

第一节 欧日安全合作的主要关切与分歧

一、欧日安全合作的主要关切

从欧盟角度而言,欧盟对自身的外交定位是希望作为"规范性"和"非军事"的力量对国际事务发挥更大作用,2016 年欧盟出台的全球战略文件《共同愿景,共同行动:一个更强大的欧洲》强调了亚洲地区的重要性,并指出欧洲繁荣与亚洲安全之间有直接的联系,认为"亚洲的和平与稳定是欧洲繁荣的先决条件。欧盟会深化与日本、印度和东盟的经济外交关系,对包括朝鲜半岛、海洋、反恐在内的安全事务做出贡献"[1]。欧盟对东亚地区的局势,尤其是南海、东海及朝鲜半岛的突发性紧张局势,以及中国崛起和美国"亚太再平衡"战略(及自 2017 年开始主导的"印太战略")所带来的东亚战略格局的演变愈加关切。在欧盟眼中,东亚地区的军事冲突和对抗正日益加剧,而多边主义和区域一体化应是化解冲突的重要机制。[2] 早在 2012 年 6 月,欧盟理事会修订通过了"欧盟东亚外交与安全政策准则",重申多边主义对东亚区域安全的重要性,并指出欧盟在促进该区域建立信任措施方面可能发挥的作用,还强调欧盟应向东亚各国分享自身在战后和解方面的成功经验,以有效推动东亚的多边主义和区域一体化。[3]

随着欧盟对东亚安全态度的逐渐重视,欧盟认为日本作为亚太地区举足轻重的大国,又与其拥有相同的价值观,主观上也有意联合日本来强化自身对国际安全格局和东亚地区事务的影响力。欧日安全合作也在继续加强。[4] 近年来欧日首脑峰会上,欧盟不止一次地明确表示希望自身"能成为更有效的安全提供者"[5]。2014 年 5 月 7 日,时任欧盟理事会主席的范龙佩也利用第 22 次欧日首脑峰会的场合,向安倍提出:"欧盟愿意为东亚地区的和平与安全作出更加实质性的贡献,也愿意更加密切地介入该地区的地区架构之中。"[6] 欧盟的亚太战略或者说欧盟东向政策是其平衡大西洋伙伴关系和太平洋伙伴关系的客观需要,欧盟与亚洲新伙伴的关系建设问题也在欧盟 2016 年发布的《全球战略》文件中占有相当篇幅。

2019 年底,新一届欧盟领导人改选后,欧盟委员会誓言要将自身转变为一个"地缘政治委员会"。欧盟强调今后将更多地从地缘政治视角看待和制定其对外政策。在这一思想指导下,欧盟的大国和地区政策相继发生了较大调整。在俄乌冲突发生后,欧盟更加关切地缘冲突背景下欧盟是否应继续将自身安全系于美国以及如何减少对能源、供应链等基本资源的对外依赖。欧盟在 2021 年度内频繁发布战略性文件,覆盖多个重要地区,涉及多个关键领域,积极打造一个具有国际责任心和世界影响力的全球性力量,2021 年 7 月的"全球联通欧洲"计划、9 月的欧盟"印太战略"、2021 年 10 月的欧盟新的北极战略、2021 年 12 月的欧盟"全球门户"计划,等等。这些战略在战略意图上都以限制中国在这一区域或领域影响力的扩大为核心目标;在实现路径上,都强调拉住所谓"志同道合伙伴"来共同构建起一个排斥中国的"朋友圈"。

俄乌冲突促使欧盟乃至成员国重新考量自身的安全。2022 年 3 月 21 日,欧盟理事会正式批准了《安全与国防战略指南针》(下文称《战略指南针》),这一指南涵盖了欧盟安全和防御政策的所有方面,其目标是使欧盟成为更强大的、更有能力的安全提供者。[7]中国与俄罗斯都出现在欧盟对安全挑战所做的评估中。长期以来,地缘政治与安全等"高阶政治"议题在欧盟对亚洲安全的关切中的位置并不显著,这在很大程度上是因为欧盟认为在亚洲,特别是与中国没有根本地缘政治冲突,这也构成中欧关系区别于中美关系的一个显著特征。但随着大国竞争和地缘政治局势的紧张,地缘冲突与传统安全议题逐渐进入欧盟对华政策议程,并占据越来越重要的位置。

日本对自身外交的定位是现行国际秩序的有力维护者。在日本的安全战略设计中,美日同盟是维持东亚和平与稳定的基石,而明言对中国崛起及在东海、南海的一系列活动深感忧虑。[8]有日本学者认为,纵观世界,除美、澳、印、韩等国外,在外交和安全领域对日本有价值的国家大部分都位于欧洲,而欧盟和北约是统合欧洲的重要框架,基于此,该学者认为欧盟是日本的政治外交伙伴、协同作战伙伴、非"美"伙伴,是日本外交、安全上有价值的伙伴。[9]

日本的"价值观外交",以"基本价值观"的标准为基础,但它的"战略"不是基于这些价值观,而是在外交上包围中国,并希望借此降低中国的影响力。[10]美国正在采取行动以应对中国的海上活动。同时,从日本提供巡航舰给南海沿岸国家以对抗中国的海上活动来看,这种"价值观外交"的实施越来越带有军事色彩。

在安倍第二任期之初,安倍本人在一个海外网站上宣布了由日本、美国、澳大利亚和印度组成的亚洲"安全钻石"的概念,表示有意从事强调自由、民主、尊重人权和法治等价值观的外交活动。这在日本和其他地方传达了这样一种印象,即第一届安倍政府的"自由与繁荣之弧"所象征的价值观外交意识形态,正以更大的决心出现在亚洲,对中国进行制衡。[11]日本在印太地区呼吁美国、澳大利亚、印度、英国、法国、韩国等拥有共同的价值观的国家团结起来参与加强亚洲的安全,并作为跨越太平洋和印度洋的航行自由的守护者而共同努力,其想法的背后,是意图遏制一个崛起的中国日益增长的自信。[12]

二、欧日安全合作具体议题和领域

基于欧日各自的安全诉求,欧盟和日本一直就安全合作进行讨论的议题包括:(1)地区和全球安全:欧盟和日本都致力于维护地区和全球安全。他们认识到应对恐怖主义、网络威胁和防止大规模杀伤性武器扩散等共同安全挑战的重要性。他们旨在通过合作和共享信息来增强集体安全能力。(2)经济相互依存:欧盟和日本是主要经济伙伴。双方密切的经济联系在维护国际贸易和投资稳定方面建立了相互依存和共同利益。安全事务上的合作有助于保护各自的经济利益,确保商品和服务的不间断流动。(3)海上安全:鉴于其广阔的海岸线和对海上贸易的依赖,欧盟和日本在海上安全方面存在共同利益。双方在打击海盗、保护航道、确保海上运输安全等问题上开展合作。这一领域的合作努力有助于全球稳定和贸易便利化。(4)国防技术和工业:欧盟和日本拥有先进的国防技术和强大的国防工业。国防技术研发、联合军事演习和信息共享方面的合作可以带来创新、互操作性和成本效率。双方希望这些伙伴关系还有助于增强其防御能力并为地区稳定作出贡献。(5)地区稳定:欧盟和日本都对地区稳定感到担忧,特别是东亚和印太地区。通过开展安全合作,双方旨在促进和平、稳定以及遵守国际准则和规则。双方希望对话和联合倡议有助于解决地区挑战,例如领土争端或地缘政治动态引起的紧张局势。(6)多边主义和规范:欧盟和日本都是多边主义和国际规范的坚定支持者。他们寻求加强联合国等现有国际框架,并共同努力解决全球安全问题。[13]

欧日安全合作具体的领域包括以下几个方面:

(一)海上安全领域

欧盟和日本重视双方在海上安全领域的密切合作。双方的军事安全合作可以追溯到 2009 年,当时欧盟与日本在索马里亚丁湾开展了联合反海盗行动。日本海上自卫队(MSDF)驱逐舰

自 2009 年 3 月以来一直参与其中,并于 2009 年 6 月增加了两架
P-3C 海上巡逻机。海上自卫队一直在向其他国家提供信息并一
直在实地开展行动,包括与欧盟海军部队(NAVFOR)索马里亚
特兰大行动合作。日本和欧洲自 2014 年 10 月以来一直在进行
联合反海盗演习。2014 年 10 月和 11 月,MDSF 驱逐舰"高波
号"参加了与意大利、德国和荷兰海军舰艇的演习。这些行动包
括通信、战术机动、直升机起飞和着陆等。

日本海上自卫队与欧盟海军自 2010 年以来,双方多次交换
军事信息。欧盟海军的主要任务是护送为世界粮食计划署运送
人道主义援助物资的商船,保护亚丁湾和印度洋的船只,以及威
慑和打击海盗行为。欧盟海军部队还监测索马里沿海的捕鱼活
动。这种数据共享是日本在欧盟成员国和欧盟双重外交框架内
进行的。欧日还于 2010 年 4 月宣布,将共同支持建立吉布提反
海盗区域培训中心以及肯尼亚、坦桑尼亚和也门信息共享中心。
日本海上自卫队舰艇与负责管理护航活动的欧盟海军部队协调
护送商船通过亚丁湾。此外,欧盟和东京还向索马里及一些周
边国家提供发展援助,并共同帮助培训索马里海事安全官员。[14]
类似合作一直持续开展,最新的动向是 2023 年 3 月阿塔兰特行
动和日本海上自卫队在亚丁湾和阿拉伯海举行联合海军演习。
双方表示在几内亚湾和西北印度洋的海上协调有助于该地区海
洋的和平与稳定,为此欧日将探索和寻求各种合作机会,包括在
"印太"地区的联合演习。

(二)共同安全与防御

日本还参与了欧盟共同安全与防御政策(Common Security
and Defence Policy, CSDP)任务。2012 年 8 月,欧盟部署了民间
CSDP 特派团,为尼日尔安全部门提供培训和建议。早在 2014

年 12 月,日本就决定通过联合国开发计划署向欧盟 CSDP 驻尼日尔代表团提供赠款援助。在此背景下,日本将捐助 2.02 亿日元购买无线通信设备,以连接地区政府办公室与其管辖下的各局,以及配备无线设备的车辆,用于在尼日尔七个行政区的不同地点进行巡逻。2014 年 4 月,欧盟派遣了民间 CSDP 特派团,旨在提高马里的安全能力。一年后的 2015 年 3 月,日本开始为这一使命做出贡献,为修复马里国家警察学校提供了 4.92 亿日元的无偿援助。[15]

2014 年 5 月在布鲁塞尔举行的第 22 届欧盟—日本峰会期间,时任日本首相的安倍晋三、时任欧洲理事会主席赫尔曼·范龙佩和欧盟委员会主席若泽·曼努埃尔·巴罗佐宣布了欧盟 CSDP 代表团与日本代表团之间的合作制度化的目标,直接支持正在进行的 CSDP 任务的援助和安全合作举措。当时,欧日也表示致力于确保严格的武器和军民两用技术出口管制,特别是对冲突地区的出口。欧日宣布进一步加强东京的人道主义和技术援助行动与欧盟在马里和刚果民主共和国的 CSDP 任务之间的合作。例如,双方同意加强马里国家军队联合能力建设措施,共同支持巴马科维和学校,共同协助改善安全局势、反恐法,和加强马里的司法合作,还同意共同协助刚果民主共和国警察和司法行政人员的能力建设措施。最后,同意共同协助尼日尔完善安全、反恐法律并加强司法合作。[16]日本根据其 2015 年发展合作宪章,采用所谓将发展合作结合起来的"综合方法"。[17]

(三)亚洲安全议题

2005 年 9 月,欧日启动"欧盟—日本东亚安全战略对话",开始定期讨论亚洲安全问题。鉴于欧盟与日本在亚洲缺乏联合安全政策,欧盟强调对话是作为交换信息的论坛而不是采取联合政策。其中一个焦点就是欧盟对华武器禁运问题。日本与欧盟就东亚安全问题发起对话的动机与 2004 年建立的"欧盟—美国东亚安全对话"的动机一致。对欧盟施加制度化的政治压力,要求其不要解除事件后对中国实施的武器禁运。[18]至此双方对话的重点仍然是就东亚各自的安全政策进行非正式磋商。

基于复合式同盟的框架,《欧盟—日本战略伙伴关系协定》(以下简称 SPA)对发展伙伴关系的双边架构,并将不同的关系联系在一起具有特别重要的意义。SPA 将涵盖欧盟与日本在地区和全球政治与安全方面的合作,并计划为当前欧盟与日本在世界各地的临时安全合作提供制度框架。SPA 有可能为双边关系提供一个更简单、更一致和更全面的框架,不仅将编纂现有安排,而且为未来几十年调整关系提供可持续的基础。[19]欧日均表示有兴趣遵循以价值观为基础的外交政策,SPA 将为其提供良好的基础,并允许合作伙伴共同努力,在应对挑战时保持普遍价值观。[20]

欧日多年来在防扩散、裁军、人权、亚洲安全等领域签署了许多重要协议和议定书(参见附录)。当然,签署协议和议定书并不等于采取联合政策。欧盟和日本是否能够协调和统一他们在当地(中东、非洲或亚洲)的运作方式还有待观察。有日本学者评论,加强欧盟与日本的合作需要日本和欧盟克服他所说的欧盟与日本关系中的"预期赤字"。[21]经过多年非军事安全合作的共同经验,这种"预期赤字"(如果曾经存在过)已经被克服。欧日目前都了解彼此在实地非军事安全合作的承诺和资源投入方面可以期待什么,不能期待什么。欧日目前正在谈判框架伙伴关系协议(FPA),该协议旨在促进日本自卫队在欧盟 CSDP 任务框架内的部署。[22]FPA 将使日本对 CSDP 任务的持续贡献制

度化。由于欧盟和日本仍未就日本自卫队向 CSDP 的贡献方式
和运作方式达成一致，该协议仍然没有签署。

三、欧日深化安全合作的分歧

　　近年来，欧日在全球安全领域的合作越来越为双方所关注，
2011 年欧日峰会确定的双方 21 世纪第 2 个 10 年合作计划中，
东亚、中东等地区安全局势成了其重点关注的合作领域之一。[23]
日本除了密集地打出"共同意识形态牌"，以各种形式提醒欧盟
要关注东亚地区的安全局势外，还不遗余力地推销安倍的"积极
和平主义"，并将这些安全议题与欧盟正在进行的 SPA 的谈判或
明或暗地联系起来。欧日在东亚的安全合作专注点也逐渐集中
到双方建立危机管理合作机制上来，但是因为地缘因素和国际
行为体角色定位的不同，欧日在东亚安全合作问题上产生了立
场与行动的差异，这导致双方在东亚安全合作具体诉求与欧日
间价值观合作之间出现了分歧。

　　欧日立场与行动差异可以从双方在东亚安全合作的三个态
势中具体体现。

　　第一，日本与俄罗斯、韩国和中国均存在领土争议（但日方
一直不承认与中国存在围绕钓鱼岛及其附属岛屿的领土争议），
日方希望在上述领域得到欧盟的声援，如在东海的领土争端与
海洋争端中，欧盟的立场是尽量不选边站。态度上有模糊有清
晰，清晰的部分体现在欧盟最常见的反应是敦促所有有关各方
采取步骤平静局势，并在联合国相关法律公约的框架内寻求和
平解决。模糊的部分是，当日本竭力争取欧盟及欧盟成员国在
东海的领土争端与海洋争端中支持日本立场时，欧盟和几乎所
有的欧盟成员国均不做正面表态。特别是欧盟仍要以务实方式

和中国接触,抓住加强对华关系的新机遇,因而对于东亚局势倾向于采取"不选边"的政策,尤其是竭力避免被迫在中日之间做出选择。[24]欧日在 2015 年 5 月 29 日举行的第 23 次欧日首脑峰会中也共同表示,任何相关方关于海洋权益的主张应按照《联合国海洋法公约》,通过和平的方式协商解决。欧日将持续关注东海及南海局势,反对可能改变现状、加剧紧张局势的单边行动。[25]可以说欧日就东亚安全局势的合作主要体现为在国际舆论上的互为奥援,但是欧盟措辞比起日本仍然更为谨慎。

第二,日本在关心的所谓"航行自由"问题上,将价值观与安全问题挂钩,刻意通过凸显其与欧盟之间拥有共同的价值理念和意识形态,借此利用各种国际场合旁敲侧击地提醒欧盟认识到南海问题是对东亚安全格局构成直接威胁的做法取得了一定的成效。如 2017 年 5 月 27 日,安倍借出席在意大利召开的七国集团峰会之机,主导了海洋安全保障议题的讨论,对南海的局势表示担忧,"强烈反对任何试图通过威胁、强迫或武力手段伸张领土或海洋主张的做法",并鼓动七国集团其他国家与日本步调一致要求各方"尊重围绕南海争端的国际仲裁"。[26]更严重的是,日本将中国在南海维护主权的行动解读为对现行国际秩序的挑战。[27]如 2016 年版的《防卫白皮书》中,日本称中国在南海的行动在安全保障领域已经造成了包含日本在内的亚太地区乃至国际社会的忧虑。[28]日本反应之激烈甚至超过南海的一些岛屿声索国。其逻辑是激烈的反应并非仅为了日本本国利益,更为凸显它是现行国际秩序的有力维护者和安倍大力倡导"积极和平主义"的正义性。当然,日本做如此解读也为了能够更好地得到国际社会的声援。如为了更好地唤醒欧洲各国的共鸣,共同强化对华制衡,日本十分积极地利用各种场合向欧盟及其成员国宣传中国在南海、东海的行为是一种意图通过军事实力单方面改变现状的做法。[29]

但需要强调的是,欧盟虽然也担忧南海、东海的局势,强调中国应遵守海牙仲裁庭的仲裁结果。[30]然而相比日本强调的意识形态视角,欧盟更注重地区局势的变化对欧盟亚洲利益的影响,欧盟的立场是希望局势能够趋稳,因此希冀对分歧能够进行建设性管控,并避免过分刺激中国。因此措辞并不像日本那样严厉和偏颇,如欧盟虽然也反对中国不应"采取可能改变现状、加剧紧张局势的单边行动",但又呼吁"中国和其他国家在南海宣示主权时均应该遵守国际法"。在行动上,欧盟也不像日本那样急于构筑"对华包围圈",而是用建设性的口吻要求中国"对该地区的稳定作出建设性的贡献",并强调"(中国)应采取建立信任的措施,支持以规则为基础的国际秩序,尤其是遵守《联合国海洋法公约》,以及和东盟迅速完成有关'行为准则'的谈判"。[31]欧盟不像日本那样将全部责任推到中国身上,而是呼吁南海所有相关国应致力于根据《联合国海洋法公约》的原则维护有关海域和海洋的法律秩序,以及和平解决争端等。相比日本一味谴责中国,意图搅浑南海,虽然欧盟在南海问题上对于日本的一些诉求予以配合,但从其言语中很容易看出彼此的差别。从这一角度而言,欧日在该领域合作中态度的"温差"也是显而易见的。

第三,欧日双方在一定程度上也将解除对华武器禁运视为影响东亚安全与稳定的因素之一。相比欧日就东亚安全局势的合作更多体现为"说",欧日在欧盟是否解除对华武器禁运问题上的合作则主要展现了一个从说到做的过程,即从日本不断游说欧盟说"不"到欧盟从行动上对华说"不"。对华众所周知,欧对华武器禁运问题从1989年以来一直是中欧关系中的一个敏感问题,中国为此屡次要求欧盟能够早日解除对华武器禁运。而在该问题上,欧洲各国态度存在差异,并不像美国那般决绝,因此对华武器禁运的立场一度松动。为此,日本一方面通过正式外交途径向欧盟及其各成员国施压,阻止欧盟解除对华武器禁运,另一方面日本的首相、外相、防卫厅长官(2007年后称防卫相)、内阁官房长官乃至众参两院的议员只要有机会与欧盟或其成员国的领导人会晤便会提出反对解除对华武器禁运的要求。如2005年5月,时任法国总统的希拉克访日时,时任日本首相的小泉纯一郎深知希拉克对华友善,一直是解除对华武器禁运的推动力量,因此在会晤中明确表示"日本强烈反对欧盟解除对华武器禁运"。而安倍本人更是历届首相中对此事最为积极者,他只要与欧盟及其成员国的领导人谈及欧中关系,每次均会不遗余力地游说对方继续维持对华武器禁运。

总之,欧日基于相同的价值理念和意识形态,希冀从规范的角度出发对东亚安全形势形成一种制约的合力,且专注点也逐渐集中到了双方建立危机管理合作机制上来,但这种意图在安全合作领域却很难达成立场和行动的一致:(1)在东海的领土争端与海洋争端中,欧盟的立场是尽量不选边站。(2)在南海安全局势上,欧日虽然在认识上达成一致,通过国际舆论对华施压,相比日本强调的意识形态视角,欧盟更注重地区局势的变化对欧盟利益的影响,欧盟的立场是各方对分歧能够进行建设性管控,同时对中国怀有"建设性"期待,因此措辞并不像日本那样严厉和偏颇。(3)在欧盟对东亚安全局势的整体考虑中,维持对华武器禁运有助于从欧盟立场出发对东亚安全局势进行管控,欧日在这一问题上的安全合作紧密。但是受地缘因素影响,欧日对东亚安全局势的态势感受不同,在不同问题上双方合作的行动有所差异。所以,欧日在东亚安全合作具体诉求与欧日间加强价值观合作的意愿之间存在分歧。

第二节　欧日安全合作的再巩固

一、欧日安全合作的新特征

近年来,欧日双方在安全领域的交流沟通日趋密切,合作机制不断完善,合作内容不断丰富。战略伙伴关系协定(SPA)生效以后,欧日双方多次举行由外交、国防部门官员参加的"欧日安保防务协商会议"和外交部门的"SPA联合委员会会议",共同商讨安全合作的优先课题及目标计划。2021年2月26日,欧盟和日本评估了SPA的实施情况,并确定了进一步加强双方关系的下一步措施。双方申明了他们会继续在包括七国集团、二十国集团和联合国等国际机制内兑现对加强多边主义、民主和基于规则的国际秩序的承诺。而在稍早的2020年,日本已经开始向欧盟使团派驻武官。

具体而言,日本海上自卫队近年来与欧洲各国海军频繁开展联合演训,以期提升实战中的互操作性。[32]例如2021年5月,欧盟—日本—吉布提举行了联合演习;同年10月,欧盟和日本在亚丁湾和阿拉伯海沿岸进行了联合海军演习;2022年,德空军司令亲自驾驶战斗机赴日,两国战斗机部队在日本首次举行共同训练;日本航空自卫队与意大利空军的首次联合军演则从2023年8月7日开始在日本举行,旨在深化双方的防卫合作。

日本在与欧盟成员国层面也展开了诸多沟通。2021年4月29日—5月8日,时任日本外相的茂木敏充利用出席七国集团外交与发展部长会议的机会,分别与德国和法国外交部长举行了会晤,就共同关心的"印太"问题、东海和南海局势、朝鲜无核化、抗疫合作、气候变化、世界贸易组织改革等议题进行了会谈。他还于 5 月 5 日与意大利外交与国际合作部长举行了会谈。此外,又先后访问了斯洛文尼亚、波兰、波黑等国。5 月 6 日,他访问波兰,会见了波兰总统杜达,双方就加强两国战略伙伴关系,进一步推进自由、民主、人权等基本价值观和法治,在能源和气候变化对策等经济问题等各个领域开展合作达成共识,并就波兰牵头的"三海倡议"、"印太"问题等交换了看法。

2022 年 5 月 12 日,第 28 届欧日首脑会议召开,双方表示,将进一步加强在安全和防务方面的密切磋商,将扩大在网络安全、打击虚假信息、海上安全、危机管理等领域的合作。同年 11 月,二十国集团巴厘岛峰会期间,欧盟委员会主席冯德莱恩与岸田文雄进行会晤,双方表示在国际社会面临历史转折点之际,日本、欧盟这些拥有共同价值观的国家必须密切合作,应对国际社会面临的挑战。2023 年 7 月日本欧盟首脑举行了会谈,在发表的联合声明中,双方表示将建立外长级战略对话,进一步发展安全伙伴关系,在海上安全、网络安全、混合威胁、反恐、裁军等方面加强合作。[33]

需要强调的是,欧盟对东亚地区的局势,尤其是南海、东海及朝鲜半岛的突发性紧张局势,以及中国崛起和东亚战略格局的演变愈加关切。而日本早已将中国在南海、东海维护主权的行动解读为对现行国际秩序的挑战,甚至用"迄今为止最大的战略挑战者"来定位中国。[34]

欧盟认为和日本密切合作,可以有效维护全球和平与安全,推进基于国际规则的秩序和多边主义,包括航行自由,在欧日安全合作的行动方面:宣传上互为声援,行动上互相支持。双方加强了在海上安全和打击海盗、灾害风险管理、外层空间和网络安全等领域的合作。如2021年5月欧盟—日本—吉布提举行了联合演习。2021年10月16日，欧盟和日本又在亚丁湾和阿拉伯海沿岸进行了联合海军演习，演习部队包括欧盟海军索马里部队——亚特兰大行动和日本海上自卫队。欧盟和日本还在探索通过欧盟"印度洋关键航线"（Critical Maritime Routes Indian Ocean, CRIMARIO）项目，为东南亚和非洲的合作伙伴提供海事安全和维和领域的培训和能力建设。[35] 日本是欧盟"加强（与）亚洲安全合作"（Enhancing Security Cooperation in and with Asia, ESIWA）项目的六个试点国家之一，该项目促进欧盟与亚洲伙伴在网络安全、海事安全、危机管理和反恐领域的合作。

在涉华议题上，将中国视为价值观上的"异质性"存在，欧日在这方面的认知比较一致，这就决定了双方在价值观层面上的合作在大方向上基本同步，如双方均明确强调绝不能因为彼此对华存在巨大的商贸利益而不坚持自己的价值观。2021年5月4日，时任日本外相的茂木敏充与欧盟外交与安全政策高级代表博雷利举行了会晤。双方就东海和南海局势交换了看法，对中国近期的举动，包括实施《海警法》表示严重关切。双方宣称强烈反对任何单方面改变现状、加剧紧张局势的企图。双方强调台海和平稳定的重要性，并同意鼓励和平解决两岸问题。[36]

关于朝鲜，欧日都对朝鲜日益密集的核和导弹活动，包括最近一系列弹道导弹发射表示严重关切。他们强烈谴责朝鲜继续非法试验弹道导弹，包括利用洲际弹道导弹技术进行发射，表示将继续坚定地支持国际核裁军和不扩散制度，并重申根据《不扩散核武器条约》（NPT），朝鲜不能拥有核武器国家的地位。欧日呼吁朝鲜停止破坏稳定的行动，按照联合国安理会相关决议的要求,以完全、可核查和不可逆转的方式放弃其核武器和所有射程的弹道导弹以及任何其他大规模毁灭性武器和相关计划。他们还重申继续协调解决朝鲜问题。[37]

二、俄乌冲突对欧日安全合作的推动

俄乌冲突使欧洲安全局势严重失衡。一方面,这场战争对泛欧安全架构产生持久影响。在俄乌冲突之前,欧盟试图建立一个协调北约、欧安组织以及欧盟自身安全防务机制的欧洲安全格局,同时谋求加强欧洲自身防务力量在北约中的支柱作用。但俄乌冲突爆发后,欧盟原本想要建立的欧洲安全格局前景越发渺茫,具有泛欧性质的欧安组织开始倒向美国,欧盟对欧洲安全事务的主导能力被进一步削弱。另一方面,欧盟对乌克兰的军事援助政策更多的是临时性和反应性的,凸显了欧盟军事防务力量准备的不足。在可预见的未来,欧盟仍然面临着一个只能缓和而不能完全解决的根本困境:在欧洲新的对抗性安全秩序中,欧盟对美国的战略依赖增加,而美国对欧盟的长期联盟承诺却充满不确定性。[38]向乌克兰提供大量军事援助及对俄罗斯实施严厉制裁的决定表明,欧盟有意愿实现其增加战略自主性并成为有能力的国际行为体的承诺。

早在2021年3月,欧盟就推出了价值50亿欧元的欧洲和平基金,这一基金将为欧盟军事与国防领域的共同外交与安全政策相关行动提供资金。[39]同年5月,欧盟宣布建立欧洲国防基金,加大对先进国防技术和设备的投资与支持。[40]在安全防务领域,欧盟发布《战略指南针》计划,要求组建一支可在危机中迅速部署并开展行动的5 000人快速反应部队,包括了海、陆、空和网络力量。[41]随后,欧盟委员会又发布了一系列新提案,旨在推动欧洲防务项目取得进展。例如,欧委会建议有兴趣在国防设备上进行合作的成员国可以组成欧洲防御能力联盟,同时欧洲防务基金每年将为成员国国防设备联合研发项目提供超过 10 亿欧元的资金以促进欧盟防务自主的发展。[42]2022 年 5 月 18 日,欧盟提出要在防务建设方面通过联合采购加强欧盟防务能力,并成立了联合采购工作组。[43]两个月后,欧盟委员会通过共同采购法案,该法案旨在在 2022—2024 年间提供 5 亿欧元的预算以加强欧盟国防工业。[44]这两项措施是作为紧急措施提出的,以应对欧盟在援助乌克兰时出现的军备短缺情况。不过,它们也是欧盟追求防务自主的一部分,只是俄乌冲突加速了欧盟追求防务自主的行动。按计划,欧洲国防投资计划法规也将在 2024 年之后被实施,以为建立欧洲防务能力联盟做准备。[45]在军事援乌方面,欧盟通过加大对乌克兰的援助,表明其可以在安全危机中担起重任,这也是实践战略自主的一种体现。2023 年 2 月,欧盟通过了第七个价值 5 亿欧元的框架计划,用于支持欧盟对乌军事援助团的培训工作。到目前为止,欧盟在欧洲和平基金框架下的对乌军事援助总承诺额已达 36 亿欧元。[46]

然而,由于欧洲安全形势日趋复杂化,欧盟应对新安全环境能力的不足反而被凸显出来。俄乌冲突造成的大国竞争复杂化使欧盟不仅要兼顾短期内保障自身安全的目标,还要从长远角度考虑如何在中美竞争中扩展自主空间,维护自身利益。其次,俄乌冲突对欧洲地缘安全形势产生了深远的影响,凸显了美国在欧洲安全中发挥的核心作用,欧盟未来在发展自主防务力量时需要更多地考虑北约和美国的反应。最后,俄乌冲突使国际贸易与能源供应链进一步受阻,欧洲经济不堪重负,进一步扩大了欧盟战略自主能力与愿景的差距。这些因素的相互叠加,导致欧盟战略自主受到了一定程度上的压制。

俄乌冲突爆发后,日本认为这给世界秩序带来了历史性转变,世界正在进入"新冷战"时代,全球安全形势发生重大变化,或将重返"武力对峙"的时代。因此,日本的岸田文雄内阁反应激烈,不仅与美欧各国一起谴责和制裁俄罗斯,而且紧跟美欧加大对乌克兰提供资金和物质援助,迄今已对乌克兰进行了56亿美元的财政和军事援助。但囿于和平宪法的束缚,日本对乌克兰的军事援助并无武器装备,即使在美国要求日本加大对乌提供弹药时,日本内部依旧维持谨慎姿态,只同意追加援助排雷的相关装备。日本的重心是借此加快新一轮的外交战略调整和布局,积极重塑日美同盟。[47]简单说就是从"追随配合"美国转向利用或借重中美博弈与美"印太战略","借船出海",扩大自身军事力量建设,与所谓"志同道合"的伙伴,联手一系列中等强国,主动塑造地区安全形势的同时,提升日本在地区的国际影响力。

尤其日本看的是乌克兰,心中所想却是中国。如日本与乌克兰发表的《特别全球伙伴关系联合声明》中,毫不隐讳地强调说,欧洲—大西洋和"印太"安全不可分割,强烈反对"任何单方面以武力或胁迫改变东海和南海现状的企图","台湾海峡和平稳定是国际社会安全与繁荣不可或缺的因素"。[48]恰因为如此,在俄乌冲突爆发后,日本才不断地借助各种场合竭力渲染"中国威胁论",说什么应对俄罗斯对乌克兰的军事行动采取史无前例的最严厉制裁,若"轻纵"俄罗斯的话,就是"助长"了中国的"野心"。[49]

日本不但刻意拿中俄关系说事,还决定在5年时间内将防卫支出加倍,从占GDP的1%提升至2%。更为重要的是,日本刻意将中国政府在台湾问题上的原则立场渲染成对"印太"地区的和平与稳定和"自由国际秩序"的一种挑战,因此将中俄绑定的同时,就是蓄意将台湾问题与乌克兰局势进行"扭曲联结"。[50]

欧盟和日本始终对俄乌冲突高度关注。早在冲突爆发前的2022年2月15日,日本首相岸田文雄与欧盟委员会主席乌尔苏拉·冯德莱恩通电话。两位领导人一致认为,他们密切关注乌克兰周边局势,一贯支持乌克兰的主权和领土完整,将继续密切协调以推动局势降级。[51]欧盟—日本首脑会议、欧日外长会、欧盟—日本议会间会议等多个重要会议都对这个议题进行了讨论。如欧日领导人"强烈谴责俄罗斯的侵略行径,要求俄罗斯立即停止对乌克兰领土的军事侵略,立即无条件地从乌克兰全境撤出所有部队和军事装备,并充分尊重乌克兰在国际公认边界内的领土完整、主权和独立"[52]。欧日表示将继续向乌克兰提供协调一致的政治、财政、物质和人道主义支持。双方认为俄罗斯此举不仅在欧洲,而且在亚洲都动摇了国际秩序的基础,双方重申了七国集团和国际社会团结合作进行应对的重要性。

第三节 "印太"框架下欧日的安全合作

一、"印太"概念的提出与演变

区域主义在日本外交中的主要实践主要体现在"印太"这一概念的提出与落实上。"印太"作为一个跨区域的地缘政治构想,是日本在国际秩序面临变动的新环境下,特别是在中美国力的"东升西降"和中国被认为通过"一带一路"等举措主导区域秩序构建的现实刺激下而催生出的一种地区战略。表面上,日本意图通过构筑"自由与开放"的包容性区域秩序架构,确保以包含法治在内的规则为基础的国际秩序、航行自由、纷争的和平解决、推进自由贸易等为区域国际公共产品的提供手段,来实现一个安全与繁荣的"印太",并借以确保自身的国家安全和经济利益。[53]但其暗含的一元排他性价值理念导致其本质是"有选择的多边主义",加之在"美主日从"的非对称性同盟框架和中美战略性竞斗趋向长期化、深度化等结构性矛盾的影响下,在外交操作中呈现的却是积极打造一个遏制打压中国的"小圈子"。而且,在拜登主政后,这一趋势更加明显。

中美国力的"东升西降"可以说是国际大变局中最具影响力的体系变量。从国际大趋势来看,这意味着中国在国际权利财富和利益分配中正前所未有地走近世界中心,完全由西方国家主导的局势正发生历史性变革。[54]而面对这一变局,日本认知的本体论源自其对西方国家的身份认同和自我定位,并进一步关注对日本产生的影响。具体而言,日本一方面对中国崛起和美国衰弱所引发的权力转移朝向有利于中国的方向发展,尤其是如影随形的导致东亚原有权力秩序的失衡深感忧虑。但日本自认是美国的重要盟国,且是地区多元力量的中心之一,因此强调自身应在维护以美国为主导的"自由国际秩序"方面发挥一定的主导和引领作用。

另一方面,"印太"地区无疑是中美战略竞斗最为激烈的地区。然而,从经贸视角来看,该地区是全球经济发展最为活跃的地区,是拉动全球经济发展的重要引擎。这种复杂的地区局势,导致所谓"安全靠美国"和"经济靠中国"的现象反映的是一种二元分离悖论,也使得各国面临如何避免在中美之间"选边站"。日本学者认为:"在塑造'印太'地区稳定和繁荣方面发挥积极作用,是最符合日本国家利益的外交抉择。"[55]从日本近年来的外交实践来看,由日本首倡、美国跟进的"自由开放的印度—太平洋战略"(Free and Open Indo-Pacific Strategy)可谓落实上述战略应对的最主要载体。[56]

"印太战略"是一个系统性的外交布局,涵盖政治、安全及经济等诸多领域。政治层面上日本追求的是在"印太"地区普及自由、民主、法治等价值理念;安全层面上则关注以法治、航行自由和确保海上交通线的安全为基础的海洋秩序能否得到维系和强化,并视之为确保"印太"是否和平与稳定的关键;经贸层面上则坚持多边主义架构和自由贸易秩序,让"印太"维持经济繁荣。[57]

"自由开放的印度—太平洋战略"虽然是前首相安倍晋三于2016年8月在内罗毕举行的第六届东京非洲发展国际会议(TICAD)上正式提出的,但其构思和相关准备可谓由来已久。早在2006年安倍首次执政前夕,他便提出了"日美澳印"四国安保对话构想。2007年8月22日,安倍在印度国会发表演讲时,首次提出"自由开放的印度—太平洋战略",强调说"太平洋和印度洋正成为自由与繁荣之海,带来富有活力的联系,一个打破地理疆界的'更为广泛的亚洲'已经明确出现",而日印两国作为"思维方式相同的民主海洋国家",应促进"更为广泛的亚洲的自由和繁荣"。[58]安倍再度胜选后,也提出过囊括日美澳印的"民主安全菱形"构想,强调四国要构建横跨印度洋—太平洋的关系网络,以确保安全和繁荣。[59]

让"印太战略"构想变成行动的主要外部动因有二:其一,日本认为中国正凭借武力在东海、南海"单方面改变现状",强调说这严重威胁了日本在该海域的航行自由和航行安全,更是对基于国际法的国际秩序和国际规范的严重挑战。[60]而伴随"一带一路"倡议的不断落实,日本担忧中国正运用自身综合国力,意图在沿线地区构筑一个由中国主导的区域秩序,甚而通过"一带一路"合作从而在海外建立军事基地。[61]其二,日本一直主张日美同盟是维系区域稳定和繁荣的基石,但美国综合国力处于衰退中,尽管主观上想强化在"印太"地区的存在,但客观实力已力不从心,因此自然希冀日本能够积极发挥作用,将"印太"和欧美统合到"自由国际秩序"的旗帜之下。[62] 以此为基础也就不难理解,为何到 2016 年安倍正式提出"印太战略"时,他不但强调要"把亚洲到非洲这一带建设成为发展与繁荣的大动脉",更主张要把"连接亚非大陆的海洋变成和平与规则主导的海",且这一秩序原则"应当成为 21 世纪世界秩序的政策基础"。[63]

从构想到行动,"印太"概念与安倍晋三拥有强势的政治主导力和外交推动力息息相关。然而,继任的菅义伟和岸田文雄显然不具备安倍那样的强势掌控力,执政根基也不稳固,因而根本无力像安倍那样在"印太"倾注心力。更为重要的是,在"美主日从"的非对称性同盟框架和中美战略性竞斗趋向长期化、深度化等结构性矛盾的影响下,日本在"印太"问题上的方向性越来越趋同于美国的"印太战略",呈现出遏制打压中国、维霸战略的冷战思维。且伴随拜登政府强化同盟体系,搞排他性的体系"小圈子"等政策的不断落实,这一倾向也日渐凸显。基于此,如果说安倍时代日本在"印太"的外交布局多少还能在被美国"印太战略"主导的同时,呈现一丝外交自主性和日美有别的"软中带硬"的特征的话,岸田内阁时期的日本角色则已经跌落成为仅是美国"印太战略"的重要参与者而已。

2021 年 9 月,欧盟发布《欧盟印太合作战略》(The EU strategy for cooperation in the Indo-Pacific)政策文件。[64] 这也是欧盟委员会主席冯德莱恩倡导的"地缘政治欧委会"在对华政策上的具体体现。欧盟"印太战略"提出要加强在"印太"的军事存在,在地区安全上扮演更加积极和有效的角色。欧盟提出在所谓

"民主、法治、人权和国际法"原则下,全面加强与印度洋区域的战略联系,同时提出印度洋是欧洲国家进入"印太"区域的门户,欧盟将全面加强与印度的关系。这意味着欧盟将其地缘政治抱负扩展至中国的地缘政治敏感地带,将给"印太"地区原本就很复杂的地缘政治形势带来新的挑战。欧盟"印太"合作战略关注包括中国等在内的军事实力发展,并以人权、气候变化等理由涉入区域事务,例如强调南海渔业资源对气候变化和全球生态平衡的重要性,借此推行基于人权和民主自由的价值观外交。

二、欧日在"印太"框架下的安全合作

现阶段,日本在"印太"框架下积极扮演"辅美遏华"的"急先锋"角色,重点就是积极地让日美同盟在结构性功能方面体现出溢出效应,并拓展其安全功能。而从日本的实际操作来看,其安全"朋友圈"由一个"安保同心圆"和一个"安保倒金字塔"构成。前者呈现了一个以同盟关系为内核,向外围依次以"准同盟"关系、"特殊全球战略伙伴关系"、签署《防卫装备品和技术转移协定》、确立战略性合作框架等关系构成的同心圆结构,后者以日美为第一层;以澳大利亚、印度为第二层;以东盟国家,主要是越南、菲律宾、印度尼西亚等环南海国家为第三层;以英、法、德等欧盟国家及地区其他国家为第四层的倒金字塔型立体结构。[65]在此背景下日本与北约的关系也愈发紧密,北约甚至计划在东京设立办事处。

欧日在 EPA 和 SPA 所构筑的双轮战略性合作框架下,强调要在全球性议题的各个领域强化合作。而在安全领域,日本的合作重心是德法两国,如日德、日法都建立了"2＋2"磋商机制,日德签署了《军事情报保护协定》,日法则签署了《物资劳务相互

提供协定》《防卫装备品和技术转移协定》,法国也已向日本表示有意缔结《互惠准入协定》。至于日英关系,原本两国便是将印太安全作为合作的战略重点,并建立了"2＋2"磋商机制,且随着英国加入美英澳三边安全伙伴关系,日英还就批准《互惠准入协定》达成了原则共识,因此未来日英安全合作将会呈现更加浓厚的"印太"指向是毋庸置疑的。[66]

对于日本提出的"自由开放的印度—太平洋"(FOIP)概念,欧盟也表现出日益浓厚的兴趣,并同意在此框架下加强同日本的合作。日本对此当然是乐见其成。2021年1月18日,日本首相菅义伟在第204届国会上的施政演说中指出,在深化与美国、东盟、澳大利亚、印度、欧洲等价值观同盟国家合作的同时,将与更多国家和地区一道,共同实现"自由开放的印度—太平洋"。日本提出"自由开放的印度—太平洋","日本欢迎随着欧洲在印太地区利益的增长,为了实现FOIP,日本和欧盟将促进以下领域的合作:促进和巩固国际社会的基本原则,如民主、人权和法治;维护和加强多边贸易体系和国际规则制定;加强区域内的互联互通;以及海上安全等"[67]。针对日方表态,许多欧盟成员国的外长对确保"印太"地区以规则为基础的国际秩序的重要性表示理解和支持。双方确认,必须进一步促进互联互通、海上安全、环境和气候变化以及数字等领域的合作,认识到需要通过与包括美国在内的其他志同道合的国家合作,在国际社会发挥领导作用。双方寻求加强与东盟在该地区的合作,并支持东盟的"印太展望"战略(the ASEAN Outlook on the Indo-Pacific)。欧日还同意将强化与南亚和太平洋岛国的合作。

受此影响,2021年欧盟与日本在经贸、安全、全球治理等领域开展诸多合作与对话的同时,双方对话中涉及对"印太"区域和平与安全问题的关注度也在持续增加。欧盟认识到,欧盟需要学会像一个地缘政治大国那样思考,必须积极参与"印太"地区的大国博弈,否则将被边缘化,其安全及全球角色很大程度上取决于它在"印太"地区影响力的投射,该地区的形势走向对重塑国际秩序影响重大。一方面欧日双方均认为中国的未来发展对彼此而言是紧要的课题,尤其是中国经济的走势,另一方面中国因素日益成为欧日关于"印太战略"对话中的焦点问题。

欧盟和日本一致认为,欧洲的安全和"印太"的安全是不可分割的,他们将在俄乌局势上继续密切合作,并努力实现"自由开放的印度—太平洋",以确保保护西方主导国际秩序。[68]欧日对东亚地区的局势,尤其是朝鲜核问题、南海问题、东海问题,以及台海形势保持较高的关切。

在 2022 年 5 月 12 日召开的第 28 届欧日峰会中,"印太"议题再次凸显。欧盟强调,日本是欧盟在印度—太平洋地区最密切的战略伙伴。双方要加强合作,建立一个包容各方、基于法治和民主价值观、不受胁迫约束的"自由开放的印度—太平洋"。在地区层面,欧日强调了支持东盟的团结和中心地位,寻求与东盟建立协同作用,支持东盟的印度—太平洋展望(AOIP)。双方还谈及对朝鲜半岛、东海局势等地区安全议题的关切。在双边层面,决定进一步在"印太战略"中推进可持续互联互通和优质基础设施方面的伙伴关系数字和绿色合作,并就安全与防务,包括核不扩散与裁军以及应对混合威胁等问题进行密切的磋商。在多边层面,欧盟与日本的合作强调在基于"印太战略"的合作框架下关键基础设施安全和供应链弹性。概言之,欧盟与日本认为"印太秩序"已成为未来以规则为基础的国际秩序和多边主义的基石。其中中国因素的议题也被纳入欧日关于"印太战略"

对话的关切。欧日基于"印太战略"的合作会依托《欧盟—日本经济伙伴关系协定》（以下简称 EPA）、SPA 和全球治理的合作基础继续拓展。[69]

2022 年 6 月举行的七国集团峰会期间，日本与欧盟机构和成员国展开了诸多沟通，英日、法日、德日首脑会谈相继举行，欧盟和日本就共同关心的俄乌冲突以及"印太战略"交换了意见。6 月 29 日下午，岸田文雄出席了北约峰会，也是日本首相历史上首次参加该峰会。岸田参与了北约与伙伴国家关于俄乌冲突和"印太"地区安全形势的讨论。在联合公报中，欧盟多次提及日本是促进各领域合作的伙伴国家。日方回应道，日本和欧盟拥有共同的自由、民主和法治等基本价值观，将继续在安全和防卫、经济、区域互联互通、气候变化和数字化等广泛领域进一步推进具体合作，以实现"自由开放的印度—太平洋"。进一步地，9 月 27 日，岸田与来日本参加安倍晋三葬礼的欧洲理事会主席查尔斯—米歇尔举行了会谈，就乌克兰局势和朝鲜核问题共同发表声明，表示严重关切。[70]

在 2022 年 11 月 4 日召开的欧日外长会议上，双方再度就东亚局势交换了意见。欧日对东海和南海地区军事活动的增加表示强烈关注。此外双方表示将加深关于中国问题的交流，特别是在政治、经济和安全动态方面。欧日也对伊朗核问题表示关心并交换了意见。他们共同支持恢复《伊朗联合全面行动计划》（JCPOA）并确保其全面实施，强烈敦促伊朗不要让其核计划进一步升级。[71]

2022 年 11 月 14 日，在二十国集团巴厘岛峰会期间，欧盟委员会主席冯德莱恩与岸田文雄进行了会晤，就俄乌冲突以及"印太"地区事务，包括对中国和朝鲜的看法交换了意见，双方表示在国际社会面临历史转折点之际,日本、欧盟这些拥有共同价值观的国家必须密切合作,应对国际社会面临的挑战。联合声明草案中,加入了"进一步发展日本与欧盟的安全保障伙伴关系"内容,写明双方将创建部长级定期会晤的战略对话机制,重点就安全领域合作进行对话,并着手制定新的双边安全合作框架。[72]而在2023年7月的第29届欧日峰会中,双方对欧日安全合作新的表述为"鉴于和平与安全面临前所未有的挑战,我们认识到进一步发展战略合作的重要性,将建立外交部长级战略对话。我们还将进一步发展我们的安全伙伴关系,这将促进在海事安全、网络安全,包括外国信息操纵和干扰在内的混合威胁(FIMI)、反恐、裁军、核不扩散与国际和平合作等方面加强合作"。为此,双方还决定将在亚太地区实施联合警备训练。[73]

本章小结

冷战结束后,欧日关系的基本定位是双方认可彼此是坚持所谓"普适价值"的战略性伙伴,欧日认为双方在自由、民主主义、法制社会等方面拥有相同的价值观,尽管在地理上相隔万里,却是"天然"的战略性伙伴。而这一共识可以说奠定了欧日推进国际合作的最重要基础。欧日合作逐渐形成基于价值观合作为主体,安全及经济合作为两翼的一体两翼新合作模式。欧日战略伙伴关系的建立促使双方关系持续趋近并建立了稳定的双边合作。双方对话中涉及对东亚区域和平与安全问题的关注度也在持续增加。欧日之间的交流中涉及传统安全和非传统安全的政治的对话日益增加,新兴国家崛起使得欧日整体实力相对衰弱,如何应对新兴国家崛起的议题也逐渐成为双方交流中的重要议题之一。

在安全合作领域，欧日基于相同的价值理念和意识形态，希冀从规范的角度出发对东亚安全形势形成一种制约的合力，且专注点也逐渐集中到了双方建立危机管理合作机制上来，这种意图在安全合作领域却很难达成立场和行动的一致。这具体反映在欧盟与日本对于欧日战略双轨协议的期待存在差异。在安全领域，中国在南海及东海的种种维权举动被欧日视为对现行国际秩序的一种挑战，但基于地缘政治等因素影响，相比日本是中国的近邻，远在亚欧大陆另一侧的欧盟显然对该议题的反应程度不那么强烈。不言而喻，这也导致双方对该议题的合作存在认知落差。

欧日这种针对中国的合作势必给中欧关系带来一定的负面影响，但基于中国综合国力的日益增强和欧日彼此关系（尤其是经济关系）的日益紧密，现阶段欧日联手制约中国的合作更多地停留在"说"的层面，而在"做"的层面仍面临诸多限制。虽然双方战略合作会日益紧密，但是双方以价值观合作为基础来制衡中国的战略目的还难以实现。虽然欧盟和日本之间安全合作的具体领域和程度可能会有所不同，但这取决于不断变化的地缘政治格局、政策优先事项以及有关各方之间的双边协议。自2019年2月1日SPA生效后，欧盟和日本围绕双边、地区和全球挑战等问题进行了多次政治对话，双方表示将进一步加强在安全和防务方面的密切磋商，包括在核不扩散和裁军以及应对混合型威胁方面。

当前，俄乌冲突对国际地缘政治格局产生深远影响，加速了地缘政治力量版图的分化与重组，中、美、俄、欧原本复杂且交织的平衡关系被打破。虽然这场战争催化了世界政治力量的两极化,但中美战略竞争仍然是未来世界格局的核心特征,这两个趋势叠加在一起使欧盟在中美之间自主决策的空间越来越小,这可能导致欧盟在国际事务中的角色进一步被边缘化,出于抱团取暖的考虑,欧盟与日本基于价值观同盟基础上的安全合作会更加紧密。

欧盟与日本认为"印太秩序"已成为未来以规则为基础的国际秩序和多边主义的基石。其中中国因素的议题也被纳入欧日关于"印太战略"对话的关切。欧日基于"印太战略"的合作会依托 EPA、SPA 和全球治理的合作基础继续拓展。欧日将扩大在网络安全、打击虚假信息、海上安全、危机管理等领域的实际合作,并提出致力于实现一个没有核武器的世界这一最终目标,包括资源管理(其中包括水、粮食和能源)、自然灾害预防和管理、网络防御、军备控制、防扩散等是欧盟和日本在安全合作方面持续拓展的领域。

注　释

1. The European External Action Service, "Shared Vision, Common Action: A Stronger Europe—A Global Strategy for the European Union's Foreign and Security Policy," http://eeas.europa.eu/top_stories/pdf/eugs_review_web.pdf.

2. M. Von Hein, "Opinion: Dangerous Escalation over Disputed Islands," DW, 2013, http://www.dw.de/opinion-dangerous-escalation-over-disputed-islands/a-17258366.

3. Council of the European Union, *Guidelines on the EU's Foreign and Security Policy in East Asia*, 12 June 2012, Brussels.

4. N. Cassarini, "The Securitisation of EU-Asia Relations in the Post-Cold War Era," in T. Christiansen, E. Kirchner and P. Murray eds., *The Palgrave handbook of EU-Asia relations*, Palgrave: Basingstoke, 2013, pp.181—197.

5. "22nd EU-Japan Summit Joint Press Statement", http://www.euinjapan.jp/en/resources/news-from-the-eu/news2014/20140507/210016/.

6. "Press Remarks by President of the European Council Herman Van Rompuy following the 22nd EU-Japan Summit," Brussels, EUCO 102/14, PRESSE 275, PRPCE 92, May 7, 2014.

7. European Union External Action, "A Strategic Compass for Security and De-

fence," https://www.eeas.europa.eu/eeas/strategic-compass-security-and-defence-0_en.

8. 蔡亮:《"范式均势" 视阈下安倍内阁对中国崛起的认知与应对》,《日本学刊》2017年第 4 期,第 43 页。

9. 鶴岡路人「日欧安全保障協力——NATOとEUをどのように『使う』か」、『防衛研究所紀要』第 13 号(2010 年)、31—56 頁。

10. 五十嵐仁「安倍政権と安保法制・憲法・外交・基地問題」、『大原社会問題研究所雑誌』、2017 年 2 月号、45—55 頁。

11. Ken Jimbo, "Japanese Foreign Policy: 2006—2013, Responding to the Rise of China," *CIDOB International Yearbook*, 2013, pp.1—2.

12. 神谷万丈「東アジア地域秩序の動向—リアリズムの立場から」、『国際問題』2013 年 7・8 月号、10 頁。

13. 中村民雄「日欧戦略的パートシップ協定(SPA)の法的意義」、『日本 EU 学会年報』第 41 号(2021 年)、1—26 頁。

14. A. Fukushima, "Japan-Europe Cooperation for Peace and Stability: Pursuing Synergies on a Comprehensive Approach," Policy Brief Asia Program April, The German Marshall Fund of the United States, 2015, www.gmfus.org/publications/japan-europe-cooperation-peace-and-stability.

15. Ibid.

16. European Commission, "The EU and Japan Acting Together for Global Peace and Prosperity," European Commission 22nd EU-Japan Summit Joint Press Statement, 7 May, 2014, http://europa.eu/rapid/press-release_STATEMENT-14-151_en.htm.

17. Axel Berkofsky, Christopher W. Hughes, Paul Midford and Marie Söderberg ed., *The EU-Japan Partnership in the Shadow of China: The Crisis of Liberalism*, Routledge, 2019.

18. A. Berkofsky, *EU-Japan Relations from 2001 to Today: Achievements, Failures and Prospects*, Japan Forum, Vol.24, No.3, 2012, pp.265—288.

19. 中村民雄「日欧戦略的パートシップ協定(SPA)の法的意義」、『日本 EU 学会年報』第 41 号(2021 年)、1—26 頁。

20. Michael Reiterer, "The EU's Security Interests in East Asia: Japan as a Strategic Partner?" in Dimitri Vanoverbeke, Takao Suami et al. eds., *Developing EU-Japan Relations in a Changing Regional Context*, Routledge, 2017, pp.49—70.

21. M. Tsuruoka, "The EU and Japan: Making the Most of Each Other. European Union Institute for Security Studies (EUISS)," 2013, www.iss.europa.eu/publications/detail/article/the-eu-and-japan-making-the-most-of-each-other.

22. European External Action Service (EEAS), "Shaping of a Common Security and Defence Policy," 8 July, 2016, https://eeas.europa.eu/headquarters/headquarters-homepage/5388/shaping-common-security-and-defence-policy_en.

23. European Commission, "Factsheet on the 20th EU-Japan Summit in Brussels," 28 May, 2011, http://europa.eu/rapid/pressReleasesAction.do?reference=MEMO/11/356, last accessed on 15 June 2017.

24. R. Korteweg, "Will Europe Scratch Japan's Back?" June/July, 2014, Centre for European Reform, http://www.cer.org.uk/sites/default/files/publications/attachments/pdf/2014/rk_final_piece-9021.pdf.

25. "23rd Japan-EU Summit Joint Press Statement，" http：//www.euinjapan.jp/en/resources/news-from-the-eu/news2015/20150529/194003/.

26. 外務省『G7タオルミーナ首脳コミュニケ』、2017 年 5 月 27 日、http：//www.mofa.go.jp/mofaj/files/000260045。

27. Yusuke Anami，Bonji Ohara and Tomoki Kamo，"Handle China's Maritime Assertiveness through 'Internationalization'，" *Diplomacy*，Vol.39，Sep.，2016，p.19.

28. 防衛省『平成 28 年版防衛白書』、http：//www.mod.go.jp/j/publication/wp/wp2016/pdf/28010201.pdf。

29. Yusuke Anami，Bonji Ohara and Tomoki Kamo，"Handle China's Maritime Assertiveness through 'Internationalization'，" *Diplomacy*，Vol.39，p.18.

30. EEAS，"Declaration by the High Representative on Behalf of the EU on the Award Rendered in the Arbitration between the Philippines and China，" 引自 http：//eeas.europa.eu/archives/delegations/vietnam/press_corner/all_news/news/2016/20160715_en.htm。

31. "Declaration by the High Representative on Behalf of the EU on Recent Developments in the South China Sea，" http：//www.consilium.europa.eu/en/press/press-releases/2016/03/11-hr-declaration-on-bealf-of-eu-recent-developments-south-china-sea/.

32. 孙文竹：《日本强化对欧安全合作的动因与前景》，《和平与发展》2022 年第 5 期，第 103—121、143 页。

33. https：//ec.europa.eu/commission/presscorner/detail/en/statement_23_3846.

34. 防衛省「国家安全保障戦略について」、https：//www.mod.go.jp/j/policy/agenda/guideline/pdf/security_strategy.pdf；外務省『令和 5 年版外交青書』、https：//www.mofa.go.jp/mofaj/files/100523089.pdf；防衛省「令和 5 年版防衛白書」、https：//www.mod.go.jp/j/press/wp/wp2023/pdf/R05zenpen.pdf。

35. https：//www.crimario.eu/to-enhance-maritime-security-and-interagency-cooperation-sri-lanka-and-maldives-in-a-command-post-exercise-organised-by-crimario/.

36. 外務省「日 EU 外相会談」、https：//www.mofa.go.jp/mofaj/erp/ep/page4_005323.html。

37. 「岸田総理大臣とミシェル欧州理事会議長との会談」、https：//www.mofa.go.jp/mofaj/erp/ep/page3_003456.html。

38. Nicolai von Ondarza and Marco Overhaus，"Rethinking Strategic Sovereignty：Narratives and Priorities for Europe after Russia's Attack on Ukraine，" https：//www.swp-berlin.org/en/publication/rethinking-strategic-sovereignty。

39. European Union External Action，"Questions & Answers：The European Peace Facility，" https：//eeas.europa.eu/headquarters/headquarters-homepage/46286/questions-answers-european-peace-facility_en。

40. European Commission，"The European Defence Fund（EDF），" https：//ec.europa.eu/defence-industry-space/eu-defence-industry/european-defence-fund-edf_en。

41. European Union External Action，"A Strategic Compass for Security and Defence，" https：//www.eeas.europa.eu/eeas/strategic-compass-security-and-defence-0_en。

42. Nick Witney，"Five Reasons Driving European Defence Integration after the Ukraine Invasion，" https：//ecfr.eu/article/five-reasons-driving-european-defence-integration-after-the-ukraine-invasion/.

43. European Commission，"EU Steps Up Action to Strengthen EU Defence Capabilities，Industrial and Technological Base：Towards An EU Framework For Joint Defence Procurement，" https：//ec. europa. eu/commission/presscorner/detail/en/IP_22_3143.

44. European Commission，"Defence Industry：EU to Reinforce the European Defence Industry through Common Procurement with a €500 Million Instrument，" https：//ec. europa. eu/commission/presscorner/detail/en/IP_22_4491.

45. European Commission，"EU Steps Up Action to Strengthen EU Defence Capabilities，Industrial and Technological Base：Towards An EU Framework For Joint Defence Procurement，" https：//ec. europa. eu/commission/presscorner/detail/en/IP_22_3143.

46. Agnes Szucs，"EU Approves Another ＄600M in Military Aid to Ukraine，" https：//www.aa.com.tr/en/europe/eu-approves-another-600m-in-military-aid-to-ukraine/2804820.

47. 外務省「日米韓首脳共同声明『キャンプ・デービッドの精神』」、https：//www.mofa.go.jp/mofaj/files/100541771.pdf。

48. 外務省「日本とウクライナとの間の特別なグローバル・パートナーシップに関する共同声明」、https：//www.mofa.go.jp/mofaj/files/100478708.pdf。

49. 「林外務大臣対面インタビュー」、2022 年 4 月 8 日、https：//www. mofa. go. jp/mofaj/p_pd/ip/page6_000560_00010. html；「日米外相会談」、2022 年 4 月 7 日、https：//www.mofa.go.jp/mofaj/na/na1/us/page1_001134.html；「日印首脳会談」、2022 年 3 月 19 日、https：//www.mofa.go.jp/mofaj/s_sa/sw/in/page3_003247.html；「日米外相電話会談」、2022 年 2 月 26 日、https：//www.mofa.go.jp/mofaj/press/release/press1_000742.html。

50. Anne-Marie Slaughter, Kishore Mahbubani, Stephen M. Walt, Toshihiro Nakayama, Shannon K. O'Neil, C. Raja Mohan and Robin Niblett，"U.S. Grand Strategy After Ukraine," *Foreign Policy*，March 21, 2022, https://foreignpolicy.com/2022/03/21/us-geopolitics-security-strategy-war-russia-ukraine-china-indo-pacific-europe/.

51. https：//www.mofa.go.jp/erp/ep/page4e_001193_00001.html.

52. 外務省「日・EU 外相電話会談」、https：//www. mofa. go. jp/mofaj/press/release/press4_009278.html。

53. Kei Koga，"Japan's 'Indo-Pacific' Question：Countering China of Shaping a New Regional Order？"，International Affairs，Vol.96，Issue. 1，pp.49—73.

54. 张蕴岭、杨光斌等：《如何认识和理解百年大变局》,《亚太安全与海洋研究》2019 年第 2 期,第 1—14 页。

55. Hiroyuki Suzuki，"Japan's Leadership Role in a Multipolar Indo-Pacific," October 23, 2020，https：//csis-website-prod. s3. amazonaws. com/s3fs-public/publication/201023_Suzuki_Japan％27s_Leadership_in_Indo-Pacific_1.pdf.

56. 北岡伸一『世界地図を読み直す—協力と均衡の地政学—』、新潮選書、2019 年、19 頁。

57. 防衛省「平成 31 年度以降に係る防衛計画の大綱について」、https：//www. mod.go.jp/j/approach/agenda/guideline/2019/pdf/20181218.pdf；外務省「自由で開かれたインド太平洋に向けて」、https：//www.mofa.go.jp/mofaj/files/000407642.pdf。

58. 外務省「インド国会における安倍総理大臣演説『2つの海の交わり (Confluence of the Two Seas)』」、2007 年 8 月 22 日、https：//www.mofa.go.jp/mofaj/press/enzetsu/19/eabe_0822.html。

59. Shinzo Abe，"Asia's Democratic Security Diamond," http：//www.project-syndi-

cate.org/Commentary/a-strategic-alliance-for-japan-and-india-by-shinzo-abe.

60. 防衛研究所編「東アジア戦略概観 2020」、http://www.nids.mod.go.jp/publication/east-asian/pdf/eastasian2020/j07.pdf。

61. 菅義偉『政治家の覚悟』、文春新書、2020 年、236 頁；防衛省「令和 3 年版防衛白書」、https://www.mod.go.jp/j/publication/wp/wp2021/pdf/wp2021_JP_Full.pdf。

62. 兼原信克『歴史の教訓─「失敗の本質」と国家戦略─』、新潮新書、2020 年、192 頁、196 頁。

63. 外務省「TICAD VI 開会に当たって・安倍晋三日本国総理大臣基調演説」、2016 年 8 月 27 日、https://www.mofa.go.jp/mofaj/afr/af2/page4_002268.html。

64. The EU strategy for cooperation in the Indo-Pacific，https://www.eeas.europa.eu/eeas/joint-communication-indo-pacific_en.

65. 陆伟：《领导力、均势与日本联盟战略的新选择》，《日本学刊》2020 年第 1 期，第 14—44 页。

66. 外務省『令和 4 年版外交青書』、https://www.mofa.go.jp/mofaj/files/100334590.pdf；外務省『日英首脳会談』、2022 年 6 月 28 日、https://www.mofa.go.jp/mofaj/erp/we/gb/shin4_000044.html。

67. 首相官邸「第二百四回国会における菅内閣総理大臣施政方針演説」、2021 年 1 月 18 日、https://www.kantei.go.jp/jp/99_suga/statement/2021/0118shoshinhyomei.html。

68.「林外務大臣のフランス・EU 共催『インド太平洋閣僚会合』への出席（結果）」、https://www.mofa.go.jp/mofaj/press/release/press1_000731.html。

69. https://www.eeas.europa.eu/delegations/japan/eu-japan-summit-12-may-2022_en.

70.「岸田総理大臣とミシェル欧州理事会議長との会談」、https://www.mofa.go.jp/mofaj/erp/ep/page3_003456.html。

71.「日・EU 外相会談」、https://www.mofa.go.jp/mofaj/erp/ep/page1_001376.html。

72.「岸田総理大臣とフォン・デア・ライエン欧州委員長との会談」、https://www.mofa.go.jp/mofaj/erp/ep/page4_005705.html。

73.「第 29 回日 EU 定期首脳協議共同声明」、https://www.mofa.go.jp/mofaj/files/100528226.pdf。

第五章

欧日在互联互通领域的合作

欧盟与日本已经签署了可持续互联互通和高质量基础设施伙伴关系协议（The Partnership on Sustainable Connectivity and Quality Infrastructure between the European Union and Japan，以下简称"可持续互联互通伙伴关系协议"），双方力图推动欧亚互联互通的"规范性"原则。[1]欧日双方以《欧盟—日本经济伙伴关系协定》（以下简称 EPA）为先导打造全面经济伙伴关系，以《欧盟—日本战略伙伴关系协定》（以下简称 SPA）为框架深化战略伙伴关系，以互联互通为依托拓展合作"新边疆"。互联互通协议与 EPA 和 SPA 遥相呼应，产生联动效应。欧日双方打算在国际和区域机构中进行合作，包括七国集团、二十国集团、经济合作与发展组织、世界银行、国际货币基金组织、欧洲银行等国际论坛，并重建与发展亚洲开发银行。他们还将促进监管合作，实现 EPA。欧盟把欧日合作视为欧亚互联互通的成功典范。首先，欧日双方认为自身致力于建立基于可持续性作为共享价值、高质量基础设施、公平竞争为信念的连通性合作伙伴关系；其次，互联互通合作会在 SPA 和 EPA 框架内进行；继而，欧日会在国际和区域性组织中共同促进基于规则的连通性；最后，合作领域着重于西巴尔干地区、东欧、中亚、印度太平洋和非洲地区。

基于上述制度性安排,未来欧日加强互联互通合作的空间进一步加大。

第一节 欧日在互联互通领域的主要关切

一、"互联互通"释义与欧盟的全球门户战略

当代意义上系统且全面的互联互通实践,是从 20 世纪 90 年代的欧亚大陆互联互通项目开始的。当时东南亚国家联盟(ASEAN)首先建议促进东南亚国家之间的互联互通。2009 年 10 月,第十五届东盟峰会阐述了加强东盟内区域互联互通的重要性。[2]2010 年 10 月,第十七届东盟峰会发布了"东盟互联互通总体规划",提出东盟互联互通战略的三个组成部分,即基础设施的互联互通、机制的互联互通和人文的互联互通。[3]此外,东盟不仅加快了区域内的互联互通,还积极将其发展经验提升到亚太经济合作组织(APEC)。中国的互联互通倡议部分内容就来自东盟和 APEC 经验的启示。[4]

互联互通是中国"一带一路"倡议的核心驱动力,目前也是国际关系和外交政策中的一个流行语。欧盟认为互联互通主要通过改善基础设施来促进经贸合作,尽管也延伸到数字领域和数据管理,并涵盖政策协调和人文交流。在欧盟官方文件中,互联互通被定义为使国家、社会和人民更加紧密地联系在一起。它包括实体和体制的社会文化联系、部门协议以及交通、能源和数字等具体部门的监管和技术合作。[5]互联互通也构成了美中争夺技术领先地位的竞争,其中包括第五代通信网络(5G)等数字连接和基础设施。全球对互联互通的关注已转化为众多重叠的倡议,包括日本的"自由开放印度—太平洋"和优质基础设施伙

伴关系、东盟互联互通总体规划 2025、欧盟互联互通战略、日印亚非战略增长走廊（AAGC）以及欧盟—日本可持续互联互通伙伴关系。

中国已经成为新一轮欧亚互联互通建设的倡导者和引领者。2013 年 4 月,习近平主席在出席博鳌亚洲论坛年会时提出:"中国将加快与周边地区互联互通建设,积极探索建立区域融资平台,促进区域经济一体化,提升区域竞争力。"[6] 2013 年 10 月,在亚太经合组织领导人非正式会议上,习近平主席再次表示,亚太经合组织要顺应潮流,促进亚太地区互联互通,并提出以互联互通促进亚太地区人民在经贸、金融、教育、科学、文化等各个领域建立更紧密的联系,以加深相互了解和信任。[7]至此,中国互联互通战略正式确立,通过逐步明确相应内容和原则,形成全面推进的"五通",即政策沟通、基础设施联通、贸易畅通、资金融通、民心相通。中国式的互联互通,并不是单纯关注基础设施通用的互联互通战略,而是为了拉近沿线国家和人民的距离,探索新的发展模式和机遇,促进经济和人文交流。

中国"一带一路"倡议的提出与快速推进使得欧盟深刻感受到机遇与挑战并存的前所未有的冲击。2018 年 9 月 19 日,欧盟委员会公布题为《连接欧洲和亚洲——对欧盟战略的设想》政策文件,这是欧盟迄今就欧亚互联互通提出的最为全面系统的政策主张。[8]欧盟在这份战略文件中提出互联互通的四个方面——即"四通":[9]包括交通互通、数字联通、能源联通与人员互通。其中,前三个方面是欧亚互联互通中的硬联通,指的是将基础设施、能源平台与数字网络在欧亚大陆的范围内连接起来。第四个方面,则是软联通(soft connectivity)。欧盟指出人员互通主要包括学生、学者及研究人员之间的联系与流动,而这是实现欧亚互联互通战略、实现经济增长、促进双方的共同理解的核心关键。

正如 2019 年 9 月 27 日欧洲互联互通论坛期间所提倡的那样,欧盟—亚洲互联互通是新一届欧盟"地缘政治"委员会的优先事项,呼应了欧盟委员会前主席让-克洛德·容克和欧盟互联互通特使罗曼娜·弗拉胡廷(Romana Vlahutin)的官方声明。欧盟意识到互联互通的多方面影响,促使其制定和推广自己的基于规则的、具有全球影响力的治理模式。随着 2021 年 12 月欧盟"全球门户"倡议的提出,欧盟在互联互通领域的参与进入了一个新的阶段。与欧盟目前将中国视为合作伙伴、竞争者和制度性对手的定位相一致的是欧盟采取了差异化互联互通,逐步确定在互联互通领域合作、竞争和对抗的具体领域。

欧盟委员会在 2021 年 12 月 1 日公布了"全球门户"(global gateway)战略。[10]根据该战略,截至 2027 年,欧委会、欧盟 27 个成员国,以及欧洲投资银行将力争筹集 3 000 亿欧元公共和私人资金,支持全球包括数字、交通、能源、健康、教育等项目在内的基础设施建设。该计划建立在 2018 年欧盟—亚洲互联互通战略、最近与日本和印度达成的互联互通伙伴关系,以及西巴尔干、东部伙伴关系和南部邻国的经济和投资计划的基础上,也关注非洲、中亚和拉丁美洲。

该战略强化了地缘政治竞争和意识形态色彩,意图在互联互通领域与中国争夺影响力,提高欧盟供应链的多元化,推进欧盟外部发展的利益,虽然欧盟没有直接提到中国,但是在领导人发言中含沙射影,提出更高质量的互联互通。"以公平和优惠的条件提供融资,以限制负债风险"的说法,其实迎合了多年来西方舆论对"一带一路"倡议的无端指责。而将所谓"民主和高标

准""善治和透明度"作为"全球门户"计划的关键原则,这一战略主要包括以下几个方面:

第一,欧盟意图通过"全球门户"计划在全球基础设施竞赛中,凸显以欧美合作的方式制定环境和社会活动的趋势及标准。美西方逐渐意识到"一带一路"倡议给中国带来的全球影响力。通过"全球门户"计划,欧盟意图加强与美国协调,美欧双方的政策趋同性日益加大,双方力图克服跨大西洋对"一带一路"的认知差异,促进政策内容和实施的更多趋同成为双方的优先事项,特别是要着力应对"一带一路"倡议对欧亚地区的中长期战略影响。欧盟也开始特别关注"欧亚互联互通"战略与美国"印太战略"之间的潜在协同效应。

"全球门户"计划是欧盟对美国"宣誓效忠"的某种形式。通过"全球门户"在全球基础设施竞赛中凸显美欧合作,以制定环境和社会活动的趋势和标准。与旨在到2035年缩小发展中国家所需的价值超过40万亿美元的基础设施的B3W计划相比,2021年6月七国集团峰会上提议以"重建更好世界"(Build Back Better World,B3W)计划替代中国的"一带一路"倡议。会议上承诺"以价值观为导向,高标准和透明"的基础设施合作伙伴关系:美国的"重建更美好的世界"、英国的"清洁绿色倡议"(Clean Green Initiative),其主旨是"为发展中国家提供一个框架,支持其可持续发展和绿色转型"和欧盟的"全球门户",欧盟该政策是对这一倡议的落实,欧盟委员会在其网站上承认该计划的跨大西洋根源,指出"全球门户政策与重建更美好的世界举措将相互促进"。

欧盟认为与物理基础设施同样重要的是移动网络、互联网连接、集装箱尺寸和铁路轨距等领域的规范和技术标准。欧盟将与伙伴国合作部署数字网络和基础设施,如海底和陆地光缆、天基安全通信系统以及云和数据基础设施,共同为数据交换、高度合作提供基础。欧盟也重视在性能计算、人工智能(AI)和地球观测方面的合作,包括物理基础设施——例如光纤电缆、运输走廊、清洁电力传输线,以加强自身的数字、运输和能源网络。如果欧盟希望其公司在全球范围内具有竞争力,并且进口商品安全且在制造过程中符合欧洲与环境可持续性和人权相关的价值观,则需要制定这些规范和标准。

第二,欧盟力图将"全球门户"计划与"绿色复苏"的原则保持一致,将传统的基础设施政策与对创新技术的支持结合起来。欧盟把智能连接、绿色和可持续的连接与保护气候和减少温室气体排放标准对接,在运输和物流、能源生产和供应、城市规划和基础设施方面制定高标准,并作为其区域政策的一部分。德国在其中的推动作用尤为明显。如德国正在通过中亚水资源倡议和绿色中亚等项目帮助一系列国家应对气候变化的影响,这些项目已为合作水资源管理、生物多样性和可持续农业提供了约 4 000 万欧元的资金。作为欧盟区域政策的组成部分,自 2008 年以来,欧盟和德国正在国际层面努力建设可以为消费者带来绿色能源的基础设施。欧盟已经与当地企业、私人资本和开发银行开展了相关合作。德国意图以此为基础在欧洲安全与合作组织等其他国际机构内推动智能、绿色和可持续的互联互通。2016 年在德国担任欧洲安全与合作组织机构主席期间首次将连通性作为优先事项。同时德国还在印度太平洋和东南亚的政策中贯彻互联互通理念。德国于 2017 年通过在斯里兰卡举行的区域大使会议将海运业务和连通性问题列入议程。

第三,欧盟试图通过"全球门户"计划将非洲融入欧洲制造业价值链,对冲中国在非洲的战略性投入。欧盟委员会主席乌尔苏拉·冯德莱恩强调将 2022 年 2 月的欧盟—非洲峰会确定为讨论新的连通性战略的第一个场所。[11]欧盟认为确保欧洲成为非洲主要增长伙伴的关键是将"全球门户"与《欧洲绿色协议》结合起来,特别是关于数字经济和绿色经济方面。在数字经济部分,撒哈拉以南非洲地区在移动银行和数字金融服务方面已经超越了世界其他地区。2019 年,这些服务以及由此产生的新业务部门在撒哈拉以南非洲创造了 1 550 亿美元的附加值。在绿色经济部分,仅在东非,就有 100 万移动电话用户购买了离网太阳能发电系统,以及由这些系统供电的节能照明、电视和冰箱。这为家庭带来了 8 600 万美元的收入和 4.67 亿美元的成本节约,并防止了大约 200 万吨的二氧化碳排放进入大气。

欧盟界定了五大推进基础设施投资的重点领域:数字化(海底陆地光缆、云数据等,数据安全监管措施向第三国落实和扩散)、气候、能源(清洁能源)、健康(对非防疫支持)和互联互通。在互联互通方面推进三大方向:东欧和巴尔干、拉美地区、地中海区域。欧盟已经与日本达成过类似的基建合作意向,又在和印度就达成全球基建协议进行谈判,双方计划在全球范围内共同建设基础设施项目。欧盟强调将与亚洲现有的区域组织和机制(如东盟)携手合作,以落实透明度、非歧视性市场惯例、经济运营商的公平竞争环境以及知识产权保护的目标。

第四,欧盟意图沿着"一带一路"塑造新的全球贸易架构。欧盟考虑将港口和铁路基础设施的大量投资与融入制造业价值链的工业基础相结合,如摩洛哥的雷诺和标致工厂等非洲汽车制造业,打造从西非延伸到西欧的商业走廊的中心节点。欧盟通过打造融入非洲——欧洲制造业价值链对冲中国在非洲的战略性投入,如中国投入巨资扩建摩洛哥的主要港口就是典型案例。因此,就如何开展对非的三方合作,中国要考虑融入非洲—欧洲的制造业价值链。例如,中国的中信戴卡作为全球领先的铝合金车轮制造商,在肯尼特拉标致工厂附近建立了一家价值4亿美元的工厂,每年向这家法国汽车制造商供应多达600万个零部件。

第五,欧盟通过"全球门户"计划设立商业咨询小组来确保私营部门的参与和资金来源。"全球门户"建立在2018年欧盟—亚洲互联互通战略以及其他几个互联互通伙伴关系的基础上。欧盟将求助于其外部投资计划的融资机构——欧洲可持续发展基金(EFSD+),该基金可以"在2021年至2027年间为基础设施项目提供高达1 350亿欧元的担保投资",同时预计欧洲金融和发展金融机构将进行高达1 450亿欧元的计划投资,并辅以赠款融资。[12]欧盟也期待欧盟可持续发展基金和欧盟成员国国家开发银行来参与融资进程。欧盟负责发展政策的专员尤塔·乌尔皮莱宁(Jutta Urpilainen)指出欧盟要增强其金融工具包,探索建立欧洲出口信贷工具的选项,以补充成员国现有的信贷安排,其目的是帮助确保欧盟企业在第三国市场有一个更公平的竞争环境。欧盟一是将邻里和国际发展的资金组合成一个独特的工具,即邻里、发展和国际合作工具(NDICI),计划在2021—2027年期间捐赠795亿欧元;二是推出"欧洲团队"一揽子计划,结合欧盟、欧盟国家、欧洲投资银行和欧洲复兴开发银行(EBRD)的资源,该计划还将寻求"吸引私人资本"以促进投资,并将提供高达180亿欧元的外部援助计划赠款。

仅仅靠"全球门户"战略以及美国协同七国集团国家推出的"重返更好世界倡议"(B3W),与全球基础设施投资的13万亿欧元投资需求相比简直是杯水车薪。尽管规模比 B3W 小,但这仍表明欧盟将依靠未指明的金融和发展机构为大部分投资活动提供资金,这是一种类似 B3W 的不可行尝试。拜登政府花了几个月的艰难谈判才让一项 1.2 万亿美元的两党基础设施法案在八年内分阶段实施并在众议院获得通过,这使得庞大的 40 万亿美元的 B3W 计划几乎无法想象。目前外部投资法案越来越难以实现。欧盟的监管和经济状况几乎无法落实该基础设施投资。"全球门户"计划在本届欧洲理事会任期内应该是有效的,但不能保证下一个任期是否会推进。与中国的政治和政策稳定相比,欧盟"全球门户"计划的长期性和可持续性值得怀疑,预计到 2030 年,仅亚洲的互联互通融资需求就将达到 26 万亿美元。这增加了中国日益显著的战略影响力。中国已经在发展中国家的长期国际项目中证明了其领导地位,例如亚洲开发银行资助的项目。

二、日本修订版《发展合作大纲》与欧日互联互通定调

2023 年 6 月 9 日,岸田文雄内阁发布了修订版《发展合作大纲》(Development Cooperation Charter),聚焦"日本为自由和开放的世界可持续发展做出贡献",希冀作为平等伙伴与受援国合作创造社会价值,促进共同的增长周期和基于规则、自由和开放的国际秩序,借以形塑有利于日本的国际地缘政治和地缘战略环境。为此,修订版大纲规定了日本发展合作三项基本政策,分别是通过非军事目的的合作为和平与繁荣做出贡献;分享"普适价值"并实现一个和平与安全的社会;以及通过努力解决全球挑战并建立可持续和具复原力的国际社会。大纲强调,"国际社会正处于历史性转折点并面临复杂危机",因此日本将动员发展援助资源以维护安全和法治,优先聚焦应对气候变化、俄乌冲突引发的粮食

和能源危机,加强海事安全、供应链复原力和数字化转型。[13]

《发展合作大纲》的前身是《官方发展援助大纲》,到安倍第二次执政的 2015 年改成现用名。冷战结束伊始,日本于 1992 年发布的首个大纲规定了日本对外官方发展援助的基本政策及原则。当时的大纲重视环境保护,强调援助不能用于军事用途,关注受援国军事支出,并敦促受援国实现民主化、保障人权和建立市场经济体系。2003 年时增加了"人类安全"和"和平建设"等新概念,在人道主义等共同价值基础上强调日本的安全和繁荣,并提出提高发展援助的战略价值、灵活性、透明度和效率,以及加强日本各界广泛参与、普及发展教育、信息披露和加强公共关系。2015 年的修改中最令人关注的是,首次允许将对外援助用于非战争的军事目的以维护全球和平,并将对外援助与"日本人民的繁荣"明确联系在一起。此外,此次修改还突出私营部门在发展合作中的作用,并鼓励私营企业参与国际发展合作。[14]

2023 年版的大纲提出了新的四项基本方针:

一是为和平与繁荣作贡献。日本再次承诺通过非军事合作帮助解决发展中国家面临的发展挑战,为确保国际社会和平与繁荣作出贡献。

二是新时代的人类安全。日本继续将人类安全作为指导原则,聚焦"投资于人民"和"投资于社区",以支持个人尊严和复原力,并加强各行为者间的团结。

三是与发展中国家共创社会价值。日本计划支持发展中国家自助的努力,助其实现自力更生的发展,通过对话和合作与伙伴国共同创造并产生新价值,并希望这种新价值为日本自身经济和社会挑战带来解决方案。

四是基于包容、透明和公平的原则,推动、传播和实施国际规则和指导方针。日本认为,共同的规则和指导方针为国际社会有效地开展发展合作协调提供重要的共同基础。为此,日本将带头传播和实施基于包容、透明和公平的国际发展合作规则和指导方针。

以此为基础,大纲还确定了三大优先政策领域。

一是高质量增长和消除贫困。日本计划通过经济多样化和增强复原力等措施,努力实现包容性增长,增强债务可持续性和气候复原力,并应对数字化转型和粮食及能源安全等挑战。

二是和平与稳定。日本将继续支持加强治理、人道主义援助与和平建设、海上安全能力建设等重要议题,维护和加强自由开放的国际秩序,特别是"自由开放的印度—太平洋"战略。

三是应对日益复杂和严重的全球问题。日本将通过国际合作解决气候变化、健康、防灾和教育等挑战,推动实现可持续发展目标,并致力于为 2030 年以后的国际议程作出贡献。[15]

总体而言,新大纲呈现出如下三大特征:

首先,确定了遵循团结一致、提议式(offer-type)合作和机制评估三大指导方针。日本政府计划以发展中国家为中心,调动多样化的资源平台,与包括私营部门、国际组织、公共金融机构、其他捐助方和民间社会在内的多利益相关方团结一致实现"共同创造"(co-creation),以扩大官方发展援助的资金来源。日本政府还计划通过积极主动的合作,利用日本自身优势经验向受援国提出援助建议,进一步加强官方发展援助的战略应用。此外,日本政府还将对灵活金融合作等机制进行评估,并对紧急援助进行改进。

其次,确定了指导发展合作的实施原则。在受援国民主和人权、非军事化、关注受援国支出、发展项目环境影响四个现有原则的基础上,此次修订增加了两个新原则。一是债务可持续性。为推动发展中国家中长期的可持续性发展,日本将充分考虑通过发展合作推动发展中国家加强社会经济发展的可持续性。二是促进包括性别主流化在内的包容性社会并确保公平。日本计划在发展合作的各个阶段将性别视角主流化,并充分考虑确保公平,以促进多样化和包容性的社会,使包括女性、儿童、残疾人、老年人、少数民族和原住民等社会弱势群体在内的所有人都能平等地参与发展。

最后,确定了强化发展援助实施架构和基础。日本将"留意"(being mindful)将官方发展援助支出提高到国民总收入(GNI)0.7%的目标,同时认识到自身的财政状况。为此,日本将多方扩大官方发展援助,争取更有效地与各方开展发展合作。日本将改善相关政府部门和机构间的合作,以外务省(MOFA)为中心协调发展合作的规划和政策制定,日本国际协力机构(JICA)等执行机构根据政策实施项目,并进一步加强政策与实施之间的一致性。

此外,日本还将继续加强发展合作相关政府部门和实施机构的人员能力,以期在绿色转型、公共财政和调动私营部门资金等新的发展挑战方面培养和储备人力资源。此外,日本还将支持发展咨询专家、大学和研究机构、私人公司和民间社会等具有专业知识的人力资源,争取建立国际人力资源系统和机制,使这些人力资源在日本国内外发挥积极作用。此外,日本将加大支持政策研究与合作,并加强日本在发展合作领域的知识基础,以支持和引导国际规则制定等发展合作领域的国际讨论。

日本政府认为公众的理解和支持是高质量发展合作的关键。在信息披露、海外公共关系、发展合作教育等方面,日本政府将与地方政府和 JICA 合作,并利用 JICA 在日本国内的办事处,为民众提供明确信息并详细解释发展合作的意义、成果以及日本发展合作在国际社会受到的赞誉。同时,日本将向公众广泛、及时地披露发展合作活动的执行情况和评估信息,并积极开展海外公共关系活动,推动包括发展中国家在内的国际社会更好地了解和认识日本发展合作及其贡献。[16]

日本政府还提倡循环经济概念。经济与环境活动脱钩被定义为每单位经济生产使用更少的资源,并减少所使用的任何资源或进行的经济活动对环境的影响。循环经济与传统的线性经济模式形成鲜明对比,在传统的线性经济模式中,则是不受限制地获取原材料和废物处理设施。日本于 2000 年通过了《建立健全物质循环社会基本法》,并于 3 年后推出了第 1 个基本计划。[17]

也有西方学者认为,欧盟和日本于 2019 年签署的可持续互联互通伙伴关系协议并无排他性,不是针对中国。[18]欧盟和日本非常清楚全球基础设施需求——欧亚大陆每年 2.3 万亿美元——以及中国在投资、专业知识和技术援助方面对基础设施的贡献。[19]此外,可持续的"一带一路"倡议可以发挥"加速器"的作用,是以实现可持续发展目标(SDG)——促进持久、包容性和可持续经济增长、促进实现充分和生产性就业和人人享有体面工作,以及建设有复原力的基础设施、促进具有包容性的可持续产业化,并推动创新。因此,如果能够使"一带一路"标准与欧盟—日本伙伴关系所倡导的原则更好地趋同,那么与中国的接触将是有益的。欧盟和日本领导的欧洲投资银行(EIB)、欧洲复兴开发银行(EBRD)和亚洲开发银行(ADB)的负责人在欧亚互联互通论坛期间特别强调了这一点。多边合作将实现双赢的质量标准提升议程,解决中国发展融资目前的规范性缺陷——例如缺乏透明度和问责制以及以短期商业目标为导向的视角。

第二节　欧日在互联互通领域的推进

一、欧日在互联互通议题上的原则与共识

欧盟和日本于 2019 年签署了可持续互联互通伙伴关系协议。[20] 这一伙伴关系涵盖了根据共同的规范、标准和价值观,特别是可持续性和公平竞争环境。该协议按照《欧盟全球门户》和《日本发展合作宪章》,发展能源、数字、交通和人与人之间的连接。欧盟和日本将共同推进的第一批项目已经确定,包括:雅加达铁路基础设施网;老挝公路口岸翻新工程;巴艾(越南)抽水蓄能发电站;蒙巴萨—基桑加尼走廊(北方走廊);阿比让—拉各斯走廊和阿比让—瓦加杜古走廊;西非增长环的一部分。

欧盟—日本工业合作中心(欧盟委员会[DG GROW]和日本经济产业省的合资企业)在东京和布鲁塞尔设有办事处,支持欧盟和日本开展以下活动:改善商业和投资环境;激励私营部门投资;促进欧盟和日本在第三国(如东盟和非洲国家)的商业伙伴关系。

回顾 2018 年 10 月 18—19 日的亚欧会议、2019 年 4 月 25 日的欧盟—日本峰会以及 2019 年 6 月 28—29 日的二十国集团大阪峰会的声明,欧盟和日本申明致力于建立互联互通伙伴关系,其基础是作为共同价值的可持续性、高质量的基础设施以及对公平竞争环境惠益的信念。只要有可能,互联互通伙伴关系框架内的合作将通过现有的对话和合作框架进行,特别是在 SPA 和 EPA 的背景下。根据 SPA 而成立的联合委员会将负责定期审查进展情况。此外,欧盟—日本高级别工业、贸易和经济对话

可作为可持续互联互通伙伴关系协议下的战略讨论平台,可持续互联互通伙伴关系协议无意根据国际法或国内法对双方产生任何具有法律约束力的权利或义务。

欧盟和日本打算在互联互通的所有方面开展双边和多边合作,包括数字、交通、能源和人与人之间的交流。欧盟和日本在充分考虑合作伙伴的需要和需求,并高度重视其财政能力和债务可持续性的同时,努力确保各自与第三国在互联互通和高质量基础设施方面的合作具有协同性和互补性,并协调行动,特别是在西巴尔干地区、东欧、中亚、印度—太平洋地区以及非洲地区。其措施包括通过非洲发展问题东京国际会议(TICAD)和非欧可持续投资与就业联盟(Africa-Europe Alliance for Sustainable Investment and Jobs)取得最大成果。

欧盟和日本设想共同努力,促进开放、透明、包容,为包括投资者和互联互通企业在内的有关各方创造公平的竞争环境。它们还打算促进自由、开放、有章可循、公平、非歧视和可预测的区域和国际贸易与投资、透明的采购做法、确保债务可持续性,以及经济、财政、金融、社会和环境可持续性的高标准。在此背景下,欧盟和日本欢迎二十国集团《高质量基础设施投资原则》获得批准,并将加以应用和推广,包括二十国集团在2019年4月峰会声明中达成的全面有效执行《巴黎协定》的承诺。

鉴于双方致力于在全球促进基于规则的互联互通,双方打算在国际和区域机构开展合作,包括七国集团、二十国集团、经济合作与发展组织、世界银行、国际货币基金组织、欧洲复兴开发银行和亚洲开发银行等国际论坛。双方还将促进监管合作,尊重EPA作为21世纪自由、开放、基于规则和公平贸易与投资的高标准规则典范所取得的成就,以及促进创新技术的政策协调。双方强调了可持续互联互通伙伴关系协议对落实 2030 年可持续发展议程的积极贡献,并重申愿意支持伙伴国家创造一个刺激投资的环境。

欧盟和日本认识到调动各种杠杆和工具来刺激私人投资的重要性,并打算在私营部门的参与下,合作促进可持续互联互通方面的融资,包括通过可能的联合项目。在此背景下,双方欢迎欧洲投资银行与日本国际协力事业团(JICA)签署谅解备忘录,该备忘录有望加强两个实体之间的密切合作、促进投资、满足发展中国家私营部门的融资需求。为此,双方打算促进现有的合作安排和备忘录,如欧洲投资银行与日本国际协力银行(JBIC)之间的合作安排和备忘录,以及欧洲投资银行与日本出口和投资保险(NEXI)之间的合作安排和备忘录。欧盟—日本工业合作中心将酌情参与。

在数字合作方面,欧盟和日本将开展合作,通过数字和数据基础设施以及政策和监管框架等方式,加强数字连通性,将其作为发展中国家包容性增长和可持续发展的强大推动力。欧盟和日本强调,数字经济的发展取决于一个开放、自由、稳定、可访问、可互操作、可靠和安全的网络空间,以及二十国集团领导人在大阪宣布的数据自由流动与信任(DFFT)。在迄今为止的合作的鼓舞下,欧盟和日本打算共同努力,进一步阐述、推广和实施 DFFT 概念,包括在尊重各自监管框架的同时,加强数据安全和隐私方面的信任。欧盟和日本还打算共同努力,促进国际政策讨论,特别是按照《大阪数字经济宣言》的设想,在“大阪轨道”下,在世界贸易组织就电子商务的贸易相关方面制定国际规则。欧盟和日本再次确认,它们打算继续推动促进创新的政策,包括在人工智能、云、量子计算和区块链领域。[21]

在交通合作方面,欧盟和日本继续共同努力,通过深化监管框架的合作和协同增效、运输走廊的互联互通以及加强运输安全和安保,提高可持续运输的连通性。现有的欧盟—日本运输对话为所有运输方式和横向问题的参与与合作提供了一个框架。

在能源合作方面,双方将继续在氢能和燃料电池、电力市场监管和全球液化天然气(LNG)市场等领域开展合作,并在现有欧盟—日本能源对话的基础上支持可持续能源互联互通和对话。他们打算讨论可持续能源基础设施投资,以期加强区域和全球能源市场和能源创新,从而促进向低碳能源系统的转型。

在人员交流方面,欧盟和日本将共同努力,扩大高等教育和研究部门机构之间的国际人员交流。在此背景下,双方欢迎根据第一次欧盟—日本教育、文化和体育政策对话的联合声明以及欧盟—日本科技合作联合委员会的倡议,启动欧盟—日本联合硕士项目。

二、欧日在互联互通议题上的具体合作

围绕欧日在互联互通议题上达成的上述原则和共识,欧日双方开展的具体合作包括:

(一)数字伙伴关系

在2022年的第28届欧日峰会上,双方领导人启动了欧盟—日本数字伙伴关系,以推动在广泛的数字问题上的合作,并帮助确保数字转型取得成功,从而实现团结、繁荣和可持续性。

数字伙伴关系协议是一个在数字领域进行广泛合作的全面框架,包括数据自由流动与信任(DFFT)、贸易、隐私、安全、信任、数据利用和基础设施。双方同意合作的领域有:半导体、5G和"超越5G"网络、数据流动、海底电缆、超级计算机和量子计算、人工智能。

数字伙伴关系将帮助欧盟和日本在关键领域实现共同目标,例如:安全的5G、"超越5G"和6G技术、安全和道德的人工智能应用、半导体行业全球供应链的复原力、绿色数据基础设施、工人数字技能的发展、中小企业在内的企业和公共服务的数字化转型等。欧日还将合作开发全球互操作标准,促进数字贸易,使工人和企业受益。日本将与欧洲联手,面向"后5G"启动共同研究。[22]

2021年5月召开的首脑会议上,日欧双方便呼吁加强数字合作。次年2月24日,日本总务省与欧盟委员会通信网络、内容、技术总司在布鲁塞尔共同举办日欧信息通信技术政策对话(第28次),双方对在有助于社会全体数字化的、有关信息通信技术领域重要议题的最新措施进行了积极讨论。[23]

2022年5月12日,日欧数字伙伴关系正式启动,日方以数字厅、总务省和经济产业省为主,欧方以欧盟通信网络、内容和技术总局为中心,处理日欧在数字领域的共同优先事项,推动双方在数字领域的合作。[24]根据相关书面安排,日本和欧盟将每年举行一次日本—欧盟数字伙伴关系会议。2022年6月8日,日本无线电株式会社(JRC)、东京大学研究生院工学部中尾研究所及国立信息通信技术研究所宣布,通过与欧洲航天局(ESA)合作,在日本国内首次实施了包括静止卫星线路在内的卫星5G综合控制联合实验,并成功地在日欧的国际间长距离5G网络中传输了5G控制信号、4K视频和物联网数据。

首届数字伙伴关系部长级会议于2023年7月3日在东京举行。双方签署了两项合作备忘录,分别涉及半导体和支持安全、弹性和可持续的海底连接,包括欧盟和日本之间通过北极地区的连接,欧盟和日本将在具有高度经济潜力的领域深化合作,例如生成人工智能、中小企业(SMEs)的数字化转型,以及支撑数字贸易和数据自由流动的信任服务的互操作性。双方就推进制定使用人工智能的国际规则达成了一致,表示将在生成式人工智能(AI)国际规则制定方面展开合作。为了制定规则,双方将推进七国集团首脑会议上所提出的"广岛 AI 进程"。同日,日欧双方签署海底光缆合作谅解备忘录。双方将联合日本和欧洲的金融机构共同投资,计划铺设一条从日本穿过北冰洋直达欧洲的海底光缆,以确保数据安全。

未来,欧日在连通性方面的合作也将继续在数字伙伴关系、绿色联盟以及可能在欧洲地平线计划的双边框架内,以及在七国集团基础设施和投资伙伴关系等多边论坛上进行。

(二)全球能源安全

近年来,日本和欧盟始终致力于减少温室气体排放和提倡可再生能源,2020 年和 2021 年,双方都大幅提高了温室气体减排目标,此外,出于能源安全和可持续发展的考虑,日本和欧盟正在努力减少对进口化石燃料的依赖。

2022 年 2 月俄乌冲突严重冲击国际能源市场,导致全球化石燃料和电力价格进一步大幅上涨。为了缓解欧洲天然气短缺的困境,双方讨论了如何合作以保持全球能源市场稳定并帮助确保彼此的供应安全,尤其是液化天然气的供应。他们将合作减少欧洲对俄罗斯能源供应的依赖,包括通过可再生能源能力方面的贸易和投资。在 2022 年欧日首脑峰会上,基于双方建立的绿色联盟框架,双方表示将合作保持全球能源市场的稳定,帮助确保彼此的供应安全,特别是液化天然气的供应,将立即采取行动,在提高能效和大规模部署清洁、安全和可持续能源的基础上加快能源转型。

2022 年 12 月,欧盟委员会与日本经济产业省签署合作备忘录,旨在加强氢能方面的合作,以促进创新和发展国际氢市场。作为氢技术的领跑者,欧盟和日本表示将共同努力,以可持续和负担得起的方式生产、贸易、运输、储存、分配和使用可再生氢和低碳氢。

2023 年 7 月 18 日,日欧达成共识,将通过建立关于全球液化天然气(LNG)架构的欧盟—日本能源安全对话来加强能源合作。作为两个最大的液化天然气进口国,日欧双方表示愿意加强合作,以发展安全透明的全球液化天然气市场,欧盟和日本将指定有弹性的能源安全政策以预防并解决能源危机。此外,日本和欧盟将根据《全球甲烷承诺》和《能源进口国和出口国关于减少化石燃料温室气体排放的联合声明》,继续在减少甲烷排放方面加强合作。通过该框架,双方将在甲烷排放监测、报告和核查方面展开合作,并推广减排措施。除了双边合作外,日本和欧盟还将寻求与国际能源署(IEA)接触,并积极参与 IEA 在天然气领域的讨论。[25]

(三)应对气候变化与绿色合作

欧盟和日本致力于到 2050 年实现气候中和。正如《欧洲绿色协议》所反映的那样,应对气候变化和环境退化是欧盟优先事项。[26]日本是实施《巴黎协定》《联合国气候变化框架公约》以及实施《昆明—蒙特利尔全球生物多样性框架》的重要合作伙伴。欧盟和日本于 2021 年 5 月在第 27 届欧盟—日本峰会上发起了"绿色联盟",表示愿意在共同利益和价值观的基础上继续建立密切、全面的伙伴关系。这一"绿色联盟"的内容非常具体,致力于实现三个目标:保护环境、遏制气候变化和实现绿色增长。这也是欧盟缔结的首个绿色联盟。正如双方领导人所宣布的,绿色伙伴是作为"蓬勃发展的伙伴关系"的延续的一部分,双方将首

先携手建设更具弹性、包容性、绿色和数字化的经济。[27] 第 27 届
欧日峰会上双方通过的增长和经济复苏联合议程的核心是绿色
和数字化转型,包括提高生产力,创造高质量就业机会,减少温
室气体排放,保护人类和地球免受气候变化的影响。加快采取
行动,应对气候变化;确保清洁和安全的能源供应;保护环境,实
现循环和资源高效利用;促进绿色增长和就业。这一议程与《欧
洲绿色协议》和日本绿色增长战略保持一致。双方重申对基于
规则的国际秩序和多边主义的坚定支持,以及对《巴黎协定》的
承诺和对 2050 年《生物多样性公约》愿景的承诺。[28]

通过这一绿色联盟,日本和欧盟在能源转型、环境保护、监
管和商业合作、研究与开发、可持续金融、促进第三国的转型等
方面深化合作。绿色联盟的合作范围从气候、环境和能源到其他
部门,如运输、贸易、研究和创新以及金融监管。在头两年,绿色联
盟在多个方面开展了合作,并商定了一项工作计划,具体为:

实施《巴黎协定》,在《生物多样性公约》第十五次缔约方大
会上制定 2020 年后全球生物多样性框架,构建整个价值链的循
环经济和资源效率绿色公共采购,推进生物多样性、可持续粮食
系统、林业供应链的可持续性,推进具有法律约束力的全球塑料
污染防治协定、区域和城市气候政策;推进第三国的"公正能源
过渡伙伴关系",特别是针对印度尼西亚和越南;推进氢能(包括
2022 年签署氢能合作备忘录)、可再生能源(如近海风能)及其整
合,特别是在电力市场中的整合;推进绿色转型的产业政策;在
国内实现生物多样性保护目标,制定具有法律约束力的全球性
文书,解决塑料污染问题,加强海洋治理,支持海洋及其资源的
保护和可持续利用。

双方认为日本和欧盟将在能源转型、创新和支持发展中国

家向脱碳化转型等各个领域推进合作,并将通过加快气候和环境措施引领国际社会。基于这一绿色联盟,欧盟和日本将在能源转型、环境保护、监管和商业合作、研究与开发、可持续金融、促进第三国的转型等几个方面深化合作。在欧盟—日本科技合作协议的框架下。欧盟和日本共同投资 1 070 万欧元用于先进生物燃料和替代可再生燃料的突破性研究。这些项目于 2021年 5 月 1 日开始。欧盟和日本还强调,在全球生物多样性和循环经济倡议的相关多边论坛上进行合作。10 月双方在 COP15 生物多样性大会上推进了 2020 年后全球生物多样性框架,11 月在COP26 气候大会上彼此支持。

在应对气候变化方面,欧盟—日本脱碳产业合作已经取得不错的成果,绝大多数温室气体排放来自能源生产和使用,且双方认识到安全、可持续的低碳能源技术将在实现气候目标中发挥关键作用。欧盟和日本还一致认为,在低温室气体排放的能源产品和服务领域进行非歧视性贸易和投资的重要性,并宣布继续就加强合作及其商业关系进行讨论。[29]欧洲太阳能技术的领导者 Ciel & Terre 公司和日本独立可再生能源零售商 Minna Denryoku 于 2018 年联手,通过农业池塘上的浮动太阳能光伏电站生产和分配可再生电力,同时为南淡路市的当地农民提供财政支持;比利时航空和物流公司 CMB(Compagnie Maritime Belge)自 2019 年以来一直与日本航运和造船商常石集团合作,共同为日本市场开发氢动力船舶;日本主要公共交通公司小田急电铁于 2019 年与西班牙出行初创公司 Shotl 建立合作伙伴关系,在东京郊区共同测试新的按需交通服务,以减少对个人汽车的需求,从而减少温室气体和空气污染物的排放;2020 年,日本最大的建筑公司之一鹿岛公司选择荷兰制造商 Sif 为日本首个商业规模海上风电项目秋田能代海上风电场提供单桩基础；日本贸易巨头丸红于 2021 年 3 月投资 Skeleton Technologies，两家公司建立战略合作伙伴关系，以扩大超级电容器在日本和亚洲市场的销售和分销。

减缓和适应气候变化是欧日关系中最重要的话题之一。在 2021 首脑峰会上发起的欧日绿色联盟框架下，双方在能源转型、环境保护、次国家气候行动、商业和贸易、研究和发展以及可持续金融方面进行了重大合作。岸田文雄表示，气候变化对策是日本"新形式的资本主义"的核心，欧盟对此表示赞赏。双方都认为要继续加快欧盟—日本在气候变化和环境领域的努力，并努力在这些领域引领国际社会。欧日将在 2030 年之前这个关键的十年中寻求进一步的合作，以创造生物多样性友好型、循环型和资源节约型经济。欧日还将在塑料污染（包括海洋环境中的塑料污染），和海洋事务和渔业领域（包括在区域渔业管理组织，打击非法、未报告和无管制的捕捞活动，以及海洋保护区）方面展开合作。

在绿色联盟的框架之下，2022 年 12 月 2 日，双方通过签署合作备忘录加强了在氢方面的合作，以促进创新和发展国际氢市场。"欧盟—日本绿色联盟"仍然面临巨大挑战，到 2050 年实现温室气体净零排放意味着日本必须在 2035 年达到零排放能力，并在 2030 年实现无碳化。负责欧洲绿色新政的欧盟委员会副主席弗兰斯·蒂默曼斯（Frans Timmermans）表示："这是欧盟第一个绿色联盟。这是我们努力在 21 世纪中叶创建全球净零联盟的努力中的一个真正的里程碑。"[30]

（四）交通运输

2020 年 6 月，欧委会与日本政府签署了关于民用航空安全的协议。该双边民用航空安全协议（BASA）将增强欧盟航空产品对日本的出口，并帮助欧盟制造商进一步扩大在日本市场的份额。欧盟交通运输专员阿迪娜·沃莱安（Adina Vălean）表示，欧日 BASA 不但有助于欧盟航空业进入日本航空产品市场，还将加强欧日航空主管部门之间的合作，以进一步提高民航安全和环境兼容性。[31]

2022 年 4 月，欧盟与日本就横向航空协议达成了原则性共识。该协议一旦签署，与日本签订了双边协议并具有运输权的欧盟航空公司将被允许在日本与欧盟成员国之间运营航班。

2023 年 2 月，欧日签署《欧盟与日本关于航空服务某些方面的协定》，这一双边航空协议将进一步发展欧盟与日本的航空关系。[32]该协议对日本和欧盟成员国之间双边航空服务协议中的重要法律条款进行了必要的调整。双方表示将进一步加强在航空领域的合作。该协议将给予欧盟航空公司非歧视性的欧盟与日本航线准入权，从而促进"公开和公平的竞争"。瑞典基础设施和住房部长安德烈亚斯·卡尔松说："该协议将允许所有欧盟航空公司在向日本提供航空服务时享有设立权，从而使我们成员国现有的双边协议符合欧盟法律。这将进一步发展欧盟与我们在该地区的主要合作伙伴之一间的合作。"

（五）人员交流

2018 年 7 月，日欧双方启动欧盟—日本关于高等教育、文化和体育的高层政策对话，同年 10 月 24 日，伊拉斯谟世界计划（Erasmus Mundus）与日本联合硕士学位合作项目征集公告发布，最终选定的 3 个项目获得 900 万欧元的预算，由欧盟和日本文部科学省共同承担。[33]

"伊拉斯谟＋"项目将有效促进学生和学者的双向流动。每年,项目资助约 250 名日本公民和 250 名欧洲公民到欧洲和日本进行教学或研究访问。自 2019 年以来,3 个欧盟—日本伊拉斯谟联合硕士学位项目接收了来自世界各地的大学生,学习机器人技术、先进的现实技术和历史。日本大学还在其他 4 个伊拉斯谟联合项目中提供课程。欧盟和日本的大学还开展合作让-莫内讲座教授和优秀中心,促进了对欧洲一体化的了解和研究。

2020 年 5 月,欧日双方签署关于加强科学、技术和创新领域合作的意向书,并表示将增强"地平线欧洲"与"登月型计划"(moon shoot)之间的协同作用。欧日双边研究与创新关系稳步发展,促进了科学卓越性的提高以及经济和工业的增长与可持续性。在欧盟的研究与创新计划"欧洲地平线"(Horizon Europe)中,有 44 个项目与日本合作,涵盖数字技术、气候科学、卫生、交通和社会科学等领域。"欧洲地平线"计划中的"玛丽·斯克沃多夫斯卡·居里行动"为日本的博士后研究人员提供了加入欧洲顶尖研究所、进行短期人员交流或参与博士网络的机会。

根据日本经济产业省(METI)的消息,2023 年 1 月,METI 与欧盟委员会国防工业和空间总局签署了《促进卫星数据相互共享和利用的合作安排》,将加强日本与欧洲的卫星数据共享,进一步促进卫星数据的使用。具体合作包括:在卫星数据平台"Tellus"和欧盟委员会运营的"哥白尼"之间开展数据协调,使卫星数据能够相互利用;开展数据处理,促进卫星数据的联合使用和服务发展,包括海洋和沿海地区检测、气候变化对策、水资源管理和减少灾害风险。此外,双方将成立一个"欧盟—日本哥白尼协调小组"。

2023 年 7 月 4 日,欧日双方签署关于加强半导体供应链的谅解备忘录,备忘录提出,要构筑半导体领域的"预警机制",通过相互共享供应链信息，防止因突发事态等导致的半导体短缺。双方将在下一代半导体的研发方面展开密切合作，并就半导体领域的人力资源开发问题交换意见。

除此之外，日本积极在双边科技合作框架之下通过召开科学技术合作共同委员会会议的方式加强同德国、瑞士、意大利、瑞典等欧洲国家的合作。

第三节　欧日推进可持续互联互通面临的困难

欧盟—日本可持续互联互通伙伴关系协议强调可持续性原则、高水平的社会经济和环境标准以及公平竞争环境。他们认为中国"一带一路"倡议目前存在不足，这些不足导致了人们对金融、社会、环境和气候可持续性的担忧。2019年4月的第二届"一带一路"高峰论坛上中国提出了"高质量"和"可持续"互联互通的概念。同月，中国财政部宣布《"一带一路"参与国债务可持续性框架》。这主要涉及国际货币基金组织和世界银行的低收入国家债务可持续性框架，旨在实现可持续和包容性增长。出于增信释疑的考虑，中国政府确实对债务陷阱和透明度等问题做出了回应。

可以说欧盟—日本可持续互联互通伙伴关系协议是为了追赶中国"一带一路"倡议而提出的另一种治理模式。要落实这一治理模式，实现双方期望的商业上可行且透明、保证企业的公平竞争环境、尊重劳工权利和环境标准，并且不会造成财务依赖，那么欧日需要做出重大和持续的财政承诺，还需要欧盟和日本以及其他国家之间的有效协调。但是目前看来，要落实这一可持续的互联互通伙伴关系，欧盟与日本还面临相当多的困难。

第一，话语期许与具体实践的差距。可持续性已经成为欧盟和日本过去和现有的各自互联互通战略中所强调的关键部分。欧盟提出的 2018 年欧亚互联互通战略，重点关注"可持续"和"基于规则"的互联互通、"高标准的透明度和良好治理"、"公平竞争环境"和"公开透明的采购流程"。日本的优质基础设施概念强调通过"有效治理和经济效率"体现经济可持续性。欧盟—日本伙伴关系下的合作从而促进融合，同时建立在"可持续性""优质基础设施"和"公平竞争环境"的原则之上。这进一步转化为对"开放、基于规则、公平、[和]非歧视（……）贸易和投资"和"透明采购做法"的支持。[34] 这些华丽的辞藻多停留在纸面上，双方在实践层面的推进相当有限。

第二，从双边到多边的合作困难重重。欧盟和日本在互联互通方面的双边合作仍然是一个挑战。而动员所谓"志同道合"的参与者更是困难。双方尚未在其提议的举措中添加真正的项目和资金，双方对于如何在互联互通主张之间建立协同效应尚未达成共识，目前这些互联互通提议充其量是并行运行和相互交叉，而对彼此战略思想的实质性接触仍然很少。日本力图将适用于双边项目的方法用于多边合作，包括在七国集团和二十国集团中促进优质基础设施。但是美国政府在全球贸易多边主义问题上仍然对亚洲采取不置可否的态度。尽管日本已经与美国、澳大利亚和印度建立了基础设施合作伙伴关系，但欧盟目前正试图与这些合作伙伴以及韩国建立互联互通伙伴关系。同时，欧盟和日本难以共同投资并与中国开展有条件的合作。这涉及日本和多个欧盟成员国与中国签署第三方市场合作谅解备忘录的实践交流。欧盟特定的制度结构也要求欧盟国家内部进行协调，如参与非洲或拉丁美洲基础设施，需要利用法国和西班牙历史上与该地区的经济和政治联系，而荷兰在港口和腹地互联互通基础设施方面的专业知识可能有助于印度的互联互通议程。

第三，难以确保财政承诺和包容性合作。由于缺乏新的资金和工具，欧盟很难实现所谓包容性多边主义和互联互通，特别是在亚欧会议上与中国开展互联互通合作。充分发挥欧盟—日本伙伴关系的潜力需要从规范方法转向具体有效的实施。这主要涉及通过与私营部门和其他主要公共行为体的合作来动员足够的投资。欧盟—日本伙伴关系的影响力将取决于所调动的财政资源。促进欧盟—日本可持续互联互通伙伴关系可实施的项目数量，将是决定该倡议在规范层面影响中国等其他参与者的关键。欧日双方都清楚，可持续发展目标需要中国的参与，这些目标的实施每年需要 2.5 万亿美元至 3 万亿美元，远远超出了欧盟或日本自身的能力。同时，欧日双方都需要与中国就第三国合作进行接触，正如欧亚互联互通论坛期间所反映的那样。

第四，"摸石头过河"的不确定性。欧盟—日本可持续互联互通伙伴关系应该针对明确而有针对性的战略方向，而不是全面铺开。欧盟和日本须将重点放在它们拥有最大政治、经济和战略利益以及强大影响力和历史记忆的地区。双方的互联互通伙伴关系特别提到了西巴尔干、东欧、中亚、印太和非洲。由于欧盟和日本的目标是与第三国建立协同效应并协调各自的互联互通举措，因此它们应重点关注能够从最大影响力和战略利益中受益的地区，特别是西巴尔干地区、非洲和印太地区。日本在东南亚的基础设施投资尤为可观，对中国在湄公河地区的参与和影响力日益增长的反应特别强烈。同样地，欧盟和欧盟成员国也是非洲、巴尔干和拉丁美洲的重要参与者。欧盟和日本开展互联互通合作没有之前的经验可以借鉴，有学者认为双方可以借鉴日本和印度之间的互联互通合作,即"优质基础设施"概念所对应的亚非增长走廊(AAGC)。[35]三边合作可以从战略高层对话开始,然后调动公共和私人金融资源,最终超越互联互通,涵盖印太地区的安全合作。地方政府之间也可以通过城市结对倡议以分享可持续城市规划和城市治理经验。

欧日双方也意识到了可持续互联互通伙伴关系所面临的资金考验,日本目前筹资积极,日本迅速将分配给优质基础设施伙伴关系的投资增加至2000亿美元。其中包括众多项目,例如耗资37亿美元的孟加拉国马塔尔巴里港口和发电站,以及耗资超过100亿美元的孟买—艾哈迈达巴德高铁走廊。欧盟在亚洲的金融参与预计也会增加,因为它已经决定为其欧盟—亚洲互联互通计划投入600亿欧元,以及2021—2030年投入1230亿欧元全面覆盖亚洲地区。[36]欧盟与日本的联合或协调投资受益于欧洲投资银行(EIB)与日本国际协力银行(JBIC)、日本出口投资保险公司(NEXI)、日本央行、国际协力机构(JICA)签署的谅解备忘录(MOU)。这些合作承诺将为亚洲、中东和非洲的基础设施项目提供贷款。

第五,能否吸引第三方参与的不确定性。确保欧盟—日本伙伴关系的包容性,特别是对中国和"一带一路"倡议的包容性,很可能成为第三国真正认可的条件。事实上,东南亚官员一再表示希望参与不同的互联互通倡议,避免采取霸权和排他性的互联互通方式。吸引力当然取决于欧盟和日本提供的财政资源,也取决于能否与"一带一路"倡议有效协作。特别是在巴尔干和东南亚等邻近和战略地区,有必要就欧盟和日本的发展援助与中国进行更好的沟通,欧盟互联互通论坛等平台需要更加开放和包容。日本已经有效地为了应对中国交通项目的开展给日本带来的损失,日本银行缩短并简化了申请程序、减少所需的政府资金担保以及改革日本国际协力银行的监管规定以允许高风险的基础设施投资。[37]欧日希望与中国的合作可以建立在吸引私人投资互联互通项目的共同利益之上。他们强调私人投资对于缩小互联互通差距至关重要。西方学者认为,中国已经表示有兴趣"鼓励政府和私人资本之间加强合作"。确实还有很大的改进空间,因为只有不到10%的"一带一路"倡议基础设施融资来自私人投资,远低于新兴市场20%—25%的平均水平。欧盟—日本可持续互联互通伙伴关系希望解决这一问题,因为它的目标是"刺激私人投资"和"私营部门的参与",为可持续互联互通提供资金,欧洲投资银行和日本国际协力机构希望通过双方合作对资金问题有所助益。此外,在亚洲开发银行内,日本正在支持私人主导的基础设施项目,包括公私合作伙伴项目。让私营部门参与不仅可以实现多方获益,还可以确保与中国合作,形成非竞争性框架。包括亚洲开发银行、欧洲复兴开发银行和欧洲投资银行在内的多边机构多次指出,互联互通融资需求的规模需要与中国合作。

　　值得关注的是欧日双方正在通过数字官方发展援助(ODA)向发展中国家提供技术援助,帮助它们应对发达国家也面临的数字挑战。欧盟和日本希望不仅在双边背景下考虑数字连接的三个层面(海底陆地光缆、云数据、数据安全监管措施向第三国落实和扩散)。毕竟,数字领域的共同目标超出了欧盟和日本的边界,还包括第三国——特别是亚洲和非洲的新兴经济体。欧日可持续互联互通伙伴关系特别提到了西巴尔干、东欧、中亚、印太和非洲。这样做主要有两个原因:(1)确保这些国家在发展过程中也从数据革命中受益;(2)进一步开展合作,这也有助于规范的趋同。欧洲和日本的行为体期待从更好地协调中受益。日本开发机构 JICA 与欧洲投资银行签署谅解备忘录,旨在开展小额信贷和技术合作的欧洲投资银行可以为此发挥重要作用。此外,欧盟委员会的发展和电信总司(DG DEVCO 和 DG CONNECT)与日本外务省之间及其(政策导向的)研究部门之间也加强了在政策层面进行协调。

本章小结

2018 年 9 月 19 日,欧盟委员会正式发布"欧盟欧亚互联互通战略"联合通讯,表示将在基础设施建设、合作和金融方面,通过政府、国际组织和社会与亚洲开展更加有力的互联互通合作。此前,EPA 和 SPA 正式签署,并于 2019 年 2 月生效,两份协定成为日欧开展合作的法律基础。2019 年 9 月举行的欧亚互联互通论坛上,欧日基于 EPA 和 SPA 达成可持续互联互通伙伴关系协议,共同推动基于规则和可持续原则的投资项目。2020 年 1月,欧日 SPA 联合委员会第二次会议在布鲁塞尔举行,欧日对 SPA 的实施进行了评估和讨论,双方一致认为,将根据 SPA 协议,继续加强在可持续互联互通、优质基础设施、包括环境在内的全球问题,以及安全政策等领域的合作。欧日双方在数字、经济贸易、全球治理、能源等领域积极展开合作,并取得了一定成效。

以 2019 年欧盟与日本签署的可持续互联互通伙伴关系协议为基础,日本继续支持欧盟全球门户可持续和优质基础设施的发展目标。双方面临关键性挑战,包括需要确保欧洲和日本的重大和持续的财政承诺、动员私营部门,以及与愿意分享可持续发展原则的其他公共行为体的多边合作。

欧日可持续互联互通伙伴关系协议为双边合作开辟了新阶段,进一步加强了对多边和基于规则的国际秩序的共同承诺。欧日在强调可持续发展和公平竞争的原则的同时,也强调这种伙伴关系并不是针对中国的倡议而建立的。欧盟和日本都承认中国基础设施发展的当前和潜在利益,包括实现可持续发展目标。此外,欧盟和日本都愿意与中国在互联互通项目上进行合作,只要这些项目具有可持续性,并为私营部门的参与提供公平的竞争环境。

其中印太地区是双方推进可持续互联互通伙伴关系协议的一个主要区域。2022 年 12 月 17 日,日本首相岸田文雄与欧盟委员会主席冯德莱恩进行电话会谈。岸田首相首先对"欧盟印太地区合作战略联合公报"和"全球门户"计划表示赞赏。他表示,希望与欧盟密切合作,以 2019 年欧盟与日本签署的可持续互联互通伙伴关系协议为基础,实现"自由开放的印度—太平洋"。双方强调的合作领域包括数字、运输、能源和人文交流方面。

随着第四次工业革命的展开和战略竞争的加剧,欧盟和日本希望加强在数字互联互通方面的合作,双方认为这一合作也应超越双边层面,转向三方和多边合作。欧日认为从多边角度来看,共同推动以人为本、有道德的人工智能可以帮助促进数据安全和信任的数据流动——即监管议程,以及抵御数字保护主义的规范和标准。在第三国,多方利益相关者的协调可以进一步扩大欧洲和日本数字公司的影响力,而连接三个领域的数字官方发展援助,可以为进一步基于价值观的合作拓展新边疆。

注　释

1. The Partnership on Sustainable Connectivity and Quality Infrastructure between

the European Union and Japan，27. 09. 2020，https：//eeas.europa.eu/sites/default/files/the_partnership_on_sustainable_connectivity_and_quality_infrastructure_between_the_european_union_and_japan.pdf.

2. 王勤、李南：《东盟互联互通战略及其实施成效》，《亚太经济》2014 年第 2 期，第 115 页。

3. Master Plan on ASEAN Connectivity，http：//www.asean.org/resources/publications/asean-publications/item/master-plan-on-asean-connectivity-2.

4. 刘作奎：《欧盟互联互通政策的"泛安全化"及中欧合作》，《理论学刊》2022 年第 1 期，第 73 页。

5. Communication from the Commission to the European Parliament and the Council. 2021 Strategic Foresight Report. The EU's capacity and freedom act，Brussels，8. 9. 2021，COM92021 750 final.

6. 习近平：《共同创造亚洲和世界的美好未来——在博鳌亚洲论坛 2013 年年会上的主旨演讲》，《人民日报》2013 年 4 月 7 日。

7.《习近平在亚太经合组织第二十一次领导人非正式会议上就促进亚太互联互通发表讲话》，《人民日报》2013 年 10 月 9 日。

8. European Commision，"Connecting Europe and Asia-Building Blocks for an EU Strategy，" Brusels，19. 9. 2018. JOIN，31 final.

9. EU，"Connecting Europe and Asia—Building blocks for an EU Strategy，" 2018，引自 https：//eeas.europa.eu/sites/eeas/files/joint_communication_-_connecting_europe_and_asia_-_building_blocks_for_an_eu_strategy_2018-09-19.pdf。

10. The Global Gateway，https：//commission.europa.eu/strategy-and-policy/priorities-2019-2024/stronger-europe-world/global-gateway_en.

11. EU-Africa：Global Gateway Investment Package，https：//commission.europa.eu/strategy-and-policy/priorities-2019-2024/stronger-europe-world/global-gateway/eu-africa-global-gateway-investment-package_en.

12. Global Gateway funding，https：//international-partnerships.ec.europa.eu/policies/global-gateway/funding_en.

13. 外務省「開発協力大綱～自由で開かれた世界の持続可能な発展に向けた日本の貢献～」、https：//www.mofa.go.jp/mofaj/files/100514343.pdf。

14. 外務省「開発協力大綱の改定」、https：//www.mofa.go.jp/mofaj/files/100514346.pdf。

15. 外務省「開発協力大綱の概要」、https：//www.mofa.go.jp/mofaj/files/100514349.pdf。

16. 外務省「開発協力大綱～自由で開かれた世界の持続可能な発展に向けた日本の貢献～」、https：//www.mofa.go.jp/mofaj/files/100514343.pdf。

17. Tim Cooper，"Sustainability, Consumption and the Throwaway Culture，" in Stuart Walker, Jacques Giard ed.，*The Handbook of Design for Sustainability*，London—New York：Bloomsbury Academic，2013，pp.139—140.

18. DW，"EU-Japan take on China's BRI with own Silk Road，" 2019，https：//www.dw.com/en/eu-japan-take-on-chinas-bri-with-own-silk-road/a-50697761.

19. https：//www.railfreight.com/beltandroad/2019/04/15/eu-and-china-to-analyse-sustainable-rail-transport-corridors/. Accessed on 13. 10. 2019.

20. "The Partnership on Sustainable Connectivity and Quality Infrastructure Between the European Union and Japan," https://www. eeas. europa. eu/sites/default/files/the_partnership_on_sustainable_connectivity_and_quality_infrastructure_between_the_european_union_and_japan. pdf.

21. 「質の高いインフラ投資に関するG20原則」、https://www.g20.org/pdf/documents/jp/annex_01.pdf。

22. https://cn.nikkei.com/industry/scienceatechnology/34891-2019-04-15-05-00-00.html.

23. https://www. soumu. go. jp/main_sosiki/joho_tsusin/chs/pressrelease/2023/2/28_04.html.

24. https://www. soumu. go. jp/main_sosiki/joho_tsusin/chs/pressrelease/2022/5/12_04.html.

25. https://energy. ec. europa. eu/news/eu-and-japan-reinforce-energy-cooperation-through-dedicated-dialogue-global-lng-architecture-2023-07-18_en.

26. "Towards a Green Alliance to Protect Our Environment, Stop Climate Change and Achieve Green Growth," 27. 05. 2021, https://www. consilium. europa. eu/media/49932/eu-japan-green-alliance-may-2021.pdf.

27. EU-Japan Summit 2021, Joint Statement, 27. 05. 2021, 1—2, https://www.consilium. europa. eu/media/49922/eu-japan-summit-may-2021-statement.pdf.

28. 15th session of the Conference of the Parties of the CBD in Kunming, 11—24. 10. 2021.

29. Stephen Minas, "EU Climate Law Sans Frontiers: The Extension of the 2030 Framework to the Energy Community Contacting Parties," *Review of European*, *Comparative and International Environmental Law*, Vol.29, Issue.2, 2020, p.177.

30. Frédéric Simon, "EU, Japan Seal 'Green Alliance' in Bid for Climate Neutrality," *Euractiv*, 28. 05. 2021, https://www. euractiv. com/section/energy-environment/news/eu-japan-seal-green-alliance-in-bid-for-climate-neutrality.

31. http://eu.mofcom.gov.cn/article/jmjg/haiguan/202007/20200702983675.shtml.

32. https://www.mofa.go.jp/press/release/press4e_003217.html.

33. https://ec.europa.eu/commission/presscorner/detail/en/IP_19_4889.

34. https://www.mofa.go.jp/erp/ep/page22e_000945.html.

35. E. Kirchner and H. Dorussen, Kirchner, Emil and Han Dorussen, "New horizons in EU-Japan cooperation?" in *EU-Japan Security Cooperation*, Routledge, 2018, pp.203—220.

36. "The EU-Japan Connectivity Partnership: A Sustainable Initiative Awaiting Materialisation," https://www. realinstitutoelcano. org/en/analyses/the-eu-japan-connectivity-partnership-a-sustainable-initiative-awaiting-materialisation/.

37. Amendment of the JBIC Act, https://www. jbic. go. jp/en/information/news/news-2016/0511-48128.html.

结　　语

本书主要研讨的内容是：冷战后，欧日关系如何从隶属于冷战时期的西方阵营的价值观同盟扩展至安全、政治、经济等多领域的复合式同盟？围绕这一核心问题，本书写作结构围绕以下三个部分开展：为何将目前的欧日关系界定为复合式同盟伙伴关系？冷战后，基于安全、利益与认同因素的变化，欧日关系如何深化和拓展？百年未有之大变局下欧日关系的走向会有何影响？

冷战后欧盟与日本双边关系的基本定位是双方认可彼此是坚持所谓"普适价值"的战略性伙伴，而这一共识奠定了双方推进国际合作的最重要基础。以美国为主轴，日欧为两翼的美日欧大三角关系是美国主导的西方国际体系的重要组成部分。由于中美博弈和新兴国家崛起导致的国际秩序发生变动，在这一大背景下，作为美欧日大三角关系中相对薄弱的环节，欧盟积极与日本加强协作以维持美国主导的自由主义国际秩序。欧盟对日政策由过去的问题解决型向政策导向型转变。日本则强调欧盟是天然的"价值观伙伴"。在《欧盟—日本经济伙伴关系协定》（以下简称 EPA）和《欧盟—日本战略伙伴关系协定》（以下简称 SPA）的框架基础上，欧盟与日本又签署了可持续互联互通和高质量基础设施伙伴关系协议（以下简称"可持续互联互通伙伴关系协议"),以互联互通为依托,拓展包括数字伙伴、绿色伙伴的合作"新边疆"。可持续互联互通伙伴关系协议与 EPA 和 SPA 遥相呼应,产生联动效应。双方合作视角由双边关系逐步转化为复合式同盟范式下在全球范围内开展的政治、经济、安全等议题的对话与合作。

第一节　冷战后欧日关系的复式化演进阶段

冷战后欧日关系的复式化演进可以分为以下五个阶段:

第一,转型阶段。1991 年 7 月举行的首次欧日首脑会谈对冷战后的欧日关系具有划时代意义,它为双方关系做出了为期10 年的远景规划,强调除了要努力深化在经济领域的合作外,还要积极拓展双方在政治领域的交流。值得关注的是,宣言特别指出共同价值观是欧日加深合作和发展全面伙伴关系的动机。可以说,它标志着欧日关系完成了由冷战时期同属西方阵营的同盟关系向全球伙伴关系的转变和升级。当时的国际情势下,苏东剧变、两极格局瓦解,美国成为唯一的超级大国,欧洲一体化加快发展,同时日本经济崛起,自 1968 年开始就一直维持西方阵营第二的位置,经济总量与美欧维持 5∶5∶3 的格局。欧洲共同体(以下简称"欧共体")面对冷战结束带来的和平红利,以及日本作为"经济巨人"的崛起给国际社会带来了"挑战",使得双方深感需要重新定位欧日双边关系。以 1991 年的《海牙声明》和 1992 年 5 月的《欧共体委员会对日关系评估报告》为契机,欧共体提出要振兴欧洲制造业对日出口,同时要求日本减少"结构性"贸易壁垒,向欧洲的产品与投资打开市场,以减少欧共体对日贸易的巨额逆差,并推动日本"更充分地融入国际体系",加强欧日双边政治对话以便相互支持,提升彼此的国际政治影响力。[1]无独有偶,日本当时也开始强调要在国际政治舞台上施展抱负,认为经济上的日美欧三极应适时转化为政治三极。以此为契机,双方一直致力于推动这种关系的进一步发展。欧日认为应彼此建立制度化的联系,双方同意要将欧日峰会定制化,欧日外长协议和欧日局长级别磋商(一年两次)、高级实务者会谈、欧日高级别磋商、欧日规制改革对话、欧日环境高级事务级别会谈、欧日知识产权会谈、欧日战略对话(范围包括关于中亚的战略性对话、东亚的安保环境的战略对话)等构筑了欧日对话的制度性框架。[2]

第二,升级阶段。2003年《尼斯条约》生效后,欧盟各成员国与对外贸易相关的决策权大部分集中到了欧盟层面,同时欧盟内部的生产要素也得到进一步整合,成长为与美国不相上下的经济体。当时的国际情势下,美国军事介入阿富汗和伊拉克,开启反恐战争。美国的军事行动遭到欧盟强烈反对,欧洲分化出新老欧洲,美欧关系出现了裂痕。欧盟在2001年提出《欧日合作行动计划》,2001年12月举行的第十次欧日峰会以"塑造我们共同的未来"为主题,计划设想了"欧日关系的新十年",分四个主题列出双方潜在的新行动和合作领域,分别是:促进和平与安全;加强贸易和经济伙伴关系;应对新的全球和社会挑战;价值观与文化交流。在此基础上,双方于2003年宣布将彼此关系升格为战略伙伴关系。欧盟不再关注欧盟对日贸易逆差的问题,而是提出要继续增加双边贸易与投资额,希望能在全球与地区性的战略安全事务上与日本开展合作,同时还提出借助"亚欧会议"(ASEM)等平台,通过拓展对日关系来加强欧盟对亚太的影响力。欧盟2003年通过的"欧洲安全战略"(ESS)中,将中国与日本、印度同时列为欧盟理事会的"全方位战略伙伴"。

与此同时,日本也提出了"日欧协调的三根支柱",包括在国际秩序的建构方面,双方在文化上要"实现多样性基础上的相同价值观";在外交、安全保障层面,即预防纷争、裁军、核不扩散及推动联合国改革方面,"为世界的和平与稳定,应强化与经济联系相适应的政治合作";在全球化背景下,应共同维护世界的繁荣,推动世界贸易组织谈判,强化对发展中国家的官方发展援助"共享全球化的利益",目的是要加强一直以来相对薄弱的政治领域的对话与合作。³

这一阶段有两个方面值得关注:一是欧日认为政治合作的目标是为了"推动世界的和平与稳定",其中涵盖的所谓"特定的地区局势",虽然当时并未有特别指向,但随着中国的崛起,中国的被关注度也日益上升,一方面双方均认为中国的未来对彼此而言均是紧要的课题,因此应密切关注中国未来的走向,尤其是经济的发展,另一方面中国因素也逐渐成为欧日关于东亚安全保障环境的战略性对话时的热议话题,尤其是日本总是不忘借助这一场合提醒对方不能解除对华武器禁运。⁴二是为了对欧日战略伙伴关系进行顶层设计,双方同意进行关于制定涵盖欧日之间广泛合作的战略伙伴关系协定的谈判。⁵

第三,拓展阶段。2008 年全球金融危机和 2009 年欧洲主权债务危机,开启了当前这一轮国际体系变革时代,恐怖袭击、难民潮和民粹力量崛起等一系列内外危机交替冲击着欧盟的治理能力。欧盟担心在国际体系变革中被边缘化,从 2013 年初开始同时推进三项对外经济谈判,即与美国开展的"跨大西洋贸易与投资伙伴关系协定"谈判、与日本开展的 EPA 谈判和与中国开展的"中欧双边投资协定"谈判。欧日战略与经贸双轨谈判在同一天开启,这对欧盟而言是其希望作为"规范性"和"非军事"力量对东亚局势发挥更大影响力的重要抓手。对于欧盟而言,贸易政策也从来不是单纯的经济政策,而是能够帮助其推广价值理念、实现战略意图的重要工具与手段。2015年10月欧盟贸易委员会出台的《贸易惠及所有:迈向更负责任的贸易和投资政策》指出,应将"贸易协定视作一项政策杠杆,借以向全世界推广我们的价值观"。因此,欧盟与日本建立EPA的举措,绝非仅仅基于经济利益的考量,而是隐含着塑造未来长远形势的战略意图。日本从价值观理念的认同、"日本大国梦"的实现及地缘政治等角度出发,对开启战略性双轨谈判的意愿比欧盟更为强烈。

第四,固化阶段。2017年以来,欧日关系进入固化阶段。特朗普政府企图拆解国际多边贸易体系,用美国主导的多个双边合作架构代替原有的多边体系,重塑由美国主导的世界经济秩序。为制衡特朗普政府带来的挑战,维护国际多边贸易体系和全球治理结构,欧日对于推动EPA谈判的热情高涨。对欧盟而言,一是,在贸易保护主义潮流抬头的现阶段,EPA可以在很大程度上遏制这一潮流,向世界展现欧盟维护自由贸易秩序的积极形象。二是,欧日决定在正式启动英国脱欧前的2017年7月就EPA达成基本协议,欧盟认为这有利于欧盟在未来的英国脱欧谈判中取得有利地位。三是,EPA一旦谈成,将是世界上规模仅次于北美自由贸易区(NAFTA)的自由贸易协定,国内生产总值占世界总量的27.8%,贸易总额占世界总量的35.8%,对推动欧盟经济的发展大有裨益。在此情势下,欧盟向日本做出的经济让利要多于日本,2017年7月举行的二十国集团汉堡峰会上,欧日草签了EPA。2019年,第26届欧盟—日本峰会进一步加强了双边关系,重点是执行已经缔结的两项具有里程碑意义的协议,即 SPA 和 EPA。这些协议使双方的政治和经济关系达到了更高的水平。欧盟向日本出口的公司每年缴纳的 10 亿欧元关税中的绝大部分已被取消,反之亦然。双方贸易额增加多达将近 360 亿欧元。[6]欧日可持续互联互通伙伴关系协议可以加强双方在第三市场的商业合作。欧日在竞争力、标准、业务环境和《巴黎协定》的执行方面期望在东南亚、非洲和拉丁美洲产生积极影响。

第五,加速阶段。俄乌冲突对国际地缘政治格局产生深远影响,加速了地缘政治力量版图的分化与重组,中、美、俄、欧原本复杂且交织的平衡关系被打破。一方面,欧盟迅速倒向美国,北约介入俄乌冲突,使俄罗斯与美西方国家进入正式对抗状态,这种状态将长期化,持续影响世界地缘政治格局;另一方面,中立国家阵营仍然选择同俄罗斯开展正常外交关系,而俄罗斯也迅速向中国靠拢。由此,虽然俄乌冲突改变了当前地缘政治力量版图,但中美战略竞争仍然是未来世界格局的核心特征,这两个趋势叠加在一起使欧盟在中美之间自主决策的空间越来越小,这可能导致欧盟在国际事务中的角色进一步被边缘化。出于抱团取暖的考虑,欧盟与日本基于价值观同盟基础上的安全合作会更加紧密。目前欧日认为自身合作已经处在了"黄金时代"。

第二节　冷战后欧日关系复式化演进的特点和影响

冷战后欧日关系的复式化演进具有以下四个特点:

第一,欧日之间的交流涉及价值观、安全等高级政治的趋势日益显著。欧盟是日本开展价值观外交与推行"安倍主义"最重要的一环。日本也被欧盟视为基于西方价值观的"天然盟友"。

在理念上,欧日复合式同盟伙伴关系中的价值观因素一直发挥黏合作用。欧日关系的基本定位是双方认可彼此是坚持所谓"普适价值"的战略性伙伴,而这一共识奠定了欧日推进国际合作的最重要基础。尽管在地理上相隔万里,但却是"天然"的战略性伙伴。

第二,伴随彼此关系升格为战略伙伴关系,欧日之间的经济利益冲突已经可控。在经贸合作领域,欧盟各成员国与对外贸易相关的决策权大部分集中到了欧盟层面。欧盟与日本希望强化双边经济合作,一方面共同巩固和提升双方在世界经济体系中的位次,另一方面为在全球贸易秩序新规则制定的博弈中共同掌握主导权和话语权奠定基础。双方在这方面合作大于分歧。欧盟寻找"志同道合"且具有实力的伙伴有自身的三重考虑。一是为加强欧盟各国团结,二是彰显英国脱欧后欧盟仍是国际社会的重要力量,三是共同抵抗"特朗普主义"带来的美国单边主义政策调整的冲击。在积极调整自身外交战略的同时,欧盟将目标锁定为主张自由贸易和国际协调的日本,其外交战略的当务之急是加强与日本的全方位合作。一方面,欧盟有发挥国际影响力的意愿,此时美欧关系出现裂痕,欧盟内部也出现了加强欧日关系的呼声。另一方面欧盟希望借助日本在印太地区提升影响力。欧盟与日本建立了多渠道、多层次的政治、战略对话,推动双边合作从政治对话转向加强行动。

第三,因应中国崛起带来的种种冲击(第三方因素),涉华议题逐渐成为双方交流中的一个重要议题,并形成以"价值观"为主体(战略合作),安全合作与经济合作为两个侧翼的"一体两翼"格局。将中国视为价值观上的"异质性"存在,将中国崛起视为对现行国际秩序的冲击,欧日在这方面的认知比较一致,中国的综合实力与国际地位的变化,改变了欧日对中国的战略认知与总体评价。双方均明确强调绝不能因为对华存在巨大的商贸利益而不坚持自己的价值观。欧盟强调中国是"体制性竞争对手",日本指责中国为东亚秩序的"破坏者"和现行国际秩序的"挑战者"。

欧盟与日本要应对的国际秩序的挑战因素包括中国崛起、美国单边主义以及中美战略博弈带来的冲击等,这就决定了双方在价值观层面上的合作在大方向上基本同步。2019年3月,欧盟发布《欧盟—中国:战略展望》政策文件,将中国定位为体制性竞争对手(systemic rival),欧盟特别是欧盟的北约成员国内部,对中国越来越警惕,这无疑为欧日合作创造更多机会。日本将中国视为"自由主义国际秩序"最大的外部挑战者,既担心中国实力的增长对国际秩序物质层面的冲击,也警惕中国发展模式和体制对其价值层面的挑战。

第四,欧日复合同盟式伙伴关系中的利益复杂性增加。在经济领域,欧日在FTA谈判共同主导未来世界经贸规则制定中试图将中国排除在外。2018年9月,欧日美三方签署了反对国企补贴、强制技术转让、第三国非市场化政策及改革世贸组织等问题的贸易联合声明。在双边贸易层面,中国日益成为双方最重要的贸易伙伴,而原有的欧日贸易的重要性被中日、中欧贸易所取代。欧盟对日贸易逆差问题重要性下降,欧盟提出要继续增加双边贸易与投资额,希望能在全球与地区性的战略安全事务上与日本开展合作。在安全合作领域,欧日基于相同的价值理念和意识形态,希冀从规范的角度出发对东亚安全形势形成一种制约的合力,且专注点也逐渐集中到了双方建立危机管理合作机制上来,这种意图在安全合作领域却很难达成立场和行动上的一致。在互联互通领域,特别是与"一带一路"倡议对接方面,欧日期待与中国在应对气候变化方面深化合作,并开展第三方合作,意图从中获取实利。

冷战后欧日关系的复式化的影响有以下三个方面:

第一,合作目标更加鲜明。欧盟与日本合作的主要目标是维护"自由主义国际秩序"的稳定。冷战后欧日关系的基本定位不是双边角度而是全球角度的。双方认可彼此是坚持所谓"普适价值"的战略性伙伴,而这一共识可以说奠定了欧日推进国际合作的最重要基础。欧盟和日本一再强调在共同的价值观和规则基础上团结合作,包括自由、人权、民主、法治、自由与公平的贸易、有效的多边主义和基于规则的国际秩序。所谓基于规则的国际秩序即"自由主义国际秩序"。欧盟和日本认为这一秩序是美国及其盟友占据优势的权力和利益格局。欧日作为"成熟的自由民主国家"均系"自由主义国际秩序"受益者,双方都谋求这一秩序的稳定,并希望在国际秩序变革时期将自身利益渗透其中,制定对自身有利的国际规则。

第二,意识形态因素增强。欧日意图在规则而非权力的基础上寻求深化合作,采取切实行动加强双方的多边和双边合作。欧日认为对所谓"基于规则的国际秩序"的承诺,一方面有助于吸引其他"自由民主"国家参与对该秩序的维护,从而向美国传递强烈信号,存在一个支持美国且广泛合作的联盟;另一方面欧日战略接近也有利于提升各自对美战略自主性。上述两个因素都可激励美国采取行动向"自由主义国际秩序"的挑战者施加更大压力,并赋予支持美国且广泛合作的联盟更大合法性。

第三,合作基础更加稳固。在经济层面,欧盟与日本以 EPA 为先导打造全面经济伙伴关系。2017 年以来,国际秩序备受冲击。对主张自由贸易和国际协调的欧盟和日本来说,为应对现实挑战,客观上须加强与价值观相同伙伴的合作。在政治层面,欧盟与日本以 SPA 为框架深化战略伙伴关系,在政治和安全方面相互借重。SPA 是具有明确价值观导向的战略合作框架。它以西方民主、法治、人权和基本自由为代表的共同价值观和原则为基础。在全球治理层面,为应对区域和全球挑战方面的合作,在欧盟看来,其与亚洲的关系具有全球意义,可成为以合作方式处理世界政治、全球稳定和区域经济繁荣的典范。欧日合作基于"印太战略"的合作是在既有的 EPA、SPA 和全球治理合作基础上进行拓展。欧盟认识到欧盟需要学会像一个地缘政治大国那样思考,必须积极参与印太地区的大国博弈,否则将被边缘化,其安全及全球角色很大程度上取决于它在印太地区影响力的投射,该地区走向对重塑国际秩序影响重大。欧日均认为"印太秩序"已成为未来以规则为基础的国际秩序和多边主义的基石。

第三节　欧日关系复式化演进的未来

第一,合作目标变化。欧日伙伴关系已经从应对被他们视为国际秩序"挑战者"的中国到应对中美博弈带来的整个国际体系的变化。在当前百年未有之大变局下,中国在欧盟和欧洲大国的东亚政策中的经济合作地位出现了下降。这是否导致在应对中国崛起问题上,经济作为"压舱石"的重要性减弱?之前欧盟倾向于在复杂的东亚区域冲突问题上不采取"选边站"政策,这也引发过日本对欧盟持续的"预期赤字"继而对欧盟的战略合作感到失望。尤其是欧盟已尽最大努力避免被迫在日本和中国之间选择。欧盟成员国同样在东亚地区无法就争议问题达成坚定的共识。欧日双方在安全合作领域长期难以达成立场和行动的一致。随着欧日2019年SPA的生效，加之俄乌冲突的影响，双方借由"印太战略"合作加强了在安全和防务方面的密切磋商。为了维护美西方主导的国际秩序，欧盟与日本基于价值观同盟基础上的安全合作会更加紧密。

与此同时，欧日难以摆脱美国的束缚，这导致了欧日建立的双边战略同盟只是美国同盟体系的组成部分，谈不上战略自主。欧盟和欧洲大国目前采取的是反对美国单边主义而不反对美国的外交政策。在贸易问题上，面对对华贸易中存在的巨大逆差，欧日均有意向在多边层面利用贸易规则在一定程度上平衡对华贸易的逆差，并构筑美欧日主导的未来世界经贸规则，意图迫使以中国为代表的新兴国家就范，成为新规则的被动接受者。只要美国政府采取更多合作姿态，欧日双方都倾向于与美国协商合作共同处理中国问题。一个典型例子就是2018年9月，欧日美三方签署了反对国企补贴、强制技术转让、第三国非市场化政策及改革世贸组织等问题的贸易联合声明。而美国传统的政治精英也一直支持德国、法国等与日本加强合作的行动。概言之，欧日复合式同盟的合作目标已经从应对体系的"挑战者"到应对体系的变化。

第二，合作性质变化。欧日从复式化同盟伙伴关系逐步走向"多边主义者联盟"的示范。随着英国脱欧后英日关系凸显，德国与日本的互动也趋于频繁。2018年以来，德国政府倡导的"多边主义者联盟"是否会成为中等力量国家首选的外交合作机制？在时任德国外长马斯的多次公开讲话中，日本作为德国构建"多边主义者联盟"的重要合作伙伴之一均被提及。在欧盟内部，德国自2018年以来与日本开展了一系列密切磋商，前德国驻日大使声称："日本是德国在亚洲拥有的最为紧密的盟友,是德国可以依赖并分享各种目标和构想的国家。"[7]欧盟与日本的接近在战略上是欧盟寻求亚洲更多的合作伙伴并以此平衡对中国倚重的体现。特别是欧日自贸协定,被认为是"多边主义者联盟合作"的样板性协定。[8]或者说德国提出的"来自中间的领导"的理念付诸实践,欧盟成员国作为中等强国将合作发挥全球影响力,以维护西方主导的国际秩序。以美国前驻北约大使达尔德为代表的美国的政治精英希望的那样,在美国不愿意扮演世界和西方领导者的情形下,要求美国的盟友主动填补空白,共同维持自由主义世界秩序。[9]欧日已经确认了他们对以规则为基础的国际秩序的共同愿景和支持,这些规则涉及多边主义、民主、不扩散大规模毁灭性武器、开放市场以及以世界贸易组织为核心的全球贸易体系。

近年来,欧日双方在七国集团、二十国集团、世界贸易组织等国际和区域机构中不断加强合作。例如 2022 年 10 月欧盟—日本第二次高层经济对话上,为了支持基于规则的秩序,欧盟邀请日本加入多方临时上诉仲裁安排(MPIA),日本则于次年 3 月份正式加入。这证明了欧日在对华经贸政策上已经达成了如下共识,即从原来的推动同一制度框架内的良性竞争的政策重心让位于与所谓"志同道合的伙伴"构筑"小院高墙",并将安全保障与经贸规制进行紧密联结。欧日从同盟式伙伴关系到"多边主义者联盟"的示范目标能否实现还有待观察。

第三,合作重心的变化。欧盟与日本认为"印太秩序"已成为未来以规则为基础的国际秩序和多边主义的基石。其中中国因素的议题也被纳入欧日关于"印太战略"对话的关切。欧日基于"印太战略"的合作会依托 EPA、SPA 和互联互通的合作基础继续拓展。欧盟强调,日本是欧盟在印度—太平洋地区最密切的战略伙伴,双方要加强合作建立一个所谓"包容各方、基于法治和民主价值观、不受胁迫约束"的"自由开放的印度—太平洋"。在地区层面,欧日包括强调了支持东盟的团结和中心地位。寻求与东盟建立协同作用,支持东盟的印度—太平洋展望(AOIP)。双方还谈及对朝鲜半岛、东海局势等地区安全议题的关切。在双边层面,决定进一步在"印太战略"中推进可持续互联互通和优质基础设施方面的伙伴关系,加强数字和绿色合作,并就安全与防务,包括核不扩散与裁军以及应对混合威胁等问题进行密切的磋商。在多边层面,欧盟与日本的合作强调基于"印太战略"的合作框架下关键基础设施安全和供应链弹性。概言之,日本在"印太"框架下积极扮演"辅美遏华"的"急先锋"角色,重点就是积极地让日美同盟在结构性功能方面体现出溢出效应,并拓展其安全功能。欧盟将其地缘政治抱负扩展至中国的地缘政治敏感地带,这将给亚太地区原本就很复杂的地缘政治形势带来新的挑战。

第四,合作议题拓展。与此同时,欧日基于对外援助的经验拓展至互联互通领域,包括基础设施、数字、绿色等多议题合作。长期以来,欧盟及其成员国提供了全球50%以上的官方发展援助。日本也是此类援助的主要提供者。日本的援助始终高度重视经济基础设施(如公路、铁路、发电站和港口),并且随着新的联合国可持续发展目标(SDG),欧盟及其成员国也在朝着这个方向发展。目前,欧盟与日本正在讨论非洲基础设施建设合作。实际上,欧盟和日本在教育和卫生等领域的发展合作项目有着重要的合作。可持续发展目标鼓励非政府组织、私营公司和官方发展援助机构之间开展更多合作。公共和私人捐助者之间的合作是日本长期经验丰富的领域,欧盟国家现在也正在转向这一领域。概言之,在后疫情时代,欧日不断通过塑造双方的合作议题来固化合作关系。

第五,合作态度变化。欧日双方已经从美西方价值规范的执行者成为规范的建构者。欧日的交流中涉及价值观、安全等高级政治的对话日益显著,共同价值观和共同原则的提法已在双方官方话语中牢固确立。随着冷战时期同属西方阵营的同盟关系向全球性伙伴关系的转变,双方力图推动欧亚互联互通的"规范性"原则。而且 SPA 本身就是一个更广泛的框架,包括信息和通信技术、产业政策、能源、运输、教育、研究和创新等 40 多个领域的政治和部门合作以及共同行动。欧日正在 SPA 框架下加强议题合作以应对国际格局面临的系统性危机。双方正在开展从绿色复苏到贸易再到公共卫生的不同政策领域一系列的合作。双方致力于建立基于可持续性为共享价值,高质量基础设施、公平竞争为信念的连通性合作伙伴关系。欧日会在国际和区域性组织中共同促进基于规则的连通性。

展望未来,在双边层面,基于 EPA 和 SPA,欧盟与日本关系会更加紧密,双方决定将进一步加强包括日欧绿色联盟在内的双边合作。以 2019 年欧盟与日本签署的可持续互联互通伙伴关系协议为基础,日本继续支持欧盟"全球门户"计划与可持续和优质基础设施的发展目标。在多边层面,欧盟与日本的合作已经强调"印太战略"的合作框架。随着国际权力的转移,"印太"正在迅速成为世界经济和地缘政治中心,也是欧盟"全球门户"计划指导下的互联互通愿景,更是日本"自由开放的印度—太平洋"、美国"印太战略",中国"一带一路"倡议与印度"向东看"政策的交汇点。欧日合作重心转移到"印太"区域,欧日复合式同盟能否对新的"印太秩序"的构建产生影响,值得进一步观察。在以互联互通为依托拓展合作"新边疆"方面,欧日双方表示在数字、绿色、网络、国防、互联互通,包括半导体在内的供应链、数据自由流动(DFFT)、科学和技术以及打击虚假信息措施等领域进行合作。

2023 年欧盟和日本在 EPA 和 SPA 的基础上继续推进建立全面的伙伴关系,双方在政治安全、经济贸易、全球治理等层面开展多层次、多领域对话,并在俄乌冲突问题上密切合作。2024 年欧盟与日本继续加强在贸易、气候、数字、"印太"方面的合作,继续在经济伙伴关系、战略伙伴关系、可持续互联互通和优质基础设施合作伙伴关系、数字伙伴关系、绿色联盟的多重框架内进行合作。

在未来的研究方向上,至少可以思考以下两个方面:

第一,欧日复合式同盟的构建对中美竞争与合作产生了哪些影响? 首先,如果欧盟和日本坚持自由主义价值观,并在推广这些价值观方面建立有效合作,欧盟和日本是否可以介入并协助美国维持西方自由主义国际秩序? 或者他们是否可以承诺代替美国作为最后两个孤独的堡垒来支持美国的大部分自由主义国际秩序? 如果有效的欧盟—日本伙伴关系能为美国提供有效分担维持西方自由主义国际秩序负担的前景,那么这种情况更有可能发生。有效的欧盟与日本合作不仅可以减轻美国的负担,还可以提高此类努力取得成功的可能性。欧日复合式同盟继续支持美国主导的自由主义国际秩序将不可避免地导致与中国发生更多冲突。

第二,欧盟和日本伙伴关系存在领导能力和愿景方面的缺陷,欧日随着复合式同盟的构建与合作的日益紧密,双方能否克服这些缺陷？在经贸方面，欧盟和日本期待推动 EPA 成为其他自由贸易协定的典范，以加强现有的和制定新的全球贸易规则，无论是通过世界贸易组织（尽管"多哈回合"谈判取得进展的可能性不大），还是通过区域和双边自由贸易协定取得进展。但是欧盟方面，俄乌冲突造成欧洲地缘安全形势剧烈动荡，美国借机强化了在欧洲安全中的主导地位，牵制了欧盟战略自主。欧洲经济也遭受多重冲击，衰退风险加大。这一系列连锁反应加大了欧盟本身能力与战略自主目标之间的鸿沟。从成员国层面来看，法德之间以及新老欧洲国家之间的分歧也影响了欧盟战略自主的实现与发展。由于成员国之间存在利益冲突，欧盟委员会无法说服各国优先考虑与日本的合作。日本方面，日本有持续的战略自主性的追求，但是有度的问题。安倍的后继者不具备他这样的把控力，日本正在调整体系中的地位（内部的不安定的传导），而日欧关系是日本对外战略中的重要一环。日本政府更多地关注东北亚遏华"小北约"的构建，即美韩日三边安全合作。目前，韩美强化对朝延伸威慑，创建核协商小组（NCG），驱动韩美同盟地区化，也促动日本国内寻求"核共享"安排。韩美均不排除日本加入 NCG 的可能性，美国推动韩日历史和解，美韩日已达成实时共享朝鲜导弹情报，借此推动美韩日同盟。因此，日本专注于制衡中国，而不是发挥领导作用，在共同价值观的基础上与欧盟建立全球性合作。

注 释

1. 植田隆子「日本＝EU 政治・安全保障関係」、植田隆子編『EUスタディーズ1・対外関係』、勁草書房 2007 年、218 頁。
2. 渡邊啓貴「多国間枠組みの中の欧日関係」、国分良成編『日本の外交・第 4 巻・地域編』、岩波書店 2013 年、205—206 頁；坂本千代編『ヨーロッパにおける多民族共存とEU——言語、文化、ジェンダーを巡って——および欧日関係の歴史・文化・政治』、神戸大学大学院国際文化学研究科異文化研究交流センター 2012 年 3 月、116—119 頁。

3. 渡邊啓貴「多国間枠組みの中の欧日関係」、国分良成編『日本の外交・第 4 巻・地域編』、岩波書店 2013 年、207 頁;植田隆子「日本＝EU 政治・安全保障関係」、植田隆子編『EU スタディーズ1・対外関係』、勁草書房 2007 年、219 頁。

4. 渡邊啓貴「多国間枠組みの中の欧日関係」、国分良成編『日本の外交・第 4 巻・地域編』、岩波書店 2013 年、209 頁;植田隆子「日本＝EU 政治・安全保障関係」、植田隆子編『EU スタディーズ1・対外関係』、勁草書房 2007 年、220—222 頁。

5. M. Tsuruoka，"Japan-Europe Relations：Toward A Full Political and Security Partnership," in Y. Tatsumi eds.，*Japan's Global Diplomacy*，Stimson Center，Washington DC，2015，pp.56—59.

6. "26th EU-Japan Summit：Taking Our Strong Partnership to a Higher Level，" https：//ec.europa.eu/commission/presscorner/detail/en/IP_19_2248.

7. "Deutsche Ausladsvertretungen in Japan," https：//japan.diplo.de/ja-de.

8. "Fur eine Allianz der Multilateralisten，"28.08.2018.http：//www. Auswaertiges-amt.de/de/nesroom/mass-allianz-multilateralisten/2129908.

9. Ivo Daalder and James Lindsay，"The Committee to Save the World Order：America's Alliance Must Step Up As America Steps Down," *Foreign Affairs*，Nov/Dec，2018，pp.72—83.

附　录

欧盟—日本关系——年表及重要事件

- 1959 年　　　　　授予日本驻欧洲共同体(欧共体)第一位代表的认可

- 1974 年　　　　　欧洲共同体驻日本代表团成立

- 1987 年　　　　　日本国际贸易和工业部(MIT)和欧洲委员会建立欧盟—日本工业合作中心

- 1991 年　　　　　首次欧盟—日本海牙双边峰会——通过"海牙宣言"

- 1994 年　　　　　建立欧盟对日门户计划,以加强欧洲和日本间的贸易和投资往来

- 2001 年　　　　　布鲁塞尔和东京通过欧盟—日本行动计划"塑造我们共同的未来"(于 2011 年到期)

- 2002 年　　　　　《欧盟—日本相互承认协定》

- 2003 年、2005 年、　在"促进《全面禁止核试验条约》(CTBT)
  2007 年　　　　　生效会议"上的合作

- 2003 年　　　　　《欧盟—日本反竞争行为合作协定》

- 2003 年　　　　　启动两年一次的"欧盟—日本人权三驾马车工作组"会议

- 2004 年　　　　　"西巴尔干和平巩固与经济发展部长级会

议"联合主席(东京)

- 2004 年　　　　共同通过裁军和不扩散协定书,促进《联合国小武器和轻武器行动纲领》的加快执行
- 2005 年　　　　启动欧盟—日本东亚安全战略对话
- 2005 年　　　　欧盟—日本人文交流年
- 2006 年　　　　《欧盟—日本和平使用核能合作协定》
- 2008 年　　　　《欧盟—日本合作和行政互助协定》
- 2008 年　　　　"欧盟—日本人类安全会议"召开
- 2009 年　　　　《欧盟—日本科技合作协定》
- 2009 年　　　　《欧盟—日本刑事司法事务互助协定》
- 2009 年、2010 年　欧盟—日本合作能力建设研讨会举行
- 2010 年　　　　设立高级别小组,以确定全面加强欧盟—日本贸易和政治合作问题上的选择
- 2011 年　　　　启动欧盟—日本防灾合作
- 2012 年　　　　欧盟—日本关于欧日 EPA/FTA 及所含 SPA 的"范围界定"
- 2013 年　　　　启动 SPA 和 FTA 的谈判
- 2017 年 7 月　　《欧盟—日本关于在 2017 年底前通过 FTA 和 SPA 的协定》
- 2017 年底　　　欧日正式签署 EPA
- 2019 年 2 月　　EPA 和 SPA 生效
- 2019 年 10 月　　欧盟与日本签署了可持续互联互通伙伴关系协议
- 2021 年 5 月　　第 27 届欧盟—日本首脑会议举行
- 2022 年 5 月　　第 28 届欧盟—日本首脑会议举行
- 2023 年 7 月　　第 29 届欧盟—日本首脑会议举行

参考文献

中　文

陈静静、张勇:《国际秩序变革与日欧战略接近》,《欧洲研究》2021年第2期,第52—81页。

陈志敏、古斯塔夫·盖拉茨:《欧洲联盟对外政策一体化——不可能的使命?》,时事出版社2003年版。

董礼胜、董彦:《战后日本与欧盟关系发展演变的概述及分析》,《欧洲研究》2007年第4期,第110—124页。

葛建华:《美欧日经济安全政策联动分析》,《亚太安全与海洋研究》2022年第5期,第83—103页。

黄凌云等:《日本—欧盟EPA对中国、日本、欧盟的影响研究——基于GTAP-Dyn的一般均衡分析》,《世界经济研究》2015年第1期,第102—111页。

李德顺:《价值论———种主体性的研究(第3版)》,中国人民大学出版社2013年版。

刘作奎:《日本的中东欧政策及对中国"16+1合作"的影响分析》,《俄罗斯研究》2019年第2期,第180—201页。

刘作奎:《中国和日本对欧盟看法比较》,《世界经济与政治论坛》2012年第2期,第80—91页。

潘德昌:《欧洲一体化进程中的日欧关系史研究》,中国社会科学出版社2019年版。

宋黎磊、蔡亮:《冷战后欧日合作模式特征刍议》,《欧洲研究》2017

年第 6 期,第 48—64 页。

孙文竹:《日本强化对欧安全合作的动因与前景》,《和平与发展》2022 年第 5 期,第 103—121,143 页。

忻华:《欧盟对日战略性双轨谈判的机理分析》,《现代国际关系》2015 年第 9 期,第 53—61 页。

赵迎结:《日本对"英国脱欧"事件的应对及其战略诉求》,《东北亚学刊》2020 年第 3 期,第 103—116 页。

周永生:《疫情期间日本以欧盟国家为主的欧洲外交》,《日本文论》2021 年第 1 期,第 110—130 页。

英　文

A. Denková, "EU-Japan FTA Would Boost Growth More Than TTIP," EURACTIV, 17 June, 2016. Available at: www. euractiv. com/section/trade-society/news/eu-japan-fta-would-boost-growth-more-than-ttip/.

A. Fontini, "Advancing the EU-Japan Strategic Partnership in a Transforming Global Environment: Challenges, Opportunities and Prospects," *European Policy Centre (EPC) Policy Brief*, 2016. Available at: www. epc. eu/documents/uploads/pub_6363_eu-japan_strategic_partnership.pdf.

A. Fukushima, "Japan-Europe Cooperation for Peace and Stability: Pursuing Synergies on a Comprehensive Approach," *Policy Brief Asia Program*, April, 2015, The German Marshall Fund of the United States. Available at: www. gmfus. org/publications/japan-europe-cooperation-peace-and-stability.

Andrew Light, "The Cancun Compromise," *Center for American Progress*, 13 December, 2010. Available at: www. americanprogress. org/issues/green/news/2010/12/13/8751/thecancun-compromise.

Axel Berkofsky, "EU-Japan Relations from 2001 to Today: Achievements, Failures and Prospects," *Japan Forum*, Vol.24, No.3, 2012, pp.265—288.

Axel Berkofsky, "The EU-Japan Strategic Partnership Agreement (SPA)—Responding to the Crisis of the Liberal World Order," *Asia Policy Brief*, Vol.3, 2017, pp.1—8.

B. B. Barber, "Strategizing Asia: Japan's Values-Based Diplomacy amid Great Powers' Competing Visions for Broader Asia," *Japan Studies Review*, Vol.24, No.1, 2020, pp.3—34.

Bäckstrand Karin and Elgström Ole, "The EU's Role in Climate Change Negotiations: From Leader to 'Leadiator'," *Journal of European Public Policy*, Vol.20, No.10, 2013, pp.1369—1386.

Byung-il Choi and Jennifer Seijin Oh, "Reversed Asymmetry in Japan's and Korea's FTAs: TPP and Beyond," *Pacific Focus*, Vol. XXXII, No.2, 2017, pp.232—258.

C. de Prado, "Prospects for the EU-Japan Strategic Partnership: A Global Multi-Level and Swop Analysis," European University Institute Global Governance Programme, Available at: www. eu-japan. eu/sites/default/files/publications/docs/eujpstrategicpartnership.pdf.

C. Jungbluth, G. Felbermayr, F. Kimura, T. Okubo, M. Steininger and E. Yalcin, "EU-Japan: Free Trade Agreement a Sign of Commitment to Economic Cooperation," *Future Social Market Economy Policy Brief* #2017/01. Bertelsmann Stiftung, 2017. Available at: www. bertelsmann-stiftung. de/fileadmin/files/BSt/Publikationen/GrauePublikationen/NW_Policy_Brief_FTA_EU-Japan.pdf.

Catherine Putz, "The Art of the Balance: Japan, China and the United States," *The Diplomat*, 30 January, 2019. Available at: https://thediplomat. com/2019/01/the-art-of-the-balancejapan-china-and-the-united-states.

Céline Pajon, "France and Japan: The Indo-Pacific as a Springboard for a Strategic Partnership," in Luis Simón and Ulrich Speck eds., *Natural Partners? Europe, Japan and Security in the Indo-Pacific*, Madrid: Real Instituto Elcano, 2018, pp.11—14.

Council of the European Union, "Directives for the Negotiation of a Free Trade Agreement with Japan. 15864/12," Brussels, 29 November,

2012. Declassified on 14 September, 2017. Available at: http://trade. ec.europa.eu/doclib/docs/2017/september/tradoc_156051.en12.pdf.

Council on Foreign Relations. Available at: www. cfr. org/backgrounder/chinas-massive-beltand-road-initiative.

D. Vanoverbeke et al., *Developing EU' Japan Relations in a Changing Regional Context*, Taylor & Francis, 2017.

Dallison Paul, "Trump: 'Europe Treats Us Worse than China'," *Politico*. Available at: www.politico.eu/article/trump-europe-treats-us-worse-than-china.

Daniel Aldrich, Y. Lipscy Philip and M. McCarthy Mary, "Japan's Opportunity to Lead," *Nature Climate Change*, Vol.9, 2019, p.492.

David Hallinan, "Partnership in a Competitive Order: Understanding the EU-Japan FTA," *ETSG Helsinki Seventeenth Annual Conference*, 2016, Available at: www.etsg.org/ETSG2016/Papers/425.pdf.

David Scott, "NATO and Japan: A Strategic Convergence? Post Cold-War Geopolitics: Russia, China, Anti-Piracy and Anti-Terrorism," *International Politics*, Vol.53, No.3, 2016, pp.324—342.

David Spence, "The Early Days of the European External Action Service: A Practitioner's View," *The Hague Journal of Diplomacy*, Vol.7, No.1, 2012, pp.115—134.

Deutsche Welle, "EU-Japan take on China's BRI with own Silk Road," 4 April 2020. Available at: https://www.dw.com/en/eu-japan-take-on-chinas-bri-with-own-silk-road/a-50697761.

E. Kurtenbach, "Cheese Please: Japan, EU Said to be Near Agreement on Trade Pact," *AP News*, 30 June, 2017. Available at: www. apnews. com/de6601e4a5724b8382252be6d5b0d869/Cheese, -please: -Japan, -EU-said-near-agreement-on-trade-pact.

E. Pejsova, *The EU and Japan: Stepping up the Game*, Paris: European Union Institute for Security Studies (EUISS), 2015.

E.R. Sunesen, J. F. Francois and M. H. Thelle, "Assessment of Barriers to Trade and Investment between the EU and Japan: Final Report," *Copenhagen Economics*, 2009. Available at: http://trade.ec.europa. eu/doclib/docs/2010/february/tradoc_145772. pdf.

Elmer Keegan, "EU's Connectivity Plan 'More Sustainable' than Beijing's Belt and Road, European Official Says," *South China Morning Post* , 27 April, 2019. Available at: www. scmp. com/news/china/diplomacy/article/3007878/eus-connectivity-plan-moresustainable-beijings-belt-and-road.

Emil Kirchner and Han Dorussen eds. , *EU-Japan Security Cooperation: Trends and Prospects* , London: Routledge, Kindle Edition, 2018.

European Commission, (n. d. a) South Korea, "Trade Policy public information pages." Available at: http://ec. europa. eu/trade/policy/countries-and-regions/countries/south-korea/.

European Commission, (n. d. b) Japan, "Trade Policy public information pages." Available at: http://ec. europa. eu/trade/policy/countries-and-regions/countries/japan/.

European Commission, (n. d. c) Trade, "Countries and Regions, Public Information Database of Trade Agreements." Available at: http://ec. europa. eu/trade/policy/countries-and-regions/.

European Commission, "A Free Trade Agreement between the EU and Japan," Memo/13/572, 17 June, 2013. Available at: http://europa. eu/rapid/press-release_MEMO-13-572_en. htm.

European Commission, "European Union Trade in Goods with South Korea," 17 November, 2017. Available at: http://trade. ec. europa. eu/doclib/docs/2006/september/tradoc_113448. pdf.

European Commission, "EU-Japan EPA—Agreement in Principle," 6 July, 2017, p. 15. Available at: http://trade. ec. europa. eu/doclib/docs/2017/july/tradoc_155693. doc. pdf.

European Commission, "EU-Japan Trade Agreement: Texts of the Agreement," 8 December, 2017. Available at: http://trade. ec. europa. eu/doclib/press/index. cfm?id=1684.

European Commission, "EU-Korea Free Trade Agreement: A Quick Reading Guide," October 2010. Available at: http://trade. ec. europa. eu/doclib/docs/2009/october/tradoc_145203. pdf.

European Commission, "EU-Korean Free Trade Agreement: 10 Key Benefits for the European Union," *Press Release*, Memo/10/423, Brussels, 17 September, 2010. Available at: http://europa.eu/rapid/pressReleasesAction.do?reference=MEMO/10/423&format=HTML&aged=0&language=EN&guiLanguage=en.

European Commission, "Fact Sheet-23rd Japan-EU Summit," *Joint Press Statement*, Tokyo, 29 May, 2015. Available at: http://europa.eu/rapid/press-release_MEMO-15-5075_en.htm.

European Commission, "Framework Agreement between the European Union and Its Member States, on the One Part and the Republic of Korea, on the Other Part," 10 May, 2010. Available at: http://eeas.europa.eu/archives/docs/korea_south/docs/framework_agreement_final_en.pdf.

European Commission, "Joint Statement by the President of the European Commission Jean-Claude Juncker and the Prime Minister of JapanShinzo Abe," 8 December, 2017. Available at: http://europa.eu/rapid/press-release_STATEMENT-17-5182_en.htm.

European Commission, "Report from the Commission to the European Parliament and the Council: Annual Report on the Implementation of the EU-Korea Free Trade Agreement," *COM*, 09 final, Brussels, 28 February, 2014.

European Commission, "The EU and Japan Acting Together for Global Peace and Prosperity; European Commission 22nd EU-Japan Summit Joint Press Statement," 7 May, 2014. Available at: http://europa.eu/rapid/press-release_STATEMENT-14-151_en.htm.

European Commission, "Trade for All: Towards a More Responsible Trade and Investment Policy," *COM*, 14 October 2015.

European Commission, "Trade for All: Towards a More Responsible Trade and Investment Policy," *Luxembourg: Publications Office of the European Union*, p.40. Available at: http://trade.ec.europa.eu/doclib/docs/2015/october/tradoc_153846.pdf.

European Commission, "Trade Policy in Focus: EU-Japan

Economic Partnership Agreement." Available at: http://ec.europa.eu/ trade/policy/in-focus/eu-japan-economic-partnership-agreement/.

European Commission, "Trade Sustainability Impact Assessment of the Free Trade Agreement between the European Union and Japan: Final Report." Directorate-General for Trade, *Luxembourg: Publications Office of the European Union*, p. 314. Available at: http:// trade.ec.europa.eu/doclib/docs/2016/may/tradoc_154522.pdf.

European External Action Service (EEAS), "China and the EU-Political Relations," 11 May, 2016. Available at: https://eeas.europa.eu/ headquarters/headquarters-homepage/15394/china-and-eu_en.

European External Action Service (EEAS), "EU-Japan Strategic Partnership Agreement," 2019. Available at: https://eeas.europa.eu/ sites/eeas/files/factsheet_eujapan_strategic_partnership_agreement_ japan.pdf.

European External Action Service (EEAS), "G7 Foreign Ministers' Statement on Maritime Security April 11, 2016 Hiroshima, Japan," 11 April, 2016. Available at: http://eeas.europa.eu/statements-eeas/2016/160411_05_en.htm.

European External Action Service (EEAS), "Shaping of a Common Security and Defence Policy," 8 July 2016. Available at: https://eeas.europa.eu/headquarters/headquarters-homepage/5388/sha-ping-common-security-and-defence-policy_en.

EU-Japan, "An Action Plan for EU-Japan Cooperation, European Union-Japan Summit, Brussels 2001." Available at: www.mofa.go.jp/ region/europe/eu/summit/action0112.html.

EU-Japan, "Joint Declaration on Relations between the European Community and its Member States and Japan," *The Hague*, 18 July, 1991. Available at: http://eeas.europa.eu/archives/docs/japan/docs/ joint_pol_decl_en.pdf.

Fareed Zakaria, "Major World Economies are Becoming Increasingly Isolationist," *The Washington Post*, 29 August, 2019. Available at: https://www.washingtonpost.com/opinions/majorworld-economies-are-

becoming-increasingly-isolationist-except-those-inafrica/2019/08/29/5501ec
28-ca9d-11e9-a4f3-c081a126de70_story.html?

Fraser Cameron, "Europe's Answer to China's Belt and Road," *The Diplomat*, 19 September, 2018. Available at: https://thediplomat.com/2018/09/europes-answer-to-chinas-beltand-road.

Frédéric Simon, "EU, Japan Seal 'Green Alliance' in Bid for Climate Neutrality," *EURACTIV*, 5 May, 2021. Available at: https://www.euractiv.com/section/energy-environment/news/eu-japan-seal-green-alliance-in-bid-for-climate-neutrality.

G. Felbermayr, F. Kimura, T. Okubo, M. Steininger and E. Yalcin, "GED Study: On the Economics of an EU-Japan Free Trade Agreement," Study of the Ifo Institute on behalf of the Bertelsmann Foundation, Final Report, 3 March, 2017. Available at: www.bertelsmann-stiftung.de/fileadmin/files/BSt/Publikationen/GrauePublikationen/NW_EU-Japan_FTA.pdf.

Gabriel Siles-Brügge, "Resisting Protectionism after the Crisis: Strategic Economic Discourse and the EU-Korea Free Trade Agreement," *New Political Economy*, Vol.16, No.5, 2011, pp.627—653.

Glenn D. Hook, Julie Gilson, Christopher W. Hughes and Hugo Dobson, *Japan's International Relations*, London: Routledge, 2012.

Gregory Chin and Richard Stubbs, "China, Regional Institution-Building and the China-ASEAN Free Trade Area," *Review of International Political Economy*, Vol.18, No.3, 2011, pp.277—298.

H. Michael Smith and Youngs Richard, "The EU and the Global Order: Contingent Liberalism," *The International Spectator*, Vol.53, No.1, 2018, pp.45—56.

Hans von der Burchard, Jakob Hanke and Maxime Schlee, "EU Told to 'Brace' for Multibillion Trump Tariff," *Politico*, 28 May, 2019. Available at: www.politico.eu/article/eu-told to-brace-for-multi-billion-trump-tariffs-this-summer.

Harsh V. Pant and Vinay Kaura, "France is Looking for New Allies in Asia," *Foreign Policy*, 18 July, 2019. Available at: https://foreignpolicy.com/2019/07/18/france-is-looking-fornew-allies-in-asia.

Hisashi Owada, "The Japan-EU Joint Declaration and its Significance Towards the Future," in Ueta, Takako and Eric Remacle eds., *Japan-EU Cooperation: Ten Years after the Hague Declaration*, Studia Diplomatic, LIV(1-2), 2001, pp.11—26.

Hitoshi Suzuki, "The New Politics of Trade: EU-Japan," *Journal of European Integration*, Vol.39, No.7, 2017, pp.875—889.

Isabel Reynolds, "Japan Plans Police Unit to Help Defend Senkakus and Far-off Islets," *The Japan Times*, 2 September, 2019.

J. D. Brown, "Japan's Values-free and Token Indo-Pacific Strategy," *The Diplomat*, Vol.30, 2018.

J. Elizagaray Iglesias, "Japan's Values-based Diplomacy and the Free and Open Indo-pacific Vision," 2020.

J. Kanter, "The EU-Japan Trade Deal: What's in It and Why It Matters," *New York Times*, 6 July, 2017. Available at: www.nytimes.com/ 2017/07/06/business/economy/japan-eu-trade-agreement.html.

Jed Odermatt and Ramses A. Wessel, "Multilateralism under Strain: The Challenges of the European Union's Engagement with International Institutions," *City Law School Research Paper*, No.2018/01.

John Lee, *The "Free and Open Indo-Pacific" and Implications for ASEAN*, Singapore: ISEAS, 2019.

John Ravenhill, "The 'New East Asian Regionalism': A Political Domino Effect," *Review of International Political Economy*, Vol.17, No.2, 2010, pp.178—208.

Jörn Keck, Dimitri Vanoverbeke and Franz Waldenberger eds., *EU-Japan Relations, 1970—2012*, London: Routledge, 2013.

Julie Gilson and Phillida Purvis, "Japan's Pursuit of Human Security: Humanitarian Agenda or Political Pragmatism?" *Japan Forum*, Vol.15, No.2, 2003, pp.193—207.

Julie Gilson, "Japan and the European Union: A Partnership for the Twenty-First Century?" Basingstoke: Macmillan, 2000.

Julie Gilson, "The Strategic Partnership Agreement Between the EU and Japan: the Pitfalls of Path Dependency?" *Journal of European*

Integration, Vol.38, No.7, 2016, pp.791—806.

K. De Gucht, "Challenge and Opportunity: Starting the Negotiations for Free Trade Agreement between the EU and Japan," Speech by the European Commissioner for Trade, EU-Japan Business Summit, Tokyo, 25 March, 2013. Available at: http://trade. ec. europa. eu/doclib/docs/2013/march/tradoc_150791.pdf.

K. L. Chang Vincent and Frank N. Pieke, "Europe's Engagement with China: Shifting Chinese Views of the EU and the EU-China Relationship," *Asia-Europe Journal*, Vol.16, No.4, 2018, pp.317—331.

K. Zakowski, "Values or Interests? Japan's Relations with European Countries under the Abe Administration," in Wydawnictwo Uniwersytetu Łódzkiego, *Power Shifts in East Asia and Their Implications* for Asia-Europe Relations, 2019.

Keidanren and EBC, "Japan-EU Summit: Time for an EIA. Nippon Keidanren and European Business Council in Japan/EU Chamber of Commerce in Japan," 20 April, 2010. Available at: www.keidanren.or.jp/english/policy/2010/036.pdf.

Keidanren, "Call for the Start of Joint Study for a Japan-EU Economic Partnership Agreement," *Nippon Keidanren*, 12 June, 2007. Available at: www.keidanren.or.jp/english/policy/2007/050.html.

L. Katharina Meissner and McKenzie Lachlan, "The Paradox of Human Rights Conditionality in EU Trade Policy: When Strategic Interests Drive Policy Outcomes," *Journal of European Public Policy*, Vol.26, No.9, 2018, pp.73—91.

Lionel Barber, Foy Henry and Barker Alex, "Vladimir Putin Says Liberalism has 'Become Obsolete'," *The Financial Times*, 28 June, 2019. Available at: https://www.ft.com/content/670039ec-98f3-11e9-9573-ee5cbb98ed36.

M. Wilhelm Vosse, "Learning Multilateral Military and Political Cooperation in the Counter-Piracy Missions: A Step Towards De-Centering of Japan's Security Policy?" *The Pacific Review*, Vol.31, No.4, 2018, pp.480—497.

Margriet Drent and Dick Zandee, "European Defence: From Strategy to Delivery," *Global Affairs*, Vol.2, No.1, 2016, pp.69—78.

Maria Garcia, "Fears and Strategies: The European Union, China and their Free Trade Agreements in East Asia," *Journal of Contemporary European Research*, Vol.6, No.4, 2010, pp.496—513.

Maria Shagina, "How to Make Sense of Japan's Delicate Balance Between Russia and Ukraine," *Atlantic Council*, 17 May, 2018. Available at: www. atlanticcouncil. org/blogs/ukrainealert/how-to-make-sense-of-japan-s-delicate-balancebetween-russia-and-ukraine.

Marianne Riddervold and Akasemi Newsome, "Transatlantic Relations in Times of Uncertainty: Crises and EU-US Relations," *Journal of European Integration*, Vol.40, No.5, 2018, pp.505—521.

Marie Söderberg, "Introduction: Where is the EU-Japan Relationship Heading?" *Japan Forum*, Vol.24, No.3, 2012, pp.249—263.

Marius Brühart and Alan Matthews, "EU External Trade Policy," in Ali M. El-Agraa ed., *The European Union: Economics and Policies, 8th edition*, Cambridge: Cambridge University Press, 2007, pp.921—967.

Masahiro Kawai and Ganeshan Wignaraja, "Asian FTAs: Trends, Prospects, and Challenges," *ADB Economics Working Paper Series, 226*, 2010.

McKenzie Lachlan and Katharina Meissner, "Human Rights Conditionality in European Union Trade Negotiations: the Case of the EU-Singapore FTA," *Journal of Common Market Studies*, Vol.55, No.4, 2017, pp.832—849.

McTague Tom, "What the Iran Crisis Reveals about European Power," *The Atlantic*, 25 June, 2019. Available at: www.theatlantic.com/international/archive/2019/06/us-iran-sanctionseu/592489.

Megumi Naoi and Shujiro Urata, "Free Trade Agreements and Domestic Politics: The Case of the Trans-Pacific Partnership Agreement," *Asian Economic Policy Review*, Vol.8, 2013, pp.326—349.

METI, "Japan-EU Economic Partnership Agreement under Negotiation," *Ministry of Economy, Trade and Industry*, Public web pages. Available at: www.meti.go.jp/policy/trade_policy/epa/epa_en/eu/.

Michael Hirsch, "How Japan Became the Adult at the Trade Table," *Foreign Policy*, 10 April, 2019. Available at: https://foreignpolicy.com/2019/04/10/how-japan-became-the-adult-atthe-trade-table.

Michael Reiterer, "EU Security Interests in East Asia: Prospects for Comprehensive EU-Japan Cooperation Beyond Trade and Economics," NFG Policy Paper, No.6, NFG Asian Perceptions of the EU, 2015.

Michael Reiterer, "Japan and the European Union: Shared Foreign Policy Interests," *Asia Europe Journal*, Vol.4, No.3, 2006, pp.333—349.

Michael Reiterer, "Security Governance in Regional and Global Governance-Japan and the EU," in *Japan, the European Union and Global Governance*, Edward Elgar Publishing, 2021, pp.178—200.

Michael Reiterer, "The EU-Japan Relationship in Dynamic Asia," in J. Keck, D. Dimitri Vanoverbeke and F. Waldenberger eds., *EU-Japan Relations, 1970—2012: From Confrontation to Global Partnership*, London; New York: Routledge, 2013, pp.293—328.

Michal Kolmas, "Japan and the Kyoto Protocol: Reconstructing 'Proactive' Identity through Environmental Multilateralism," *The Pacific Review*, Vol.30, No.4, 2017, pp.462—477.

Michito Tsuruoka, "Japan-Europe Relations: Toward a Full Political and Security Partnership," *Japan's Global Diplomacy: Views from the Next Generation*, 2015, pp.43—53.

Michito Tsuruoka, "The EU and Japan: Making the Most of Each Other," *European Union Institute for Security Studies* (*EUISS*), 2013. Available at: www.iss.europa.eu/publications/detail/article/the-eu-and-japan-making-the-most-of-each-other/.

Michito Tsuruoka, "The European Union as Seen by Japan in an Age of Uncertainty," in *Shaping the EU Global Strategy*, Springer, 2019, pp.127—146.

Michito Tsuruoka, "The Potential for EU-Japan Political and Security Cooperation: A Japanese Perspective," in Justyna Szczudlik-Tatar and Artur Gradziuk eds., *Japan and the European Union: Challenges and Cooperation in Times of Crisis*, Warsaw: Polish Institute of International Affairs, 2012, pp.71—82.

Mike Smith, "The EU, the US and the Crisis of Contemporary Multilateralism," *Journal of European Integration*, Vol.40, No.5, 2018, pp.539—553.

Mireya Solís, "Can FTAs Deliver Market Liberalization in Japan? A Study on Domestic Political Determinants," *Review of International Political Economy*, Vol.17, No.2, 2010, pp.209—237.

MOFA, "19th Japan-EU Summit Joint Press Statement," Tokyo, 2010. Availabe at: www.mofa.go.jp/region/europe/eu/summit/joint1004.html.

MOFA, "20th Japan-EU Summit Joint Press Statement," Brussels, 2011. Availabe at: www.mofa.go.jp/region/europe/eu/joint1105.html.

MOFA, "20th Japan-EU Summit, Annex," 2011. Availabe at: www.mofa.go.jp/region/europe/eu/pdfs/annex1105.pdf.

MOFA, "21st Japan-EU Summit Joint Press Statement," Tokyo, 2013. Availabe at: www.mofa.go.jp/region/europe/eu/pdfs/ps1119.pdf.

MOFA, "22nd EU-Japan Summit Joint Press Statement," Brussels, 2014. Availabe at: www.mofa.go.jp/files/000082848.pdf.

MOFA, "23rd Japan-EU Summit Joint Press Statemen," Tokyo, 2015. Availabe at: www.mofa.go.jp/files/000082848.pdf.

MOFA, "An Action Plan for EU-Japan Cooperation, European Union-Japan Summit," *Brussels*, 2001. Availabe at: www.mofa.go.jp/mofaj/area/eu/kodo_k_e.html.

MOFA, "Japan-EU Economic Partnership Agreement," *Japan-EU EPA (Outline)*, 2017. Available at: www.mofa.go.jp/policy/economy/page6e_000013.html.

MOFA, "Japan-EU Strategic Partnership Agreement," *Ministry of Foreign Affairs of Japan*, 16 December, 2016. Available at: www.mofa.go.jp/erp/ep/page22e_000707.html.

MOFA, "Joint Declaration on Relations between the European

Community and its Member States and Japan," 1991. Available at: www.mofa.go.jp/region/europe/eu/overview/declar.html.

MOFA, "Summit Meeting with the Nordic-Baltic 8 (NB8)," Milan, 2014. Availabe at: www.mofa.go.jp/erp/we/page23e_000349.html.

MOFA, "Towards a New Strategic Partnership in Research and Innovation between the European Commission and the Government of Japan: Joint Vision," 2015. Availabe at: www. mofa. go. jp/files/000082821.pdf.

NATO, Speech by NATO Secretary-General Anders Fogh Rasmussen, "NATO and Japan-Natural Partners," at the Japan National Press Club, Tokyo, followed by Q and A session, 2013. Available at: www.nato.int/cps/en/natolive/opinions_99634.htm?selectedLocale=en.

NATO, "Cooperation with Japan," 2015. Available at: www.nato.int/cps/en/natohq/topics_50336.htm.

Nyshka Chandran, "Japan, Not China, may be Winning Asia's Infrastructure Investment Contest," *CNBC*, 23 January, 2019. Available at: https://www.cnbc.com/2019/01/23/belt-and-road-japan-not-china-may-be-winninginvestment-contest.html.

O. Frattolillo, *Diplomacy in Japan-EU relations: From the Cold War to the Post-Bipolar Era*, Routledge, 2013.

O. Mykal, *The EU-Japan Security Dialogue-Invisible but Comprehensive*, Amsterdam: Amsterdam University Press, 2011.

P. A. Nelson, "The Lisbon Treaty Effect: Toward a New EU-Japan Economic and Trade Partnership?" *Japan Forum*, Vol.24, No.3, 2012, pp.339—368.

P. J. Cardwell, "The EU-Japan Relationship: From Mutual Ignorance to Meaningful Partnership?" *Journal of European Affairs*, Vol.2, No.2, 2004, pp.11—18.

Paul Bacon and Burton Joe, "NATO-Japan Relations: Projecting Strategic Narratives of 'Natural Partnership' and Cooperative Security," *Asian Security*, Vol.14, No.1, 2018, pp.38—50.

Paul Bacon and Kato E., "Potential Still Untapped: Japanese Perceptions of the European Union as An Economic and Normative Power," *Tal Tech Journal of European Studies*, Vol.3, No.3, 2013, pp.59—84.

Peters Laurence, "EU Leaders Face Pressure to Deliver on Climate Change," *BBC News*, 17 June, 2019. Available at: www. bbc. co. uk/news/world-europe-48621860.

R. Tyszkiewicz, "Towards New Political and Economic Agreements with Japan: Bringing New Dynamism into the Strategic Partnership between the EU and Japan," *Policy Paper*, 2013, No.9, p.57. "The Polish Institute of International Affairs (PISM)," Warsaw, Poland, Available at: www.pism.pl/files/?id_plik=13357.

Reiji Yoshida and Tomohiro Osaki, "Underlining Improved Japan-China Ties, Abe and Xi Meet ahead of G20 Summit," *The Japan Times*, 27 June, 2019. Available at: www. japantimes. co. jp/news/2019/06/27/national/politics-diplomacy/underlining-improvedjapan-china-ties-abe-xi-meet-ahead-g20-summit.

Reiji Yoshida, "Abe and Putin Upbeat on Bilateral Ties, but Progress on Territorial Dispute Continues to Elude," *The Japan Times*, 29 June 2019.

Ricardo Bustillo and Maiza Andoni, "China, the EU and Multilateralism: The Asian Infrastructure Investment Bank," *Revista Brasileira de Política Internacional*, Vol.61, No.1, 2018, pp.1—19.

Robin Harding, Alex Barker and Demetri Sevastopulo, "G20 Deeply Divided on Trade and Climate Change," *The Financial Times*, 29 June, 2019. Available at: www. ft. com/content/a9096898-9a44-11e9-9c06-a4640c9feebb.

Robin Niblett, "Liberalism in Retreat: The Demise of a Dream," *Foreign Affairs*, Vol.96, No.1, 2017, pp.17—24.

Rohan Mukherjee, "Looking West, Acting East: India's Indo-Pacific Strategy," *Southeast Asian Affairs*, 2019, pp.43—51.

S. Raine and A. Small, "Waking Up to Geopolitics. A New Trajectory of EU-Japan Relations," *The German Marshall Fund of the United States*

(GMF), Washington, 2015. Available at: www.gmfus.org/publications/waking-geopolitics-new-trajectory-japan-europerelations.

S. Saeed, "EU Closes Mammoth Trade Deal with Japan: 'Biggest Trade Deal We Have Ever Negotiated,'" *Commissioner Malmström Said. Politico*, 8 December, 2017. Available at: www.politico.eu/article/eu-closes-mammoth-trade-deal-with-japan/.

Sangeeta Khorana, "Is Brexit an Opportunity to Revive the EU-India Trade Deal?" *The Conversation*, 26 March, 2019. Available at: https://theconversation.com/is-brexit-an-opportunityto-revive-the-eu-india-trade-deal-113780.

Saori N. Katada, "At the Crossroads: The TPP, AIIB, and Japan's Foreign Economic Strategy," *Asia Pacific*, *125*, May, 2016. Available at: https://scholarspace.manoa.hawaii.edu/bitstream/10125/42176/api125.pdf.

Sebastian Oberthür and Lisanne Groen, "Explaining Goal Achievement in International Negotiations: The EU and the Paris Agreement on Climate Change," *Journal of European Public Policy*, Vol.25, No.5, 2018, pp.708—727.

Shin Kawashima, "The Origins of the Senkaku/Diaoyu Islands Issue," *Asia-Pacific Review*, Vol.20, No.2, 2013, pp.122—145.

Shiro Armstrong, "Commentary: The G20 Train Wreck that was Osaka," *CNAl*, 2 July, 2019. Available at: www.channelnewsasia.com/news/commentary/g20-trainwreck-osaka-china-ustrump-xi-trade-truce-11678994.

Shogo Kodama, "Japan Woos Eastern Europe as Belt and Road Moves West," *Nikkei Asian Review*, 18 April, 2019. Available at: https://asia.nikkei.com/Spotlight/Belt-and-Road/Japanwoos-Eastern-Europe-as-Belt-and-Road-moves-west.

Shujiro Urata, "Exclusion Fears and Competitive Regionalism in East Asia," in M. Solís, B. Stallings and S. Katada eds., *Competitive Regionalism: FTA Diffusion in the Pacific Rim*, New York: Palgrave Macmillan, 2009, pp.27—53.

Sinderpal Singh, "The Indo-Pacific and India-U. S. Strategic Convergence: An Assessment," *Asia Policy*, Vol.14, No.1, 2019, pp.77—94.

Sonja Kaufmann and Mathis Lohaus, "Ever Closer or Lost at Sea? Scenarios for the Future of Transatlantic Relations," *Futures*, Vol.97, 2018, pp.18—25.

Sophie Meunier and Kalypso Nicolaidis, "The European Union as a Trade Power," in Christopher Hill and Michael Smith eds., *The International Relations of the European Union*, Oxford: Oxford University Press, 2011, pp.276—294.

Sven Biscop, "Letting Europe Go its Own Way: The Case for Strategic Autonomy," *Foreign Affairs Snapshot*, 6 July, 2018. Available at: https://www. foreignaffairs. com/articles/2018-07-06/letting-europe-go-its-own-way.

Takako Hikotani, "Trump's Gift to Japan," *Foreign Affairs*, 2017. Available at: www. foreignaffairs. com/articles/asia/2017-08-15/trumps-gift-japan.

Takako Ueta, "Evolution of Japan-EU Relations Since the End of the Cold War," in Takako Ueta and Eric Remacle eds., *Japan and Enlarged Europe*, *Partners in Global Governance*, Brussels: PIE Peter Lang, 2005, pp.19—33.

Takako Ueta, "Japan and the European Security Institutions," in Takako Ueta and Eric Remacle eds., *Japan-EU Cooperation*: *Ten Years after the Hague Declaration*, Studia diplomatic, LIV(1—2), 2001, pp.131—148.

Takako Ueta, "The Evolution of the CSCE/OSCE and its Relations with Japan," *Journal of International Law and Diplomacy*, Vol.105, No.4, 2007, pp.94—121.

Takako Ueta, "The Role of Europe in Enhancing Cooperative Security in Asia and the Pacific: A View from Japan," EGMONT (Royal Institute for International Relations, Belgium, Security Policy Brief, 2013, p.50. Available at: www.egmontinstitute.be/papers/13/sec-gov/SPB50.pdf.

Takashi Terada, "The Origins of ASEAN＋6 and Japan's Initiatives: China's Rise and the Agent-Structure Analysis," *The Pacific Review*, Vol.23, No.1, 2010, pp.71—92.

Takeshi Yuzawa, "From a Decentering to Recentering Imperative: Japan's Approach to Asian Security Multilateralism," *The Pacific Review*, Vol.31, No.4, 2018, pp.460—479.

Ted Hopf, "The Logic of Habit in International Relations," *European Journal of International Relations*, Vol. 16, No. 4, 2010, pp.539—561.

Thomas Renard, "Partnering for Global Security: The EU, Its Strategic Partners and Transnational Security Challenges," *European Foreign Affairs Review*, Vol.21, No.1, 2016, pp.9—34.

Toshiro Tanaka, "EU-Japan Relations," in Thomas Christiansen, Emil Kirchner and Philomena Murray eds., *The Palgrave Handbook of EU-Asia Relations*, London: Palgrave, 2013, pp.509—520.

William Sposato, "Japan Pushes the Speed Limit on Trade Talks," *Foreign Policy*, 22 April, 2019. Available at: https://foreignpolicy.com/2019/04/22/japan-pushes-the-speed-limit-ontrade-talks.

Y. Hosoi, "Japan-EU Relations After World War II and Strategic Partnership," *Asia Europe Journal*, Vol.17, No.3, 2019, pp.295—307.

Y. Hosoya, "The Evolution of the EU-Japan Relationship: Towards A 'Normative Partnership'?" *Japan Forum*, Vol.24, No.3, 2012, Taylor & Francis Group.

日 文

安藤研一「日本 EU EPAの経済的評価と残された課題」、『日本EU学会年報』第 41 号(2021 年)、27—53 頁。

坂本千代編『ヨーロッパにおける多民族共存とEU——言語、文化、ジェンダーを巡って——および欧日関係の歴史・文化・政治』、神戸大学大学院国際文化学研究科異文化研究交流センター 2012 年。

北岡伸一『世界地図を読み直す―協力と均衡の地政学―』、新潮選書 2019 年。

　長部重康編『日・EU 経済連携協定が意味するものは何か：新たなメガFTAへの挑戦と課題』、ミネルヴァ書房 2016 年。

　船橋洋一『21 世紀　地政学入門』、文春新書 2016 年。

　福島啓之「日米同盟の歴史的推移と理論的構図―パワーと脅威の均衡と日本の同盟政策―」、『国際政治』2022 年 3 月号、67―83 頁。

　岡田知弘・自治体問題研究所編『TPP・FTAと公共政策の変質』、自治体研究社 2017 年。

　高坂正堯『国際政治―恐怖と希望―』、中公新書 2017 年。

　国分良成編『日本の外交・第 4 巻・地域編』、岩波書店 2013 年。

　鶴岡路人「日欧安全保障協力――NATO と EU をどのように『使う』か」、『防衛研究所紀要』第 13 号（2010 年）、31―56 頁。

　吉田真吾『日米同盟の制度化――発展と進化の歴史過程』、名古屋大学出版会 2012 年。

　青野利彦「国際政治のなかの同盟」、『国際政治』2022 年 3 月号、1―16 頁。

　泉川泰博「動態的同盟理論―分断戦略と結束戦略の相互作用と冷戦初期の米中ソ関係―」、『国際政治』2022 年 3 月号、51―66 頁。

　日本再建イニシアティブ『現代日本の地政学』、中公新書 2017 年。

　石川真澄、山口二郎『戦後政治史』(第三版)、岩波新書 2010 年。

　添谷芳秀「日本の『ミドルパワー』外交――戦後日本の選択と構想」、ちくま新書 2005 年。

　添谷芳秀『日本の外交―「戦後」を読みとく―』、筑摩書房 2017 年。

　添谷芳秀『入門講義　戦後日本外交史』、慶應義塾大学出版会 2019 年。

　土山實男『安全保障の国際政治学――焦りと驕り』(第二版)、有斐閣 2014 年。

　五百旗頭真編『戦後日本外交史』(第 3 版補訂版)、有斐閣 2014 年。

　細谷雄一『安保論争』、ちくま新書 2016 年。

細谷雄一『国際秩序―18 世紀ヨーロッパから21 世紀アジアへ―』、中公新書 2013 年。

小原雅博『日本の国益』、講談社現代新書 2018 年。

小原雅博『戦争と平和の国際政治』、ちくま新書 2022 年。

須網隆夫編『EUと新しい国際秩序』、日本評論社 2021 年。

伊藤憲一監修『21 世紀日本の大戦略』、フォレスト出版株式会社 2000 年。

植田隆子編『EUスタディーズ1・対外関係』、勁草書房 2007 年。

植田隆子編『二一世紀の欧州とアジア』、勁草書房 2002 年。

中村民雄「日欧戦略的パートシップ協定（SPA）の法的意義」、『日本 EU 学会年報』第 41 号（2021 年）、1―26 頁。

佐橋亮『米中対立―アメリカの戦略転換と分断される世界―』、中公新書 2021 年。

佐竹知彦「日米豪の安全保障協力―『ハブ＆スポークス』体制の変容？ ―」、『国際政治』2022 年 3 月号、133―148 頁。

后　记

感谢我的博士生导师复旦大学陈志敏教授一直以来的关心和勉励,使这一相对冷僻的选题列入上海人民出版社"欧盟与世界丛书"。

感谢合作者蔡亮为本书的贡献,这些文字来源于他长期以来对日本外交思想和理论的深耕。我要向他孜孜不倦的学术进取精神学习。他是我最好的生活伴侣和学术伴侣。

感谢复旦大学国际问题研究院中欧关系研究中心和上海欧洲学会共同邀约,我为《欧盟的大国和地区政策》持续撰写欧盟对日本的年度报告,这成为本书重要的写作基础。

感谢中国社会科学院欧洲研究所《欧洲研究》杂志刊发我和蔡亮合著的论文《冷战后欧日关系刍议》,刊载于《欧洲研究》2017年第6期,第48—64页。本文也于2018年5月被人大复印报刊资料《国际政治》全文转引。

感谢中国社会科学院欧洲研究所《欧洲研究》编辑部、中国社会科学院欧洲研究所中东欧研究室、中国社会科学院日本研究所中日关系研究中心2020年8月28日召开"变局中的欧日(日欧)关系"研讨会并邀请我就"同盟的复式演进:冷战后日欧关系研究"发言,正是这次发言和讨论,激励了我们就该议题持续思考。

　　我和蔡亮还要感谢国内外欧洲和日本学界各位同仁的宝贵意见和真诚帮助。正是通过不断阅读学习各位的学术佳作，以及在一次次的学术研讨会上，与各位学人观点的相互碰撞让我们受益颇多，激励我们对欧盟和日本关系这个议题持续关注。

　　家人的爱是我们前进的最大动力，没有双方父母的理解和支持，我们不可能在这样一条"生也有涯，知也无涯"的学术道路上坚持下来。

　　感谢女儿乐悠在我们写作过程中给予的精神鼓励。

　　感谢猫咪托托和桔梗在写作中给予的陪伴。

　　此书拟出版于 2024 年，正值我们结婚十周年。这对我们而言也是最好的纪念。

宋黎磊(和蔡亮)于狸小筑

2023 年 8 月 29 日

图书在版编目(CIP)数据

同盟的复式化演进 ：冷战后欧日关系研究 / 宋黎磊，
蔡亮著. -- 上海 ：上海人民出版社，2025. -- (欧盟与
世界丛书 / 陈志敏，徐明棋主编). -- ISBN 978-7-208-
19356-7

Ⅰ. D850.9；D831.39

中国国家版本馆 CIP 数据核字第 2025Z9F599 号

责任编辑 史美林
封面设计 王小阳

同盟的复式化演进
——冷战后欧日关系研究
宋黎磊 蔡 亮 著

出　　版　上海人 出版社
　　　　　　(201101 上海市闵行区号景路 159 弄 C 座)
发　　行　上海人民出版社发行中心
印　　刷　上海商务联西印刷有限公司
开　　本　635×965   1/16
印　　张　16.5
插　　页　2
字　　数　180,000
版　　次　2025 年 7 月第 1 版
印　　次　2025 年 7 月第 1 次印刷
ISBN 978 - 7 - 208 - 19356 - 7/D · 4460
定　　价　85.00 元

欧盟与世界丛书